AF525752

ZhanDao
Edition

René van Osten

Das Gegenüber ist in dir

Eine systemische Analyse menschlicher Beziehungen auf Grundlage des YIJING

ZhanDao
Edition

Impressum

René van Osten
akademie@zhandao.de
www.akademie@zhandao.de

ZhanDao Edition
im Synergia Verlag, Darmstadt
info@synergia-verlag.de
www.synergia-verlag.de

Erschienen im November 2012
Gestaltung, Satz und Layout: René van Osten
Covergestaltung und Illustration: Damir Culjak; www.damirculjak.de
Lektorat: Margareta Blesz
Essay: Sarah Eichner, MA
Fotos: © 2012 by Dagmar Blesz; www.raum-seelenstern.de

Mit zahlreichen Abbildungen

Bibliographische Information der Deutschen Nationalbibliothek:
Die Deutsche Nationalbibliothek verzeichnet diese Publikation in der Deutschen Nationalbibliographie; detaillierte bibliographische Daten sind im Internet über http://dnb.ddb.de abrufbar

ISBN 978-3-939272-06-9

Inhaltsverzeichnis

Das Prinzip der Resonanz in der Beziehungsdynamik des Lebendigen

„Himmel und Erde kommen in Berührung, und alle Dinge gestalten sich und gewinnen Form. Das Männliche und Weibliche mischt seinen Samen, und alle Wesen gestalten sich und werden geboren."[1]

Das Zusammenwirken von Yin und Yang bildet den lebendigen Bezugsrahmen für die Erscheinungsformen des Lebens: Als Beschreibungsmodell, wie es der Kosmogonie des *Yijing* – Buch der Wandlungen – zugrunde liegt, dient es der symbolischen Wiedergabe der verschiedenen Muster und Strukturen der Lebenswirklichkeiten. Diese beschränken sich nicht nur auf den Seinsbereich des Menschen, sondern umfassen die gesamte Ordnung des Seienden – den Mikromakrokosmos. Yin und Yang sind die Resonanzpartner im kosmischen Grundmuster, das sich in der mikromakrokosmischen Welt der Erscheinungen manifestiert und ihren harmonisch-dynamischen Wechselrhythmus bewirkt. In der Dynamik von Yin und Yang wird *Yi*, der Wandel als das Prinzip von Werden und Vergehen, Geburt und Tod – von Bewegung schlechthin sichtbar: *t'ai-chi* oder das große Eine als das Symbol der ungetrennten Einheit von Yin und Yang darf daher nicht als eine von den Erscheinungen getrennte Substanz angesehen werden, sondern als ein dynamisches Prinzip, das sich im und durch den Mikromakrokosmos offenbart. Dass dies so ist und der waltenden Vielfalt ein sie zusammenhaltendes Band innewohnt, tritt vor allen Dingen in den mannigfachen sozialen Beziehungsmustern wie Freundschaft, Partnerschaft und Familie deutlich hervor. Die Dynamik dieser Beziehungsmuster wird in dem vorliegenden Buch „Die psychische Doppelgeschlechtlichkeit oder das Gegenüber ist in dir" im Ausgang des im Yijing (in Form von Stichsymbolen) abgebildeten resonanten Beziehungsverhältnisses von Yin (weiblich) und Yang (männlich) analysiert. Ich möchte mich darum bemühen dieses Prinzip der Resonanz (lat. *resonare* = wiederertönen, aus re- = wieder, zurück u. sonare = tönen, hallen) dem Leser kurz und präzise näher zu bringen, um ihn in das zentrale Thema dieses Buches einzuführen und ihm einen Schlüssel für seine Lektüre an die Hand zu geben. Hierfür sollen zusätzlich zu den Darstellungen dieses Verhältnisses im Yijing zwei verschiedene Perspektiven zurate gezogen werden: Phänomenologie und Analytische Psychologie.

Phänomenologisch betrachtet ist mein Selbst oder Ich im Horizont des Lebens und der Welt immer schon von Anderen umgeben: Am Anfang steht nicht ein isoliertes Ich-Bewusstsein, sondern ein ineinandergreifendes Beziehungsgeflecht. Die Basis dieses Beziehungsgeflechts bildet die *Gleichursprünglichkeit* des Einen und Anderen. Die Gleichursprünglichkeit ist das Kriterium für ein rechtes Verhältnis von Selbst- und Fremdverstehen im Ganzen der unterschiedlichen Formen sozialer Beziehungsmuster. Zwischen den einzelnen Individuen besteht dabei eine Art „Kompossibilität", welche die Bildung von Gemeinschaft ermöglicht: In der „Vergemeinschaftung" liegt eine „Harmonie", „durch die sie [die Individuen] Beziehung auf eine gemeinsam konstituierte (...) Natur und Welt haben müssen."[2] Der gemeinsame Quellgrund dieser Harmonie ist das Leben, allerdings nicht im Sinne eines individuierten Lebens d. h. des Lebens eines Einzelnen, auch nicht im Sinne eines von allen Individuationen getrennten Lebens, sondern ein ursprüngliches Leben, das der Ursprung jedes Ich ist und aus dessen Vorgegebenheit sich „eine Gemeinschaftlichkeit aller Lebendigen"[3] ergibt.

In diesem feinen Band einer harmonischen Verbindung – der Naht des Zwischen -, zeigt sich die Manifestation des Lebens in die Vielfalt des Seienden. In dem Buch *Die Offenbarung des Absoluten in der Phänomenalität des Lebendigen*[4] wird von eben diesem Prozess der Verlebendigung gesprochen: Das Absolute ist nicht als ein von der Erfahrung und den Erscheinungen Abgelöstes zu verstehen, wie dies in der klassischen Metaphysik des Abendlandes der Fall ist, vielmehr enthüllt sich das Absolute selbst als das Aufeinanderbezogensein der Individuen: Es ist *inter*subjektiv. Anders gesagt: Der Ort, wo das Absolute erscheint, sich phänomenalisiert, also lebendig wird, ist jenes *Zwischen*, in dem und durch das sich die verschiedenen Beziehungsmuster immer wieder neu ausdifferenzieren.

Die Entstehung der mannigfaltigen Beziehungsmuster folgt einem bestimmten Beziehungsprinzip:[5] Genetisch-phänomenologisch betrachtet sind „der Trieb in dem einen Individuum und der Wechseltrieb in anderen" aufeinander abgestimmt und beide auf ein affizierendes, reizendes Ziel gerichtet, wodurch es zur Erfüllung im Modus der Kopulation kommt.[6] Edmund Husserl spricht in diesem Zusammenhang – der auf Andere geschlechtlich-sozial gerichteten Triebintentionalität – auch von der „Kopulationsproblematik". Das im Beziehungsprinzip angesprochene Streben zu dem Anderen kann als ein Trieb aufgefasst werden, der sich im Akt der Kopulation (lat. *copula* ,verknüpfendes Band' oder ,Verbindung') erfüllt.

Das Ineinander der Trieberfüllungen schließt eine „Verschmelzung" der Individuen ein, wonach das Aufeinanderbezogensein keine bloß äußerliche Verbindung darstellt, sondern eine wirkliche Zweieinigkeit, d. h. eine Einheit in der Zweiheit und eine Zweiheit in der Einheit. Die Begegnung beginnt bereits im Urtrieb, der immer schon auf den Anderen bezogen ist und in ihm seine Erfüllung findet: „Da beide das jeweilige Triebprinzip des Anderen spiegelverkehrt in sich tragen, ist der Gemeinsamkeit im Begegnungsmuster Genüge getan. Der Erfüllung durch das Gegenüber ist die Selbsterfüllung resonant zur Seite gestellt." [7]

Eine solche Darstellung des Miteinanders der Individuen bietet auch ethische Perspektiven: Geht man nämlich von einer ursprünglichen, durch ein spezifisches Triebverlangen getragenen Form der Gemeinschaft aus, der eine Gleichursprünglichkeit des Einen und des Anderen zugrunde liegt, entspricht die Erkenntnis und Würdigung des Anderen der Erkenntnis und Würdigung meines Selbst. Dies besagt, dass das zu Entwickelnde meines Selbst mir im Anderen begegnet sowie ich die komplementär zu ergänzende Entwicklungsbedingung des anderen Selbst in mir trage: „Das Eine trägt in sich das Andere zur Reife aus und umgekehrt. Ich werde zu dem, was ich bin also immer auch durch den Anderen, denn dieser ist in Teilen in mir selbst." [8] Der Andere stellt demnach eine notwendige Bedingung für die Möglichkeit meiner eigenen Entwicklung, d. h. meines körperlich und geistig-seelischen Wachstums dar und umgekehrt. Dies ermöglicht die Einheit des sozialen Zusammenlebens. Dabei ist auf der Ebene der Erfahrung das „Zusammenleben motiviert (...) durch ein dunkles Hineingezogensein zu seinesgleichen." [9]

Das „Dunkle" bringt zum Ausdruck, dass dasjenige, was das Bindungsbestreben auslöst oder bedingt (die Motivation), nicht unmittelbar einsichtig ist: die seelischen Inhalte, die es in der Begegnung mit einem Gegenüber zu entwickeln gilt, kristallisieren sich erst allmählich heraus. Da die zu entwickelnden Inhalte stets rückgebunden sind an sedimentierte Vorstellungen und Bilder (persönliche wie archetypische), welche die Ich-Struktur bilden, aber auch überschatten, ist eine Begegnung stets auch mit Leiden und Auseinandersetzung verbunden. Eine Haltung der Offenheit in der Begegnung mit einem Gegenüber entspräche einer „Lichtung" dieses „dunklen" Hineingezogenseins zu seinesgleichen und damit einer Annäherung an das Zwischen, jener feinen Naht, die mich mit meinem Gegenüber verbindet, die mich aber auch von ihm unterscheidet: „Wenn also das Gegenüber eine feste Komponente in mir selbst ist und dies im anziehenden als auch ablehnenden Sinne, so ist er auch immer ein Spiegel der eigenen Bedürfnisse, ein Widerhall der innersten Natur des eigenen Selbst." [10]

Die zu leistende Aufklärungsarbeit als Selbstverstehen in der Erfahrung des Gegenübers bildet das Ziel einer systematischen Analyse der menschlichen Beziehungsmuster, die das vorliegende Buch auf der Grundlage der Trigramme und Hexagramme entwickelt, wie sie durch die Bewegungsdynamik von Yin und Yang im Yijing dargestellt sind: „Alle Beziehungen sind auf ein großes Ziel hin orientiert, denn sie sind Symbol der Sinnerblühung von Himmel und Erde, von Anfang bis Ende, vom Entgegenkommen bis zum Offenbarungsresultat und die Palette der Möglichkeiten ist groß, wie man im Gesamtmuster sehen kann." [11]
In den Strukturbildern der Hexagramme werden die unterschiedlichen Beziehungsmuster als ein organisiertes und ineinandergreifendes Wechselspiel

sichtbar, das den Prinzipien der resonanten Ergänzung folgt. Die resonanten Ergänzungsmuster sind folgerichtige Erscheinungsstrukturen der zugrunde liegenden Polarität von Yin und Yang. Diese manifestieren sich auf der Ebene der zwischenmenschlichen Begegnung als Polarität der Geschlechter, als Männlichkeit und Weiblichkeit, deren wechselwirksame Anziehungskräfte auf die gegengeschlechtlichen Anteile im Gegenüber zurückzuführen sind. Der ‚wahre Mensch' als Ebenbild des Kosmos in seiner vollkommenen Ausgewogenheit der Gegensätze, war der taoistischen Tradition zufolge kein Individuum, sondern ein zweigeschlechtliches Paarwesen. Seine ‚Moral', die er in Übereinstimmung mit Himmel und Erde brachte, bestand aus dem harmonischen Zusammenwirken des Weiblichen und Männlichen in ihm, das er mit dem beständigen Ziel der *coincidentia oppositorum* (Zusammenfall der Gegensätze) als Gestalt des vollkommenen Ausgleichs von Yin und Yang kultivierte. [12]

Für den Psychiater C. G. Jung wurde diese Gestalt der Gegensatzvereinigung zu dem Grundverfahren der Psychotherapie. Auch er ging davon aus, dass jeder Mensch zweigeschlechtlich angelegt ist, d. h. sowohl männliche als auch weibliche Anteile hat. Diese doppelte Veranlagung durchzieht alle Bereiche des Lebens. Jung bezeichnete sie als Anima (der weibliche Anteil im Mann) und Animus (der männliche Anteil in der Frau). Dem Paar von Anima und Animus kommt im Rahmen, dessen, was Jung den Weg der Individuation nannte, vor allem im Zusammenhang der Integration des Schattens d. h. der Auseinandersetzung mit dem persönlichen Unbewussten, eine wichtige Bedeutung zu.[13] Anima und Animus sind archetypische Gestalten. Die Entstehung von Archetypen ist mit wiederkehrenden Lebenserfahrungen verbunden, die ein bestimmtes Thema bilden: Nach Jung sind sie als eine Art „Erfahrungskonzentrat"[14] zu verstehen, in dem sich die menschlichen Urerfahrungen mit dem Thema der „Weiblichkeit" bzw. „Männlichkeit" verdichten und symbolisch widerspiegeln. Die hier versammelten Eigenschaften und Strukturen haben eine von kulturellen und zeitlichen Faktoren unabhängige allgemeine Bedeutung und führen der Archetypenlehre zufolge zu einem Substrat oder einer strukturellen Einheit im kollektiven Unbewussten, das als passiv-genetische Grundlage für die Auseinandersetzung mit dem Gegenüber fungiert.[15] Das Unbewusste nimmt dann die Form einer Anima-Figur bzw. die einer Animus-Figur an: es konstelliert sich in den verschiedenen Entwicklungsstadien des Bewusstseins auf entsprechend unterschiedliche Weise. Dabei verkörpert die Anima alle weiblichen Seelenanteile im Mann und – wie Jung betont – insbesondere seine Beziehung zum Unbewussten: Sie ist der Archetypus der Weiblichkeit im Unbewussten des Mannes, die Personifikation der weiblichen Natur im männlichen Wesen. Als „innere Frau" stellt sie für ihn eine

Vermittlerin zwischen dem Ich und dem Selbst dar. Gemäß der Auffassung der Analytischen Psychologie erscheint die Anima im Reifeprozess des Mannes in verschiedenen Stufen und Formen und ist mit ambivalenten Aspekten versehen, die vom Elementarcharakter bis hin zum Wandlungscharakter des Weiblichen reichen. [16] Wie die Anima im Manne, so verkörpert sich auch der Animus in der Frau in verschiedenen Entwicklungsstufen und den diesen entsprechenden Qualitäten von Männlichkeit.

Wenn sich das Individuum hinreichend mit seinen Anima und Animus Anteilen und den damit verbundenen Projektionsmechanismen, Bildern und Vorstellungen auseinandergesetzt hat und die Ebene der unbewussten Identifikation allmählich überwindet, nimmt das Unbewusste eine andere symbolische Form an: Es erscheint in der Gestalt des S*elbst.* Der wahre Verwirklichungsgrund der Anima-Animus-Dynamik im Durchlaufen der Summe aller möglichen Realisationsaspekte des Weiblichen und Männlichen in den resonanten Beziehungsmustern ist die Konstitution des eigenen Selbst. Das Selbst bildet das lebendige Korrelat des Individuationsprozesses. Für jeden von uns ist die Begegnung mit dem gegen- und gleichgeschlechtlichen Anteil des eigenen Selbst im Anderen ein Prozess der Verinnerlichung und der Selbstwerdung: die Reintegration der ‚getrennten Seelenanteile' in Form eines Gegenübers. Das Selbst ist daher ein Symbol der Ganzheit, eine Ganzheit, die aber nur durch Gegensätzlichkeit (der / das Andere als Gegenüber) wiederhergestellt werden kann.

Wien im Mai 2012, Sarah Eichner Van Osten, MA

Zu diesem Buch

Was ich mir für dieses Buch nicht vorgenommen habe, ist, einfach etwas über das Prinzip der Resonanzen in den zwischenmenschlichen Beziehungen zu schreiben, mir also lediglich Gedanken zu machen über das, was Freundschaft, Partnerschaft oder Ehe zu dem macht, wie es sich zeigt. Meine geistige Heimat, mein Rückbezug in all meinen Ausführungen ist das Buch der Wandlungen, das Yijing. Insofern war es meine Intention dieses Thema und die ihm zugrunde liegende größere Ordnung dort, in seinen Hexagrammen und Trigrammen zu finden und herauszuarbeiten.

Übersetzungen der alten Weisheitstexte gibt es ja zwischenzeitlich genug. Übertragungen in das tägliche Leben und damit eine thematische Aufbereitung seiner Weisheit für alle Lebensbereiche, daran mangelt es erheblich. Eines, der darin verborgenen Themenbereiche, sind die Beziehungen und ihre fest gefügten Gesetzmäßigkeiten, die sich in einer Reihe der vierundsechzig Hexagramme beeindruckend widerspiegeln.

Der vom Yijing bislang noch unberührte Leser sollte sich nicht abschrecken lassen. Er findet hier ein „Lesebuch“ das ihm, in seinen Aussagen zwar basierend auf den Strukturen der Codierungen des Yijing, eine beeindruckende und unvergleichliche Tiefenschau in eines der wichtigsten Themen seines eigenen Menschseins, die Beziehungen gewährt – verständlich aufbereitet.

Die immer wieder in den Textfluss eingebauten „Hexagramm-Formeln“ stehen für die Codierung des erklärenden Textes und sind für den etwas erfahreneren Yijing-Kenner ganz sicher erhellende Studienobjekte, die weniger Erfahrenen lesen einfach darüber hinweg, ohne dabei etwas zu verpassen. Vielleicht erwacht ja das Interesse für ein noch intensiveres Einlassen auch damit, was der Mühe wert ist, denn immerhin zählt dieses Buch der Wandlungen zur ältesten, notierten Weisheit dieses Planeten und der Menschheitsgeschichte – und sein Aufbau entspricht im Ganzen der Idee einer größeren Ordnung, deren Gesetzmäßigkeiten das ganze Weltgeschehen unterliegt.

Im hinteren Teil des Buches finden sich ausführliche und leicht verständliche Erläuterungen zu den Trigrammen und Hexagrammen und deren inneren Strukturen, wie sie in den Hexagramm-Formeln der „Lingua/Hex-Codes“© verarbeitet wurden.

Ich betrachte die Ausführungen in diesem Buch auch als eine Hommage an das große Wissen und die große Ordnung, die sich beide in einer wunderbaren Art und Weise im Buch der Wandlungen finden. Es ist mir stets ein zuverlässiger Führer in meinem Leben gewesen und lässt sich daraus nicht mehr wegdenken.

Ich möchte an dieser Stelle auch ganz besonderen Dank und meine tiefe Anerkennung an meine Tochter Sarah für Ihre Mitarbeit an verschiedenen Inhalten des Buches, ihr einleitendes Essay und die Übernahme des Vorab-Lektorats aussprechen.

Bad Homburg im Juli 2012, René van Osten

Grundlegende Muster der Beziehungen

„Durch das Gegenüber erfahre ich mich selbst, denn das Gegenüber ist ein Spiegel der eigenen Persönlichkeit, die wiederum ein Aspekt von Bewusstsein in Bewegung ist."

1. Grundlegende Muster der Beziehungen

Die Intensität oder die Art und Weise einer Beziehung zu etwas oder zu einem Gegenüber basiert grundsätzlich auf dem zeitbedingten Entwicklungsstand des Individuums. Ein solcher Entwicklungsstand ist immer Teilausdruck eines größeren Gesamtbildes, das dem „Samen des Lebens“ als informationsgeladene Bewegungsspirale bereits inhärent ist, bildet sich also durch den zeitgelenkten Ablauf dieser Bewegungsinformation ganz einfach heraus. Die Entäußerung von Leben ist vergleichbar mit einer Zeitschaltuhr, die korrekt programmiert, das Ereignis der Handlungen vollzieht. Licht an und Licht aus, Tun und Nichttun, aufeinander zugehen und Rückzug. Wir sind nicht schuld an dem, was wir sind und auch nicht an unseren Neigungen, denn diese bilden das Muster menschlicher Begegnungen und Handlungen als Ausdruckssymphonie einer kollektiv verbundenen Gattung, die sich Menschheit nennt. Jeglicher Bezug zu etwas oder jemanden basiert auf dem individuellen Strom der Gefühle und Emotionen, dem Wahrnehmungs- und Beobachtungswert eines Beobachters, der sein eigenes ‚Sosein' nur durch die Widerspiegelung anderer Gegenüber aus dem Kollektivpool aller Gegenüber erfährt.

Der Bewertungsmaßstab der Dinge und Wesen basiert auf der Resonanzschwingung oder Rückkopplung, die zwischen diesen und dem Wertenden besteht. Dieser Maßstab ist aber nur subjektiv, also zeitbegrenzt gültig, denn durch die Entwicklungsbewegung des Bewertenden ändert sich auch das Bewertete. Begegnen sich also zwei Menschen, besteht ein zeitbedingtes Resonanzmuster, das ganz bestimmte Beurteilungs- und Handlungsmuster, gleich Aktion und Reaktion, in Bewegung setzt. Diese sind als notwendiger Prozess der Lebensoffenbarung für diesen Moment und alle weiteren Bewegungsmuster bestimmt. Trennen sich Menschen – was nur in ihrer Vorstellung geschieht, in Wirklichkeit sind sie unzertrennlich – und begegnen sich zu einem späteren Zeitpunkt wieder, setzt zunächst die gespeicherte Erinnerung an die Erstbegegnung ein, was aber als vergleichende Projektion der Eigenbestimmung zwischen damals und jetzt zu sehen wäre, also ein Gradmesser der Blickwinkelveränderung ist.

Durch das Gegenüber erfahre ich mich selbst, denn das Gegenüber ist ein Spiegel der eigenen Persönlichkeit, die wiederum ein Aspekt von Bewusstsein in Bewegung ist. Wir können nur erfahren, was als Erfahrbares in uns selber liegt, und so gesehen sind alle Begegnungen, alle Umstände und Ereignisse ein zeitlicher Widerhall angelegter Begegnungs- und Ereignisimpulse in uns selbst. Das, was wir sehen, das, was uns begegnet, das sind wir selbst. Wir sind eine spezifische Summe von Abläufen, die wir nicht selbst bestimmen.

Die Neigungen eines Menschen sind ihm angeborene „Eigenwerte“, die er durch kausale Begegnungen mit dem Prinzip des Lebendigen im Gegengeschlechtlichen, Gleichgeschlechtlichen und Andersartigen in Zeit erfährt. Er wird also zur definierten Persönlichkeit durch die Widerspiegelung seiner Eigenwerte im Anderen, dem Anspringen des Denkmechanismus, der Rückkopplung zu seiner spezifischen Gefühlswelt, seinen Empfindungen und Emotionen, die ein individuelles Gemisch analog dieser äußeren Anregungen sind. Der Andere und das mich in meiner Essenz beschreibende Potenzial bilden eine Kausalität des Ablaufs. Er ist eine Erscheinung im Bewusstsein die von der ablaufenden Filmrolle der individuellen Existenz-Zeit abgerufen wird. Was mir als Gegenüber begegnet, ist ein bereits vorgegebener Aspekt der Bestimmung, der in Zeit in einem scheinbaren Außen erscheint. Wir nehmen wahr, was als wahr in uns selbst begründet liegt.

Menschsein bedeutet sich selbst als einen Teil des kollektiven Ganzen zu erkennen, und dieses kollektive Ganze als Resonanztopf der Eigenbestimmung zu verstehen. Alle Aspekte, die im Ganzen das individuelle Muster der Person definieren, sind in diesem Topf der Möglichkeiten an Ausdruck von Leben zu finden. Die Beziehung zum Anderen basiert also auf einer Bestückung mit Anteilen, die dieses Gegenüber als Wesensaspekt von mir selbst bestimmen und so gesehen kann nicht eigenmächtig am Schräubchen der Persönlichkeit gedreht werden. Diese kann als solche nur durch ein resonantes Außen erkannt werden, wobei das Außen eine Zeitreflexion der eigenen Entwicklungsbewegung ist. Alles ist schon, aber nur in Zeit als Etwas oder Jemand erfahrbar.

In den nächsten Schritten der Klärung übergeordneter Beziehungszusammenhänge müssen wir unterscheiden zwischen dem sozialen Aspekt menschlicher Beziehungen im Allgemeinen, den gegengeschlechtlichen und gleichgeschlechtlichen Beziehungsmustern, der Beziehung zu uns selbst und der Beziehung zur Umwelt und damit auch zu anderen Lebewesen.

1.1 Die Beziehung zu sich selbst

Der Eigenwert als fundamentales Attribut der Beziehungen kann nur durch andersartige Resonanzmuster bestimmt werden, die sowohl von gegengeschlechtlicher als auch gleichgeschlechtlicher Natur sein werden. Eigenerfahrung basiert ganz allgemein auf der Auseinandersetzung mit dem Anderen – in weiblicher und männlicher Gestalt. Ich möchte sagen, dass die Bestimmung des Eigenwertes immer auf dem Vergleich und dem Erleben der Begegnung mit etwas, analog der Rückbindung zur Wesensnatur beruht, durch die Erkenntnis und Eigenbewertung als ein konstanter Bewegungsfluss aufrechterhalten wird.

Ein äußeres Ereignis ist eine zeitbedingte Notwendigkeit, ausgelöst durch eine Bewegung im Bewusstsein, das als solches den Prozess des Lebendigen im Denken, Handeln, Fühlen und Sprechen widerspiegelt. Die Summe solcher Ereignisse bildet den bestimmbaren Eigenwert. Dieser wiederum ist jedoch nicht wirklich das Ergebnis dieser Summierung, sondern begründet sich, wie bereits gesagt, auf zeitkonformen Entwicklungsanregungen aus den Tiefen der angelegten Natur, durch die sich das Bewusstsein seiner selbst bewusst werden kann.

1.2 Die zwischenmenschlichen Beziehungen

Der soziale Aspekt der zwischenmenschlichen Beziehungen ist das konstant wirksame, aber relativ unbewusste Wissen über die innere Zusammengehörigkeit, das beim Menschen als einem vernunftbegabten Lebewesen in besonderem Maße ausgebildet ist. Sozialität beruht im Ganzen auf der persönlichen Veranlagung (im höheren Sinne auf dem geklärten Herzensgeist, was man nicht eigennützige Verantwortlichkeit nennt) und damit auch auf der ganzen Palette der Neigungen, die das Miteinander auf wesentlichen Ebenen bestimmen. Das Sozialgefühl ist ein, der Wesenheit Mensch angeborener Verhaltens- und Überlebenskodex, der das Miteinander regelt. Da es als solcher aus den veranlagten Werten einer Person und den daraus resultierenden Resonanzmustern entsteht, kann es nicht gemacht werden.

Sozialität ist ein Aspekt der Eigenliebe, begründet sich also auf der nicht ichbezogenen „Größe des Herzens". Dieses allerdings ist die Auskristallisierung der programmatischen Essenz, der Basis menschlichen Seins, übertragen von Vater und Mutter zum Zeitpunkt der Zeugung. Fast erscheint es so, als wäre das Miteinander ein unkontrollierbares Wechselspiel zwischen persönlichkeitsbedingten Gefühlen und Emotionen, wäre da nicht der Verstandesaspekt der Vernunft. Was aber bedeutet Vernunft gesehen durch den Hintergrund der Herzensresonanz auf der Sozialität beruht? Kontrolliertes miteinander umgehen, Verstehen des Anderen mit aus rationalen Überlegungen heraus?

Die zwischenmenschliche Beziehung und auch die Beziehung zur Umwelt, basieren auf den angeborenen Neigungen, dem Triebimpuls individueller Ausgestaltung, dem nicht durch Vernunft widersprochen werden kann, was uns zur gegen- und gleichgeschlechtlichen Beziehungsthematik führt. Die Anziehungskraft des Weiblichen auf das Männliche und umgekehrt, ist auf die jeweils gegengeschlechtlichen Anteile im Gegenüber zurückzuführen. Diese Anteile sind im Männlichen von weiblicher, im Weiblichen von männlicher Natur.

Das andersgeschlechtliche Gegenüber ist also ein Aspekt dessen eigener Geschlechtszugehörigkeit in mir selbst.

Diese fest gefügten Anteile des Andersgeschlechtlichen in der eigenen Person sind die Magneten der Anziehung eines passenden Gegenstücks, in dessen Struktur ebenfalls ein Resonanzwert wirksam ist, der den Anderen als Schwingungswert enthält. Interessanterweise funktioniert dieses Muster einmal als Gleichklang in beide Richtungen, andererseits aber jeweils auch in eine weitere Ergänzungsrichtung, wie es sich durch die Wandlungen der einzelnen Linien der acht Trigramme zeigt.

Lingua/Hex-Code 1: Die fest gefügten Resonanzbedingungen I

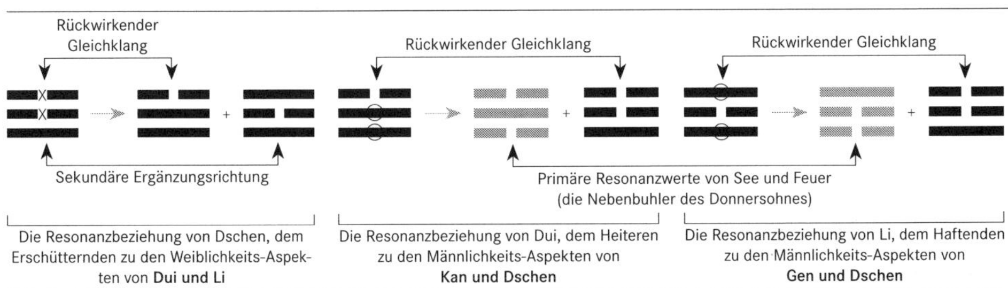

Wenn also das Gegenüber - gleich- oder gegengeschlechtlich - eine feste Komponente in mir selbst ist und dies im anziehenden als auch im ablehnenden Sinne, so ist es immer auch ein Spiegel der eigenen Bedürfnisse, der eigenen Ich-Bilder und immer auch ein Widerhall der innersten Natur des eigenen Selbst. „Ich werde zu dem, was ich bin" also immer auch durch den Anderen, denn dieser ist in Teilen in mir selbst.

Anziehung und Reibung sind Naturmechanismen, die der Reproduktion und der Selbsterfahrung dienen. Dies scheint das Los des Verstehenden auf vielen Ebenen zu sein: Er muss und darf erfahren, wer er selber ist und dies durch Auseinandersetzung mit Gegensätzlichem (das sich ja bekanntermaßen anziehen soll). Je näher er nun diesem Ziel kommt desto mehr erfasst ihn die Morgendämmerung des Verstehens, das all die Ereignisse in seinem Leben, unabänderliche Prozesse einer Entwicklungsbewegung waren, die nicht er als freie Willensleistung, sondern die Natur der Sache in Gang gesetzt hat.

Alle Menschen, die uns begegnen, alle Situationen, in denen wir uns befinden und befanden, sind ein Stück erlebter Geschichte unserer eigenen Geschichte (die jedoch nicht von uns gemacht oder gewollt ist, weshalb sie auch nicht uns gehört). Warum also wird der Andere, wie es in allen Beziehungen etwas mehr oder etwas weniger der Fall ist, von seinem Partner festgehalten und kontrolliert? Weil es das eigene Gehaltensein von Mustern und die Angst vor Kontrollverlust ist, die ihm eigentlich nur deutlich macht, wo er selber steht. Welche Rolle spielt nun der Andere, der aus dieser Sicht „Betroffene" in diesem Spiel?

Er ist, wie das Brennholz an dem sich das Feuer entzündet, eine nicht bloß ergänzende, sondern naturgesetzmäßige Notwendigkeit und trägt das Anhaften der Flamme, als Zündstoff der Lebensgeschichte bereits in sich selbst. Das Holz und das Feuer sind ein Ereignis der Gleichzeitigkeit, die untrennbar miteinander verbunden sind und doch kann das Holz auch zum Bauen, das Feuer zum Wärmen genutzt werden. Entwicklung kennt keine Stagnation, weshalb die Natur immer eine weitere Linie resonanter Bedingungen formuliert, aus der heraus sich wieder andere Bedingungen ergeben. Es findet zusammen was zusammengehört (und trennt sich, was sich trennen muss) und gelingt es dieses Ereignis aus der Bewertung herauszuführen, ist es ganz einfach, ohne als persönlich empfunden zu werden.

Lingua/Hex-Code 2: Die fest gefügten Resonanzbedingungen II

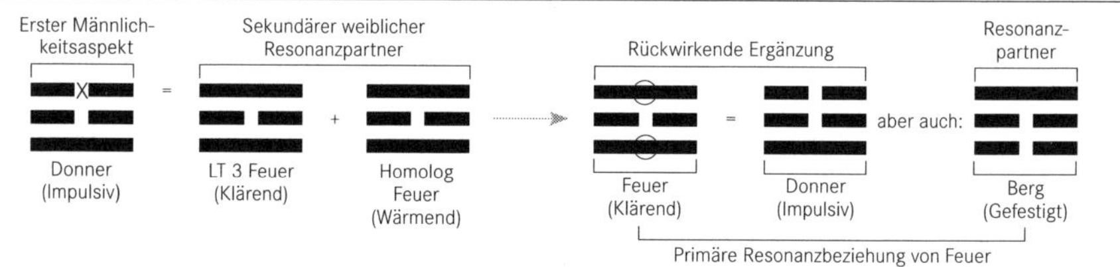

1.3 Freundschaft

Die bestehende Einteilung der zwischenmenschlichen Beziehungen in drei faktische Qualitäts- oder Intensitätsstufen von Freundschaft, Partnerschaft und Ehe, zwingt doch geradezu einige tiefere Überlegungen hervor, sieht es doch so aus, als würden sie sich auf unterschiedlichen moral-ethischen und bewusstseinsgeprägten Resonanzebenen bewegen. Ganz eindeutig haftet dem Schulterschluss der Ehe das höchste und verbindlichste Treueband des Miteinanderseins an, wobei es eigentlich nur der Freundschaft vergönnt ist, auf ehrenamtlicher Ebene zu existieren.

Freundschaft ist verstehendes Experimentieren, ist ein freudig-fröhliches Miteinander, das dem verpflichtenden Treuegelübte ehelicher Versprechungen entbehrt, also ganz aus der Gunst des kreativen Augenblickes lebt. Sie lässt und bindet über das Sympathische, das nicht besitzergreifende Verbundensein auf der Ebene des freien Erlebens. Da Freundschaft nicht die sinnliche Anziehung in den Vordergrund hebt, unterscheidet sie sich wesentlich von dem Partnerschaftlichen der Ehe oder jeglicher sexuell geprägter Beziehung, die augenblicklich Ansprüche und Vorstellungen erhebt. In der Freundschaft mögen und schätzen sich die beteiligten Personen um ihrer selbst willen. Ihre Verbindung begründet sich auf dem Fundament der freien Begegnung, ist also selbstbestimmt und erhebt sich damit auch aus dem Rahmen familiärer Bindungen, die zwar dauerhaft, aber eben verwandtschaftlich sind.

Lingua/Hex-Code 3: Beziehung ist die Konsequenz alles Lebendigen

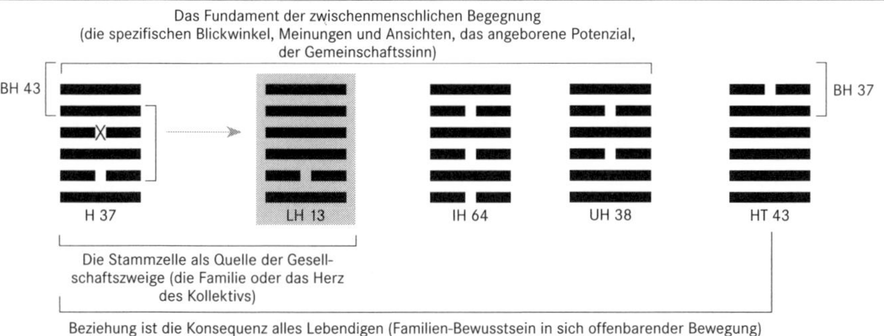

Selbstverständlich ist der familiäre Bezugsrahmen die Grundlage jeder freien Begegnung, das vom gleichen Blute sein (UT Feuer und OKT Feuer, H 37), der sich allerdings nach außen erweitert, denn das Thema ist das Herauslösen, die Individuation und der Selbstausdruck, der sich durch andere Bewusstseinspartner, draußen vor den Toren familiärer Muster vollzieht (LH 13, vierte Linie von H 37). Familie ist ein Bewusstseinsverbund der sich im Geiste seiner Rückbezüglichkeit organisiert und so gesehen ist Familie ein bestimmter Ausschnitt an spezifischer Offenbarungskraft, die sich durch die einzelnen Mitglieder nach außen manifestiert. Bewusstsein in Gebundenheit ist immer nur eine individuelle Frequenz des Ungebundenen, ist also abstammungsbezogenes Familienbewusstsein, eine Vertikal/Horizontal-Komponente, die sich in die Gesellschaft der Menschen verzweigt (Feuer ist horizontale, Wind ist vertikale Kraft). Freundschaft und Partnerschaft jeder Art setzen den Bezugsrahmen der Familie voraus. Familie im engeren Sinne ist das Nährfeld der externen Beziehungsqualitäten, entbehrt aber sinnlicher und sexueller Resonanzen. Zwar ist sie das konkrete Ergebnis der Reproduktion zweier Beteiligter, deren Zusammentreffen allerdings ist ein externes Ereignis das sich in Folge durch die Kinder wiederholt. Was die Familie verbindend zusammenhält, ist der geheime Bund der Stammeslinie und diese verpflichtet auf einer höheren Ebene, als dies die „eigenbestimmte" Freundschaft oder Partnerschaft tut.

1.4 Nutzfreundschaften

Die Vorstufe der Freundschaft ist die als bloße Empfindung einzustufende Bekanntschaft, die Entwicklungspotenzial besitzt. Entsprechend den Varianten im reaktionsintensiven Bewusstseinshaushalt des Menschen lassen sich natürlich auch die freundschaftlichen Beziehungen in weitere Unterkategorien einteilen. Da wäre zunächst die reine Nutzfreundschaft zu nennen, die aus gegenseitigem Profitdenken oder eben persönlichem Nutzen per Schulterklopfen geschlossen wird. Natürlich ist sie geprägt von Misstrauen, Absichten und Vorsicht, ja dem Wunsch, durch den Anderen, selbst in Vorteil gesetzt zu werden. Ein Macht- und Egospiel, das sich nicht selten unter dem Deckmantel von gespielten Freundlichkeiten bewegt.

Dass dies nicht etwas zu Verurteilendes ist, das zeigt auch die Codierung der Trigramme und Hexagramme, denn diese bestehen ja aus unterschiedlichen Impulsebenen, die allerdings miteinander verwoben sind. Es ist die bewusstseinsspezifische Differenz zwischen Tiefe und Oberfläche, zwischen dem Verstand und dem Herzen, der Intuition und dem manipulativen Intellekt, die hier Unterschiede kreiert, wirksam im Individualmechanismus einer Wesenheit. Interessanterweise ist das griechische Wort für Freundschaft philia bedeutungsgleich mit Liebe und dies stellt ganz klar heraus, dass auch eine Nutzfreundschaft das wesentliche Berührungsmoment des Menschseins nicht herausisolieren kann. Begegnung von Menschen ist immer ein Prozess, ist Widerspiegelung von Innenbewegung auf die Aktionsfläche einer Welt. Der wahre Nutzen liegt auf der Ebene der Entwicklung, die von der Verwicklung nicht zu trennen ist.

Schaut man sich hierzu nur einmal die Codierung der Bezug nehmenden Hexagramme genauer an, dann lässt sich diese Aussage eindeutig bestätigen. Ausgehend vom Zeichen der Sippe, H 37, ist dies das Szenario der vielen Blickwinkelperspektiven (IH 64) und damit die Auseinandersetzung mit Gegensätzen (UH 38), die das Feld der menschlichen Begegnungen von Grund auf bestimmen und letztendlich in der Eigendrehung, im Sinne der Kindschaft des Schöpferischen enden (Individuation ist ein Hinwachsen zu dem, was ich bin und dies setzt den Anderen voraus).

1.5 Zweckfreundschaften und Kameradschaft

Unter Zweckfreundschaft könnte man das freiwillige Zueinandergesellen zur Verfolgung eines bestimmten Zweckes verstehen, wie dies z. B. Fußballer tun, um in einer Mannschaft gemeinsam Fußball zu spielen. Eine sehr viel intensivere Form der Begegnung ist die sogenannte Kameradschaft, die man besonders im Militärwesen, bei den Pfadfindern oder in Vereinen antrifft. Auch die KZ-Gefangenen im Nazi-Regime bezeichneten sich gegenseitig als Kameraden. Das Zusammenhalten basiert auf einer gemeinsamen Sache, in die man durch Umstände hineingeworfen wurde oder sich verpflichtend engagiert. Der Kamerad ist ein Wegbegleiter im Herzen, ein Schicksalsgefährte der sich in gleicher Richtung bewegt und mir auf einer bestimmten Erlebensebene ähnlich ist.

Kameradschaft (aus dem italienischen camerata gleich Kammergemeinschaft) bezeichnet eine zwischenmenschliche Beziehung ohne sexuelle Ansprüche im Sinne einer Freundschaft innerhalb einer Gruppe, vorwiegend unter männlichen Personen. Kameradschaft schließt gegenseitige Anerkennung, Rücksicht und Achtung fremder Anschauungen ein, ja verpflichtet sich die Würde, die Ehre und die Rechte des Kameraden zu achten und ihm in Not und Gefahr beizustehen. So gesehen ist die Kameradschaft natürlich eine Form der Freundschaft in besonderem Sinne, beinhaltet sie doch auch das hehre Ziel der gegenseitigen Ergänzung und Förderung. Kameraden pflegen ein Miteinander auf gleicher Ebene, sind also Gefährten von gleicher Gesinnung oder schicksalhafter Bindung. Selbstverständlich ist die Kameradschaft nicht nur ein positiver Aspekt im sozial-demokratischen Sinne, denn auch der nationalsozialistische Studentenbund war ein organisierter Zusammenschluss nach dem Führerprinzip.

Die unterschiedlichen Spielarten des Zusammenhaltens und das dabei vorherrschende, verbindende Kraftmoment, finden wir zum einen im namensgleichen Yijing-Zeichen *H 8 - Das Zusammenhalten* und zum anderen im Zeichen *H 7 - Das Heer.* Es ist das Resonanzprinzip der zwei untrennbar miteinander verwobenen Elemente von Wasser (Regen und Quelle) und Erde (die Bereitschaft, das weiche Wollen). So ist das zentrale Element in beiden Zeichen eine inspirierende und befruchtende Kraft, um die herum Zusammenhalten sich formiert, jedoch auf zwei unterschiedliche Art und Weisen. Das Wasser von oben im Zeichen *H 8 - Das Zusammenhalten*, ist ganz eindeutig das ‚himmlische Wasser' seelischer Verbundenheit, denn es ist die übergeordnete Voraussetzung für das irdische Wasser einer Quelle, die eine umgebungsgebundene und zielgerichtete Fließrichtung hat.

Beide Kraftmomente können natürlich auf Personen mit besonderen Führungsqualitäten bezogen werden und dies lässt dann sowohl seelisch reife Interessensgemeinschaften als auch die marschierenden Heere gegen den Feind entstehen.

Lingua/Hex-Code 4: Zusammenfinden ist Übereinstimmung mit dem Wollen der Zeit

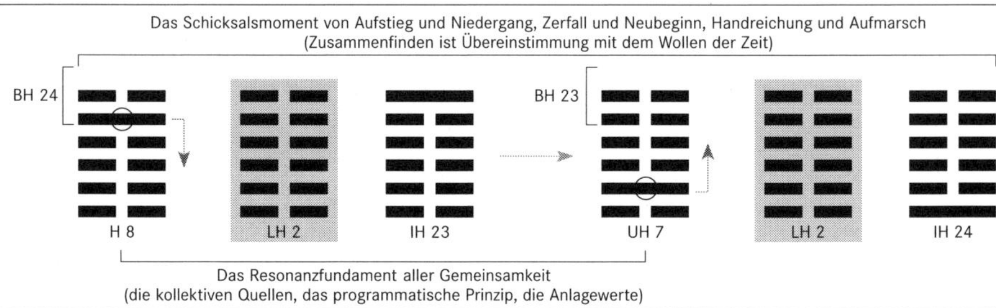

Das Zusammenkommen von Menschen in Interessensgemeinschaften oder Kameradschaften ist ebenso eine Sache der verbindenden Resonanz, wie es auch Freundschaft ist. Die Basis aller Verbindungen, gleichgültig unter welchem Vorzeichen, ist natürlich der innere Anlagespiegel, die Motivstruktur und die geistige Bezüglichkeit. So gesehen findet sich in der Thematik von Zeichen H 7, der straff organisierte Zweckverband, was als genaues Gegenbild zur Gemeinschaft mit Menschen (PH 13) gesehen werden kann, das ja den freien Sympathieverband anspricht. Es ist der energische Donnerstrich im Abgründigen des Wassers, der auf den gesetzten Impuls im Bauch des Lebendigen und damit auf das angelegte Triebmaterial verweist, das den Fuß und damit das zielgerichtete „Aufmarschieren" auf dem Begegnungsacker des Lebens in Bewegung setzt. Das Heer ist ein Zweckverband, der dem zielinformierten Kommandanten (L 2, das strategische Potential, die Triebkraft) folgt. Das Ziel ist die Eroberung entsprechend einem vorgegebenen Plan, allerdings auf defensive Art und Weise, was den Einsatz strategischer Waffen billigt. Innerhalb dieses Zweckverbandes ist dann die Kameradschaft als ein gegenseitiges Vertrauen und Bauen auf ein gemeinsames Ziel, die übergeordnete Thematik. Dies die eine, mehr den irdischen Anforderungen zuzuordnende Seite.

Das Zusammenhalten im Zeichen H 8 indes zielt insgesamt auf das freiheitliche Zusammenwirken, die Vereinigung von Menschen unter dem kreativen Dach spielerischer Prozesse ab. Insofern ist es Sinnbild der sozialen Bezüglichkeit an sich, also das Anschluss finden durch das eigene Muster und das Führen kraft der reifen Autorität. Anschluss basiert immer auf der Kraft verbindender Werte, und da die fünfte Linie im Zeichen des Zusammenhaltens ebenso den Geistaspekt des Donners (UBT) sowie das haltende Prinzip des OKT Berg beinhaltet, sind diese Werte dem fallenden Regen gleichzusetzen, der befruchtet, was durch ihn getroffen wird. Das Zusammenhalten begründet sich auf einem großen Reservoir an Vorhandenem, ja zielt auf die seelisch-geistige Bezüglichkeit ab, die aber niemals ohne die mobilisierbare Kraftpotenz der zielorientierten Gegenseite bestehen kann, wie sie durch das Zeichen H 7 – *Das Heer* beschrieben wird. Begegnung basiert genau genommen auf einem gesetzten Grund- und einem übergeordneten Oberton, zwischen denen Resonanz entsteht. Geben und Nehmen, Aufmarschieren und Lassen sind fest gefügte Bewegungslinien innerhalb derer sich alle Muster zwischenmenschlicher Beziehungen zeigen. Der große Besitz der Gemeinschaft aller Menschen ist das kollektiv verbindende ‚Wasser des Lebens', was man die programmatische Wesensnatur nennt.

Freundschaft im höchsten Sinne, so betont der Psychologe Herb Goldberg, ist dadurch gekennzeichnet, dass Menschen zusammenwirken, ohne bestimmte Ziele, Zwecke, Nutzen etc. zu verfolgen. Diesen Menschen sei es in ihrer Beziehung zueinander nicht mehr wichtig, ob sie selbst Gewinner oder Verlierer sind; Überlegenheit spielt keine Rolle mehr. Ist es also innerhalb des Zweckverbandes das gemeinsame Ziel, auf das es vorzurücken gilt, ist es bei der Freundschaft vielmehr die Herausforderung, die Heere gegen sich selbst marschieren zu lassen (Selbstdisziplinierung). Einige wissenschaftliche Untersuchungen zum Verhalten innerhalb einer Freundschaft bestätigen, dass sich enge Freunde mehr als lediglich miteinander bekannte Personen streiten. Der Grund dafür wird von Psychologen und Soziologen darin gesehen, dass sich enge Freunde einander sicher sind und daher nicht übervorsichtig agieren müssen. Außerdem haben sie mehr Kontakt zueinander und damit sehr viel mehr Reibungsfläche.

Homosexuelle Menschen berichten oft darüber, zu Personen des jeweils anderen Geschlechtes besonders starke Freundschaften entwickelt zu haben. Vorwiegend ist dies zwischen Schwulen und Frauen zu beobachten. Meist begründet eine solche Freundschaft die Möglichkeit der Frau mit einem Mann Frauengespräche zu führen bzw. Männer (meist den eigenen Partner) besser zu verstehen. Auch die in relativem Bezug zu sehende Sicherheit, von dem homosexuellen Freund nicht verführt zu werden, lässt eine oftmals innige Freundschaft zu, die der Ebene der besten Freundin gleichkommt.

Aristoteles hat bekanntermaßen das Phänomen der Freundschaft in drei verschiedene Formen unterteilt: Nutzen-, Lust- und Tugendfreundschaft, welchen wiederum unterschiedliche Motive der Gesinnung entsprechen. Die Freundschaft als „das Edle" weist den Weg zu einer guten Lebenspraxis. Da die Menschen in ihrem Zusammenleben grundlegend aufeinander angewiesen sind, gehört die Freundschaft zu dem Notwendigsten im Leben, sie bildet das zentral verbindende Element der Gemeinschaft, das die Staaten zusammenhält. Sie begründet jede Form des praktischen Zusammenlebens: alle Ausdrucksformen der Gemeinschaft – von der Ehe bis hin zur Polis – sind nach Aristoteles das Werk der Freundschaft. Entsprechend der Unterscheidung zwischen bloßem Leben und gutem Leben muss aber zwischen verschiedenen Formen von Freundschaft unterschieden werden: von den notwendigen werden die ethischen abgehoben, die schön und sittlich gut, um ihrer selbst willen geschätzt werden.[17]

1.6 Partnerschaft

Wo genau könnte der Unterschied zwischen der Freundschaft und der Partnerschaft zu finden sein oder ist dieselbige eine Steigerungsform der Bindung, also eben gerade „der Bindung wegen“ eine andere? Fast erscheint sie mir als eine losere Variante der ehelichen Verkettung, eine Ebene des Zwischenmenschlichen, auf der es noch ein „Entwischen ohne konsequentenreiche Formalitäten” gäbe. Entbehrt sie der „ewigen Treueliebe- und Treueschwüre” des Ehepaktes und ist damit ganz offiziell nur eine zeitgültige Begegnungsform? Ein Freund im Hinblick auf die Geschlechterbeziehung ist zunächst nur eine Möglichkeit der Vertiefung, ist also ein noch offenes Muster, dessen Gefühls- und Sinneshaken noch nach Verankerungspunkten im Neigungshaushalt des Gegenübers sucht. Es ist die Phase der Sympathie, der nahezu zeitgleich die Bewerbung für Weiteres folgt. Partnerschaft ist demnach die im Gesamthaushalt zweier Beteiligter gewachsene Gewissheit der näheren Zusammengehörigkeit, die Steigerungsformen in alle Richtungen menschlichen Zusammenwirkens kennt und deshalb auch in Missverständnissen enden kann.

Sich aus einer nicht auf dem Liebesbund des Ewigen geschlossenen Partnerschaft zu lösen, scheint der einfachere Weg zu sein, denn er plant, wenn auch unbewusst, das Trügerische mit ein, ja weicht, dem gänzlich Verpflichtenden auf bestimmte Art und Weise ganz offensichtlich aus. So gesehen ist Partnerschaft tatsächlich das Versuchsfeld, auf dem sich Tiefenbindung entwickeln kann, was Verwicklung mit einbezieht und im besten Falle auch prozesshafte Einbindung im Sinne des Weiterbestehens beinhaltet, jedoch immerzu das bereits halb offene Hintertürchen der Trennung bei sich weiß. Gewiss ist die Ehe das größte Bewährungsfeld einer Partnerschaft, denn sie ist ein gefühls- und amtsvertraglich geschlossener Bund der Unzertrennbarkeit und somit auch das offizielle Ja zur Gemeinsamkeit durch alle Bewegungsnotwendigkeiten. Voneinander trennbar sind weder Freundschaft, noch Partnerschaft noch Ehe, ja vielleicht sollte die Ehe die Addition aller Faktoren sein, was nun ganz das Herzensverstehen des Anderen durch sich selbst als Notwendigkeit voraussetzen würde.

Nicht unwesentlich also ist der Aspekt der Bindung, das Einlassen auf den Anderen, das in der höchsten Form direkt aus dem liebenden Herzen kommt und damit unabhängig von jeder formellen Egounterscheidung wird. Partnerschaft auf begriffsetymologischer Ebene erklärt, ist eine Gemeinschaft mehrerer juristischer oder natürlicher Personen, womit man sich auch die sogenannte Geschäftspartnerschaft und andere partnerschaftliche Verbindungen ansehen sollte. Was Partnerschaften aber ganz zentral verbindet, ist die Vorstellung einer grundsätzlichen Gleichwertigkeit und Gleichberechtigung der beteiligten Personen, was dann auch der Grund des Auseinanderbrechens ist, denn genau hier und nur hier liegt das „Minenfeld der unberechenbaren Ich-Neigungen", auf das ein jeder tritt. Genau dieses ist auch das Innenfeld der Begierden, der Meinungen, Wünsche und Vorstellungen, mit denen uns die Natur zu individuellen „Knallfröschen" werden lässt, deren Explosivität nur der Zündung bedarf. Der Partner ist jemand durch den ich mich verstanden fühle und deshalb auch eine Widerspiegelung meiner selbst, was allerdings auch der Knackpunkt und die Bruchstelle ist, denn das Verstehende dieses Umstandes, entwickelt sich doch erst in erfahrungsintensiver Zeit und diese ist in zielorientierten Geschäftsverbindungen oft nicht vorhanden. Uneinigkeit ist deshalb eine Prüfinstanz der Wertigkeit, aber nur auf dieser kann sich ein festes Fundament der Vertrautheit und Verlässlichkeit bilden. Die ideologisierte Einigkeit ist nur Zweck und deshalb eben nur idealisierte Logik, die eine egozentrische Basis hat.

Gerade weil dem so ist, kann echte Partnerschaft keine laue Dauerharmonie sein, sondern eine Verbindung, die auch, und im Besonderen, die Spiegelung und symmetrische Ergänzung vollkommen mit einschließt. Liebt man das Gegenüber wie sich selbst oder anders gesagt: sich selbst im Gegenüber, dann müsste die tägliche Überraschung ganz selbstverständlich sein, denn was durch mein Gegenüber in meine bewusste Wahrnehmung gelangt, ist verborgenes Material in mir selbst. Ich bin durch den Anderen diese definierte Person, was nicht immer angenehm ist, denn ich bin auch das projizierte Ideal verschiedener Vorstellungen und wer diesen zu nahe kommt, der kann schnell zum lästigen Feinde werden, den man heute oder überhaupt nicht mehr sehen will.

Also doch: Dein Freund ist auch der beste Feind, denn durch dieses „Auch-Feind-Sein", ist das Tiefenverstehen des Verstehens überhaupt erst möglich.

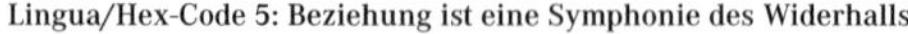

Lingua/Hex-Code 5: Beziehung ist eine Symphonie des Widerhalls

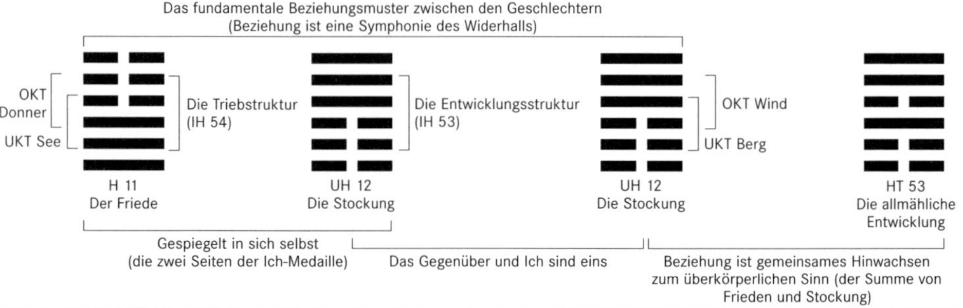

Hier sprechen die Verzahnungen der Trigramme in den Hexagrammen und dann natürlich diese selbst, eine sehr eindeutige Sprache. Sie spiegeln insgesamt eine vielschichtige Struktur der Verbundenheit zunächst durch das jeweilige Muster des inneren Hexagramms, durch die Umkehrung, die Polarität, die frühhimmlische Ergänzung und natürlich den Beziehungsverhältnissen zwischen den Linien. Dem Aufeinanderzugehen steht gleichbedeutend das Abstandnehmen gegenüber und beides trägt in sich wieder einen sich ergänzenden Bedeutungssinn, was sich in den beiden Primärzeichen der Begegnungen von *H 11 – Der Friede* und *H 12 – Die Stockung* erkennen lässt. Insgesamt sind beide ein Ausdruck der allmählichen Entwicklung der, in den Nährboden irdischer Bindung eingewachsenen Lebensform, die in Phasen von aktivem Aufstreben und passivem Rückversichern ihrem Ziel entgegen wächst. Alles Leben hat zwei Seiten und diese zwei Seiten sind gleichberechtigte Kräfte, die sich immer als ein äußeres Abbild der inneren Bewegungen zeigen.

Die Gleichwertigkeit innerhalb einer Partnerschaft und natürlich der besiegelten Form der Ehe (die dann am besten ist, wenn sie Freundschaft bleibt), kommt im Konkreten der Anerkennung der jeweiligen Andersartigkeit gleich, die jedoch nicht als dualistisch feindlich, sondern als ergänzend verstanden werden muss. Partnerschaft und Freundschaft beinhalten also nichts weniger als die Anforderung, sich dem bewegten Fluss dieser Resonanz-Begegnung hinzugeben, denn Begegnung ist wahrnehmbare Existenz und Reibefläche zur eigenen Individuation und genau dies ist das Ziel der Natur der Sache, was sich im Zeichen *H 13 – Die Gemeinschaft mit Menschen*, bestätigt. Das Kollektiv der Menschen ist die Divination des Einen in das Viele und im Umkehrschluss die addierte Summe der Bewegungen, die diesem Tiefengrund entspringen. Der Einstieg in das Boot und der Ausstieg aus diesem Boot sind nur subjektiv begründete Vorstellungen. Boot, Fluss und Begegnungen sind kausale Konsequenzen der vom schöpferischen Himmel angeregten Lebensbewegung und können weder freiwillentlich bestiegen noch verlassen werden. Partnerschaft ist also in jedem Falle eine hohe Messlatte der Toleranz und nichtbewertenden Akzeptanz. Missverständnisse sind an der Tagesordnung, denn sie sind die polare Achse der Harmonie (*H 12 – Die Stockung* zu *H 11 – Der Friede*) und damit wird „persönliche Betroffenheit" immer ein Thema im Raum des Zwischenmenschlichen sein. Über diesen „Ich-Schatten" kann nur springen, wer solche wertenden Identitätshohlräume mit Verstehen füllt und dazu ist der Andere mir Lehrmeister genug.

1.7 Die Ehe

Einen Sonderfall der Freundschaft sieht Georg Simmel in der Ehe: Das hängt zum einen damit zusammen, dass die Ehe ihren Charakter gewandelt hat. War bei Montaigne die Ehe noch ein Handel, so ist die Ehe in der Moderne eher von Liebe gekennzeichnet. Wenn die Ehe also eine Liebesbeziehung ist, so wirkt ein freundschaftliches Element. Simmel warnt davor, die Ehe als sofortige und umfassende Öffnung der Partner zu verstehen. Er sieht den Wert einer Ehe vielmehr in dem Prozess der fortschreitenden freiwilligen Vertiefung der Freundschaft. Wertvoll sind sowohl die geteilten Dinge als auch die Dinge, die man dem Partner (noch) nicht mitteilen will oder kann. Dazu kommt, dass man sich selbst über viele Dinge nicht so im Klaren ist, dass man sie sich selbst überhaupt mitteilen könnte oder wollte. Dieser „blinde Fleck" in der Beziehung zu sich selbst wäre potenziell enttäuschend für eine Ehe, die auf komplette Öffnung ausgelegt ist. Gerade diese Überraschungseffekte wurden, wenn auch im verdrängten Sinne, mitgekauft und eine Wundertüte ist nur deshalb so spannend, weil man mutmaßt, was sich darin befindet oder anders gesagt, nicht weiß, was ihr wahrer Inhalt ist. Ehe ist demnach ein Pakt, der zwischen zwei organisierten Parteien geschlossen wird, die sich zwar Einigkeit auf die Liebesfahne geschrieben haben, aber diese Liebe in ihrer Gesamtbedeutung erst noch erfahren dürfen. Sie ist nicht etwa ein Positivideal unter Ausschluss des Negativen, sondern schließt beides ohne Unterscheidung mit ein. Etwas poetisch gesagt ist sie das Licht des Himmels im Herzen des Lebendigen, ist also Möglichkeit ohne andere Möglichkeiten auszuschließen.

Im Yijing wird das Prinzip der Ehe mit dem Zeichen *H 32 – Die Dauer* überschrieben. Dauer ist Treue gegenüber dem Wahren und dieses Wahre ist der Wandel in Zeit, ist also ein Eingespanntsein zwischen die gesetzten Bedingungen von Himmel und Erde. Treue ist demnach kein blindes Anhängen an und Abhängen von Vorgaben, sondern die verstehende Anbindung an den Lebensfluss, dem Verstehen also, dass die einzig verlässliche Konstante die Veränderung ist. Veränderung ist aber nicht willkürlich, sondern verläuft ganz in geregelten Bahnen, welche sich durch die angelegte Natur in Zeit erfüllt. Dieser mir anvertraute Ehepartner ist im Ganzen eine Widerspiegelung der Entwicklungsspirale in Zeit. Einengung muss der Todesstoß jeglicher Verbindung sein und widerspricht dem Herzenspakt der untrennbaren Ehe vollständig und doch: Was zusammenkommt, gehört zusammen und auch eine Trennung ist nur eine räumliche Distanz mit der Hoffnung eine so genannte unliebsame Erfahrung loszuwerden.

Menschsein ist ein Gesamtprozess, seine Vollendung eine Summierung aller Begegnungen und so gesehen gibt es weder Bindung noch Trennung. Ganz pragmatisch betrachtet ist der Faktor der Liebe zunächst ein sekundärer, denn sie ist Vorstellung und Interpretation eines Zustandes, der seine Wurzel in der Triebanlage des Menschen hat. Liebe im Anfangsstadium ist eine „gasige Mischung" aus Lust, Gefühl, Emotion, Wunsch und Vorstellung, ist also sehr von der Persona abhängig. Dies ist nicht zu bemängeln, denn die Erfüllung der Natur ist primär verbunden mit der Reproduktion und dabei spielt die herzensgereifte Liebe kaum eine Rolle, denn sie benötigt Raum-Zeit zur Ausbildung und wüsste man, was einem blüht, man würde es in vielen Fällen unterlassen. Ehe und oder Partnerschaft sind im gegengeschlechtlichen Sinne gepaart mit Familiengründung und diese benötigt natürlich ein stabiles und witterungsbeständiges Wachstumsfundament. Familie bedeutet Dauer in der Veränderung, bedeutet auch Rollen- und Aufgabenverteilung und existentielle Absicherung, ist also kein kurzfristiges Unternehmen, sondern tatsächlich ein Pakt mit dem Ungewissen mit der Absicht erfolgreich zu sein (was den Begriff des Erfolgreichseins radikal relativiert, denn auch ein Misserfolg ist nur eine Erfahrungskerbe im Laufrad der Notwendigkeit). Die Ehe stirbt nicht wegen des Verblassens der Liebe, sondern dem Verblassen der Vorstellungen, die man von ihr und damit der Rolle die man selbst und der Andere darin spielen sollte, hatte.

Etymologisch ist Ehe dem althochdeutschen ewa entnommen, was soviel wie „Ewigkeit, Recht und Gesetz" bedeutet. Nicht zu allen Zeiten war es den Menschen möglich frei und Kraft ihrer inneren Zuneigung den Bund der Ehe zu schließen. Im Mittelalter wurde unter den Grund- und Gutsbesitzern nur denjenigen die Ehe und Familiengründung gestattet, denen auch die entsprechenden ökonomischen Mittel gegeben waren, eine Familie dauerhaft zu unterhalten. Dadurch war aber mehr als die Hälfte der Bevölkerung von der Heirat ausgeschlossen, was aufgrund der damaligen vorherrschenden religiösen und ethischen Grundsätze einen faktischen Ausschluss von der Möglichkeit Kinder zu zeugen und eine Familie zu gründen bedeutete. [18]

Die unterschiedlichen Beziehungsmodelle im Spiegel der Hexagramme des Yijing

„Ist die Sippe in Ordnung, kommen die ganzen Gesellschaftsbeziehungen der Menschheit in Ordnung."

Wieder sind es die Strukturbilder verschiedener Hexagramme, die uns die unterschiedlichen Magnetismen der Beziehungen als ein kompaktes und konsequent organisiertes und ineinandergreifendes Wechselspiel begreiflich machen, das sich aus der Keimzelle der Familie entfaltet. Die Geburtsstunde aller lebenden Einzelwesen liegt im Schoß des Weiblichen (dem Raum der Möglichkeiten befruchtet vom Zeitfluss des Schöpferischen) und was sich darin heranbildet, ist dasjenige, was sich entwickelt. Die Summe aller, dem Zentrum der Sippe entwachsenden Individuen, bilden das Beziehungsspiel des Lebendigen, das sich in vier Szenarien beschreiben lässt. Das erste Szenario begründet sich auf dem Rollenspiel zwischen den Mitgliedern der Familie, das Zweite könnten wir als den Erfahrungsweg zur Tiefenbindung der Ehe und Familiengründung betrachten, der mit der Werbung (die Balz) beginnt, dann sich allmählich über das rein körperhafte hinaus entwickelt (Verlobung) und im gegenseitigen Einverständnis dann zum dritten Szenario der Heirat, Fortpflanzung und dem Dauerhafen der Ehe führt.

Das vierte Szenario schließlich, beschreibt die allgemeinen Muster und Bedingungen von Beziehungen, die selbstverständlich auch dem Zusammenkommen, Zusammenhalten und Zusammenwirken dienen, allerdings aus zweckdienlichen und sozialen Gründen. Entwicklung ist allen Spielformen des Miteinanders zur Seite gestellt und am Ende steht die Individuation zum konkreten Einzelwesen, wie es in der Kollektivgemeinschaft der Menschen zum Ausdruck kommt.

1. Erstes Beziehungsszenario: die Schicksalsgemeinschaft der Familie

Lingua/Hex-Code 6: Die Sippe oder die Keimzelle der Gesellschaft

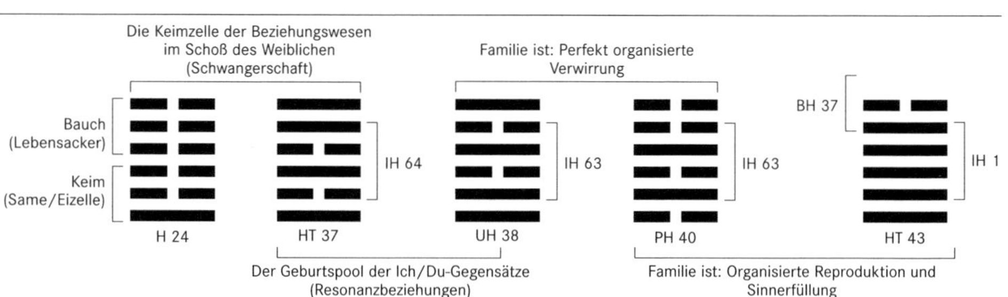

Die Sippe oder Familie ist die Keimzelle der Gesellschaft und damit Quelle aller Muster, durch die sich Menschen begegnen. Sie ist eine Lebens- oder Hausgemeinschaft, die im westlichen Kulturkreis meist aus Eltern und Kindern besteht und gelegentlich durch im gleichen Haushalt wohnende Verwandte erweitert wird. Die

Familie ist demnach eine engere Gruppe von Verwandten, die unter einem Dach wohnen. Die „Gesetze" der Familie sind die Gesetze die sich nach Außen in die Welt und den Staat entäußern (*UH 38, der Gegensatz und HT 43, der Durchbruch*). Im Zeichen H 37 wird dies dargestellt unter dem Bild des Windes, der durch das Feuer erzeugt wird (der herrschende Familiengeist, die Denk- und Glaubensmuster). Die Beziehungsstrukturen innerhalb der Familie sind verwandtschaftlicher Natur, ihre Aufgabe ist die Existenzsicherung und Existenzförderung. Im Konkreten ist die Familie ein, durch genetische Bandagen miteinander verknüpfter Resonanzverband, dessen Einzelne wiederum resonanzspezifische Magnete für exogame Verbindungen sind.

Das Zusammenwirken innerhalb dieses Verbundes könnte als ein Rollenspiel definiert werden, bei dem jeder versuchen muss, die ihm auf den Leib geschriebene Rolle in Eintracht mit den anderen zu finden (erster Akt der Selbstbestimmung und Selbstbehauptung mithilfe eines familiären Gegenübers). Das Zusammenwirken basiert auf den Regeln bestimmter Naturgesetze (instinktive Verhaltensmuster) gepaart mit Ich-Spezifischen Handlungen, deren Zentrum die beiden Bezugsgrößen von Vater und Mutter bilden. Reproduktion kann nicht getrennt werden von Individuation und diese beginnt im Gegensatzkreis der Geburtsfamilie (HT 43 und UH 38).

Wilhelm schreibt dazu im Yijing:
Die Sippe zeigt die Gesetze im Innern des Hauses wirksam, die nach außen übertragen Staat und Welt in Ordnung halten. Der Einfluss, der vom Innern der Sippe nach außen wirkt, ist dargestellt unter dem Bild des Windes, der vom Feuer erzeugt wird.

Ist die Sippe in Ordnung, so kommen die ganzen Gesellschaftsbeziehungen der Menschheit in Ordnung.

Die Sippe ist die Keimzelle der Gesellschaft, der Naturboden, auf dem die Ausübung der moralischen Pflichten durch natürliche Zuneigung erleichtert wird, sodass im engen Kreis die Grundlage geschaffen wird, von der sie dann auf die menschlichen Beziehungen im Allgemeinen übertragen werden.

Die einzelnen Linien wurden in meinem Buch vom Leben folgendermaßen kommentiert:

Linie 1*: Klare Richtlinien innerhalb der Familie unterbinden willkürliche Launenhaftigkeit.*

Wie in der Gesellschaft oder einem Unternehmen im Großen, so müssen auch innerhalb der Familie wohldefinierte Strukturen dem Einzelnen seinen Platz zuweisen. Geschieht dies von Anfang an, noch ehe willkürliche Launenhaftigkeit jede Ordnung im Keim erstickt, dann kennt jeder seinen Verantwortungsbereich und die Aufgaben, die er darin zu erfüllen hat.

Linie 2*: Wenn man als Zentrum der Sippe seine Aufgaben pflichtgemäß erledigt, erfährt man großes Glück.*

Hier, im Zentrum des Feuers, ist der kommunikative Mittelpunkt der Familie. Es ist der Platz der Mutter und zeigt den Aufgabenbereich, den sie innerhalb der Sippe übernommen hat. Essen wird zubereitet, die häuslichen Anforderungen werden erledigt, Zuwendungen verteilt und unmittelbare Bedürfnisse der Einzelnen befriedigt. Sie ist verhaftet (Feuer) mit den häuslichen Pflichten und familiären Anliegen und erfüllt diese Tätigkeit ganz im Bewusstsein eines Dienstes, der den Bestand und den geregelten Ablauf des Familiengeschehens gewährleistet. Anmerkung: Der Sinn für das gemeinschaftliche Wohl, der hier, am zweiten Linienplatz der versorgenden Mutter angesprochen wird, ist nicht nur auf das bindende und wärmende Prinzip des Feuers zurückzuführen, sondern auch auf das Kollektivzeichen *H 13 – Die Gemeinschaft mit Menschen*, das sich durch die Wandlung der Linie zeigt. Es ist hier der Ursprung der Menschengemeinschaft in ihren ganzen Spielarten durch den Schoß der Familie gelegt.

Linie 3*: Um die Ordnung innerhalb der Familie zu erhalten, muss ein gemäßigter Weg gefunden werden.*

Hängt der „Haussegen" schief, so bedeutet dies, dass einzelne Mitglieder der Familie den geltenden Richtlinien untreu geworden sind und über die Stränge schlagen. In solchen Situationen ist es besser, mit ernsteren Maßnahmen der Sache Herr zu werden, als durch lasches Gewährenlassen die gesamte Ordnung zu gefährden. Im Allgemeinen gesehen ist aggressive Strenge zu vermeiden, da sie zu unberechenbaren Auseinandersetzungen führt, die die ganze Familienharmonie untergraben. Deshalb gilt es, die Richtlinien so zu gestalten, dass dem Einzelnen die Entfaltung seiner eigenen Persönlichkeit erhalten bleibt, ohne dass der andere darunter zu leiden hat.

Auch hier eine interessante Ergänzung. Es muss in der sogenannten Erziehung immer der Maßstab der Mehrung als Messlatte der Handlungen angelegt werden. Es kommt nämlich durch die Wandlung dieser dritten Linie, dem Schicksalsgraben der familiären Verbindungen, das Zeichen *H 42 – Die Mehrung* zum Vorschein und dieses spricht deutlich vom Wert der Veranlagung, der erkannt und gefördert werden soll. Mehrung ist Ehrung dessen, was im Samenkeim der Nachkommenschaft potenziell angelegt ist. Allerdings ist dies keine einfache Aufgabe, denn eine solche Anforderung macht es auch erforderlich, das man seine Reaktionen kritisch abwägt, damit keine Fehler der eigenen Vergangenheit, zu einem Fehlverhalten führen durch das lediglich der Autoritätsanspruch befriedigt wird aber keine einleuchtende Klarheit entsteht.

Linie 4: *Der Reichtum des Hauses liegt im uneigennützigen Einsatz für das Wohl der Familie.*

Waren es bei der zweiten Linie die Tätigkeiten der Frau des Hauses, so sind es hier ihre Eigenschaften, die das Wohl der Familie fördern. Ihr persönlicher Reichtum ist das Wissen um Maßnahmen, die der ganzen Familie Stabilität verleihen. Sie ist das Herz oder die edle Perle des Hauses (des Unternehmens), die es durch ihr sanftes Wesen versteht, liebevolle Verbindungen untereinander zu fördern. Auf ihre Mutterrolle bezogen, ist sie die Verkörperung der Nestwärme, die Geborgenheit gewährt. Gleichsam unterliegt ihr als sozialer Instanz die Kontrolle der Einnahmen und Ausgaben, die das finanzielle Wohlergehen der Familie sichern.

Linie 5: *Wer sich wie ein gerechter König seiner Sippe gegenüber verhält, den braucht man nicht zu fürchten.*

Hier ist der Platz des Vaters (des Staatsoberhauptes), der in seinem Wesen ernst, aber doch voller Liebe und Gerechtigkeit ist. Er steht erhaben über allen Spannungen und gefährlichen Auseinandersetzungen innerhalb der Familie (des Staates) und hält Ordnung durch einen demokratisch-großmütigen Führungsstil.

Erstaunlich wie präzise der Aufgabenbereich innerhalb der Sippe, in der Vertretung nach außen und von außen nach innen durch die Hexagrammstruktur beschrieben ist. Es scheint darin eine gesetzmäßige Ordnung zu liegen, die jedem seinen natürlichen Platz zuweist und erfüllt er diese Aufgabe, steht er unter dem Segen des Himmels. Was dadurch deutlich werden könnte, ist die große Verantwortung, die uns da als Väter und Mütter aufgebürdet wird, aber wie der Begriff selber schon sagt: „Die Antworten, die man selber hat, bestimmen den Grad der Verantwortung, die man übernehmen kann." So gesehen geschieht dann eben unter diesem Dach der Familie das Entsprechende analog dieser Tatsache. Selbst hier, unter dem ersten Schutzhaupt des Lebens, herrscht die Subjektivität der Gegensätze, denn genau diese gilt es ja unter einen Hut zu bringen, ja sie im Verständnis der Individualität des Einzelnen entsprechend aufzulösen und zu integrieren.

Lesen wir was der große Denker und Philosoph Friedrich Nietzsche und andere dazu sagen:

Nietzsche zum Prinzip der Familie: Eltern-Torheit

„Die gröbsten Irrtümer in der Beurteilung eines Menschen werden von dessen Eltern gemacht: Dies ist eine Tatsache, aber wie soll man sie erklären? Haben die Eltern zu viele Erfahrungen von dem Kinde und können sie diese nicht mehr zu einer Einheit zusammenbringen? Man bemerkt, dass Reisende unter fremden Völkern nur in der ersten Zeit ihres Aufenthaltes die allgemeinen unterscheidenden Züge eines Volkes richtig erfassen; je mehr sie das Volk kennenlernen, desto mehr verlernen sie, das Typische und Unterscheidende an ihm zu sehen. Sobald sie nahsichtig werden, hören ihre Augen auf, fernsichtig zu sein. Sollten die Eltern deshalb falsch über das Kind urteilen, weil sie ihm nie fern genug gestanden haben? - Eine ganz andere Erklärung wäre folgende: Die Menschen pflegen über das Nächste, was sie umgibt, nicht mehr nachzudenken, sondern es nur hinzunehmen. Vielleicht ist die gewohnheitsmäßige Gedankenlosigkeit der Eltern der Grund, weshalb sie, einmal genötigt über ihre Kinder zu urteilen, so schief urteilen."

Philosophisch-ethische Überlegungen zum Familienbegriff

Wie Joachim Kahl in seinen philosophisch-ethischen Überlegungen zu Homosexualität, Ehe und Familie schreibt, ist der Familienbegriff Umfragen zufolge heute sehr positiv besetzt. Diese Exklusivität des Familienbegriffs führt nach Kahl aber dazu, dass er als ein wertsteigerndes Prädikat zur Chiffre auch anderer sozialer Gebilde geworden ist, die keine konstitutiven Elemente einer Familie mehr aufweisen: in etwa die so genannte „Einelternfamilie" oder die These, dass Familie immer auch da ist, wo Kinder sind. Kahl zufolge werde der Familienbegriff in beiden Fällen missbraucht. Familie gebe es schon rein grammatikalisch nur im

Plural und nicht im Singular. Sie besteht also stets aus zwei Elternteilen, allenfalls aus einem, aber nicht aus einer „Einelternfamilie". So verweist die falsche sprachliche Konstruktion auf den zugrunde liegenden falschen Gedanken.

Denn alleinerziehende Mütter und Väter mit ihren Kindern sind Notgemeinschaften, die zwar bewundernswert, aber nicht nachahmenswert sind als eine institutionelle Alternative zum Ideal einer intakten (Zwei-) Eltern-Kind-Beziehung. Wer als Kind einen Elternteil entbehren muss, dem fehlt schließlich doch etwas Entscheidendes für das Leben, nämlich „das Beziehungsdreieck Vater - Mutter – Kind", welches besonders auch übermächtige Mütter und übermächtige Väter, die ihre Kinder in einen symbiotischen Bannkreis ziehen und nur ungern daraus entlassen, verhindert oder zumindest erschwert. Für den Entwicklungsprozess des Kindes ist nach Kahl eine bestimmte Form der Familienstruktur notwendig, eine Rahmenbedingung, die der Identitätsbildung, gerade auch im Hinblick auf die Geschlechtsidentität, förderlich ist: „Ein Kind braucht beide Eltern und hat ein Recht auf beide Eltern. Nur so kann es seine Identität, die auch eine Geschlechtsidentität ist, finden. Jedes Kind muss zweigleisig ins Leben fahren: auf dem mütterlichen Gleis und auf dem väterlichen Gleis. Es braucht Pol und Gegenpol, Yin und Yang."[19]

Noch abstruser als eine „Einelternfamilie" ist Kahl zufolge aber die These „Familie ist, wo Kinder sind." Familie ist aber nicht überall dort, wo Kinder sind, denn diese sind schließlich an vielen Orten anzutreffen – Kindergarten, Schule, Schulbus, Jugendherberge etc. -, sondern Kinder sind nur dort, wo ihre Eltern sind. Die Formulierung „Familie ist da, wo Kinder sind" ist für Kahl ein abwegiges Beispiel eines illusionären Wunschdenkens, das von der Idee absieht, was eine Familie zur Familie macht und sie konstitutiv von anderen sozialen Gebilden wie Wohngemeinschaften, Freundeskreis oder Liebesbeziehung unterscheidet: „Das ist das naturhafte Element der Blutsverwandtschaft, begründet durch Elternschaft."[20]

2. Zweites Beziehungsszenario: der Erfahrungsweg der Tiefenbindung

a) H 31 - Die Einwirkung oder die Werbung

Lingua/Hex-Code 7: Was man sich einfängt, ist das, was zu einem gehört

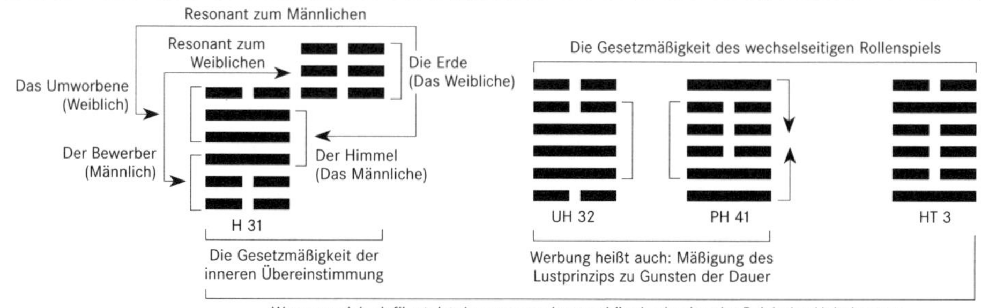

Der naturgemäß gesetzte Impuls der Ich-Du/Gegensätze (IH 38 von H 37), als fundamentales Lebensprinzip der Zweiheit und der Vielheit, führt wie selbstverständlich über das mir eigene Innenbild der Lebenssicht, hinaus aus dem internen familiären Beziehungsrahmen und zu externen, anders orientierten Resonanzbeziehungen. Dieser Elementarthematik des Zusammenkommens der Geschlechter widmet sich das Zeichen *H 31 – Die Einwirkung*, indem es die Gesetzmäßigkeiten der „Balz" oder der Bewerbung des Einen um den Anderen im Spiegel der Natur beider Geschlechter, durch die beteiligten Bausteine von Berg (männlich) und See (weiblich) aufzeigt. Das starke Männliche oder auch Dominante begibt sich bei der Werbung unter das schwache Weibliche und Gefühlsbetonte. Das Männliche ergreift die Initiative, indem es sich unter oder hinter das Weibliche stellt, denn der Sinn jeglicher Balz ist der Aufbau einer (sozialen) Beziehung, die sich auf dem Magnetismus der Anziehung begründet und dem folgend, die Familiengründung. Inwieweit man den Anderen an sich herankommen lässt (*IH 44 – Das Entgegenkommen*), beruht auf der inneren Übereinstimmung, die natürlich auch durch den äußeren Eindruck (die erzielte Wirkung der Verführungsmechanismen) mitbestimmt wird. Das Anziehende des Gegenübers ist eine subjektive Formel von Vorgaben, die sich gegenseitig bedingen.

Die Kombination der beiden Bausteine Berg unten und See oben macht diese Vorgabe in beeindruckender Präzision deutlich, denn nichts weniger kommt dabei zum Vorschein, als die beiden Bezugskräfte von Himmel und Erde (OKT Himmel, OBT Erde). So ist das Yang des Berges gleichzeitig in Berührung mit einem Yang des Himmels (Linie drei), während seine zwei Yin dem Bauch der empfänglichen Erde entwachsen (Linien eins und zwei). Dieser Rückbindung der männlichen Beharrlichkeit an die weiche Erde steht dann noch die Rückbindung an das durchdringende Prinzip des Windes helfend zur Seite (UKT Wind, Linien zwei, drei und vier). Die Stärke des (männlichen) Bewerbers ist seine innere Verwandtschaft mit der Natur des zu Bewerbenden (weiblichen). Umgekehrt verhält es sich mit den zwei Yangstrichen des OT See, die in der Tiefe verankert sind mit dem schöpferischen Himmel (Linien vier und fünf), während das eine Yin verankert ist mit einem Aspekt der Erde (Linie sechs).

Die Begegnung der Menschen im außerfamiliären Bereich beginnt mit der Bewerbung der eigenen Person, wobei es eine regelspezifische Unterscheidung zwischen der Rolle des Männlichen und derjenigen des Weiblichen gibt. Interessant ist der Umstand, dass der Werbende, als der männliche Part, durch das nonverbale Dominanzzeichen des Berges aufgezeigt wird (athletischer Körperbau, Beharrlichkeit), das Umworbene durch das passende Gegenstück der „leidenschaftlichen Entäußerung“ (das Gefühlvolle und Schillernde). In Kombination zeigt es das sich ergänzende Aufeinanderzugehen nach den Regeln der erotischen Anziehungskraft. Es ist der Lockduft des Weiblichen (*IH 44 – Das Entgegenkommen*) der den Trieb- und Eroberungsdrang des Männlichen aktiviert (*BH 24 – Die Wiederkehr*) und auch dies ist nicht ein willentlich ausgelöster Vorgang, sondern ein Reflex welcher der „Natur der Sache“ entspringt (dem schöpferischen Himmel und der empfänglichen Erde).

Das Verführerisch-Weibliche (See) resoniert bereits in sich das erobert werden (UBT Donner), das Männlich-Beharrende in sich das „Umfangen “ (UKT Wind). Die Werbekampagne der Bewerbung kann also gar kein bloßes Überreden oder ein haltloses Glaubenerwecken sein. Derjenige, der glaubt, trägt das Muster des Glaubenwollens in vollem Umfange in sich selbst. Die Balz um den Anderen gleicht der Unbekannten in der eigenen Person, denn dieser Andere ist im Ganzen ein Stück meiner selbst und so könnte dieses Werben auch als eine Art der Eigenwerbung gesehen werden, durch die meine Eigenart durch das Gegenüber, prozesshaft freigesetzt wird. Werben, um etwas bedeutet von dem Umworbenen bereits eingenommen zu sein und wenn man bedenkt, welche Propagandafeldzüge so unternommen werden, dann kann man auch erahnen, welche Projektionsfelder der eigenen Undurchsichtigkeit man da betritt (*HT 3 – Die Anfangsschwierigkeit*).

Wilhelm schreibt im Urteil des Yijing dazu:
Die Einwirkung. Gelingen. Fördernd ist Beharrlichkeit.
Ein Mädchen nehmen bringt Heil.

Das Schwache ist oben, das Starke unten, dadurch ziehen sich ihre Kräfte an, sodass sie sich vereinigen. Das schafft das Gelingen. Denn alles Gelingen beruht auf der Wirkung gegenseitiger Anziehung. Innerliches Stillhalten bei äußerer Freude bewirkt, dass die Freude nicht das Maß überschreitet, sondern in den Grenzen des Rechten bleibt. Das ist der Sinn der beigefügten Mahnung: Fördernd ist Beharrlichkeit; denn dadurch unterscheidet sich die Werbung, bei der der starke Mann sich unter das schwache Mädchen begibt und Rücksicht auf sie nimmt, von der Verführung. Diese Anziehung des Wahlverwandten ist ein allgemeines Naturgesetz. Der Himmel und die Erde ziehen sich gegenseitig an, und so entstehen alle Wesen.

Linie 1: *Solange sich der Wunsch der Einwirkung nur in der großen Zehe zeigt, ist er für andere noch nicht von Bedeutung.*

Auch wenn der Wunsch, auf andere Menschen oder eine bestimmte Situation einzuwirken, schon vereinzelt vorhanden ist, reicht dies für eine konkrete Einflussnahme nicht aus. Den Anfang jeder Bewegung machen die Fußzehen, die hier symbolisch für die unterste Linie des Berges stehen. Da sich jeder Gedanke zunächst in den Zehen als den äußersten Gliedern des Fortschreitens bemerkbar macht, kann von einer sichtbaren Einwirkung hier noch nicht die Rede sein. Man spürt zwar, dass irgendetwas in der Luft liegt, hat aber noch keine konkrete Vorstellung, was daraus werden soll.

Der Gedanke der Wahlverwandtschaft, also der Wahl, die man trifft für einen Menschen, wird ja nicht spezifisch gewollt getroffen. In Wahrheit ist bereits gewählt, also entschieden, da diese Begegnung einer Zeitbewegung und deshalb einer unausweichlichen Notwendigkeit entspricht. Die gegenseitige Anziehung ist als etwas zu verstehen, das an einem zieht, ein Magnetismus der Zusammengehörigkeit, die allerdings in ihrer gesamten Dimension noch im Verborgenen liegt. Dieses Verborgene, das sich in Zeit dann allmählich zu zeigen beginnt, ist von transformativer Natur, ist Wandlung, ist die Manifestation eines bereits definierten Zieles. Jede Begegnung geht einher mit Veränderung, genaugenommen ist dies der höhere Sinn, das Herausbilden und Erkennen der besonderen Eigenart durch das Gegenüber. Darauf verweist das hier zugeordnete Linienhexagramm *H 49 – Die Umwälzung*. Die Wirkung auf das Gegenüber beruht auf einem inneren

Kern, der Magnetspule der Bestimmung, die genau dieses Gegenüber benötigt, um diese Bestimmung in Zeit zu verwirklichen. Der Andere ist der Geburtshelfer vorgegebener Entfaltungsmechanismen, die Raupe wird zum fliegenden und bunt schillernden Schmetterling durch diese Anregung. Einfluss nehmen kann nur deshalb funktionieren, weil dieser Fluss ein gemeinsamer ist. Er ist wie ein großer, kollektiver Strom, der die Landschaft des einen mit der Landschaft des anderen verbindet. So gesehen gibt es keine manipulative Einflussnahme, also ein bloßes Überreden des anderen. Dass dieses Wort sein Ohr erreicht, das dieses Bild sein Auge streift, das dieser Mensch seine Sinne berührt, das diese Dinge also an ihm rühren das liegt daran, dass sie beschreibende Aspekte von ihm selber sind.

***Linie 2**: Einwirkung durch blindes Nachfolgen führt unweigerlich zum Sturz.*

Man fühlt sich von innen heraus gedrängt oder durch äußere Einflüsse getrieben, sich in Bewegung zu setzen, weiß aber weder wohin noch wozu. Diese Art des überstürzten Handelns gleicht den Waden, die blind dem Fuß nachfolgen. Auch diese können nicht von selbst voran, sondern sind Bestandteil einer harmonischen Bewegungsabfolge. Ein solch unkoordiniertes Voranschreiten ohne höhere Beweggründe würde unweigerlich zum Fall führen. Deshalb sollte man nicht jeder üblen Einflüsterung (selbstsüchtige Wünsche und triebhaftes Verlangen) auf den Leim gehen, sondern in Ruhe abwarten, bis man sich über den Umfang und die Vorgehensweise der Einwirkung im Klaren ist. Deshalb: Wer seine Haut auf solch billige Art und Weise zu Markte trägt, der wird sich sicherlich gewaltig verbrennen.

***Linie 3**: Will man auf andere einwirken, muss man sich auf die als recht erkannten Methoden beschränken.*

Auch wenn die Impulse, auf andere einzuwirken, vom Herzen beeinflusst sind, sollte man sich nicht unkritisch sofort in Bewegung setzen. Vielmehr ist es angebracht, sich einen unabhängigen und höher gefärbten Entscheidungsspielraum offen zu halten. Hektisch und betriebsam hinter jedem herzulaufen, auf den man einwirken will, oder sogar blind den Anordnungen derer zu gehorchen, für die man tätig ist, wäre am Ende beschämend. Deshalb der Ratschlag, kritisch gegenüber äußeren Einflüssen zu sein und sich in der Methode der Einflussnahme auf die als recht erkannten Werte zu beschränken.

***Linie 4**: Bei der Einwirkung auf andere lasse man sein Herz sprechen.*

Man verspürt den starken Drang auf Menschen oder Situationen Einfluss zu nehmen, sollte aber zunächst überprüfen, ob die Gesinnung den tatsächlichen Anforderungen entspricht oder ob nicht berechnende Ziele dem Vorhaben zugrunde liegen. Wer im weitesten Sinne Einfluss auf andere ausüben will, der muss zunächst seine eigene Begrenzung aufgeben. Durch eine engherzige Betrachtungsweise erreicht man nur die Menschen, die ebenfalls von zweckorientierten Motiven angetrieben werden. Einwirkungen, die höheren Beweggründen dienen, beruhen auf einer Überzeugungskraft, die die Herzen der Menschen berührt.

Fassen wir die ganzen Linienkommentare der werbenden Einwirkung auf einer Erkenntnisebene zusammen, dann wird das grundsätzlich zwiespältige der zwischenmenschlichen Begegnungen klar. Einwirkung bezieht sich im eigentlichen Sinne auf eine Kraft, die ganz natürlich von uns ausgeht und dadurch eine Wirkung im anderen erzielt. Da uns diese Kernkraft jedoch selbst nicht bewusst ist, wir aber trotzdem spüren das es da einen inneren Bezug, einen Zug zu jemandem oder zu etwas hin gibt, entstehen Wunschgedanken, die sich auf ein Bild beziehen, das auf der Matrix des Ego-Ich, als Summe angehäufter Emotionen erscheint. Man hätte es gerne aus diesem und jenem Grunde heraus, weshalb das Yijing primär den Blickwinkel genau darauf richtet, denn letztendlich ist nur das überzeugend, was bereits durch die Zeugung als Rüstzeug des Einzelnen von höchster Stelle gegeben wurde.

Der Wunsch auf andere Einfluss zu nehmen, besonders wenn es um die „Eroberung“ eines Partners geht, kann doch nur das eine zum Ziele haben, nämlich den anderen zu überzeugen, damit er sich später zu einer (Fortschritt) (er)-zeugenden Verbindung willig zeigt. Dies gilt aber auch in Bezug auf die Bewerbung eines Produktes und der damit verbundenen Resonanz, die beim Käufer erzeugt werden soll. Man legt sich ins Zeug für etwas oder für jemanden, weil man selbst eine gezeugte, also angeborene Anziehung zu genau diesem Aspekt in sich trägt.

b) H 53 - Die allmähliche Entwicklung oder die Verlobung

Lingua/Hex-Code 8: Entwicklung ist Auswickeln des Verborgenen in Zeit

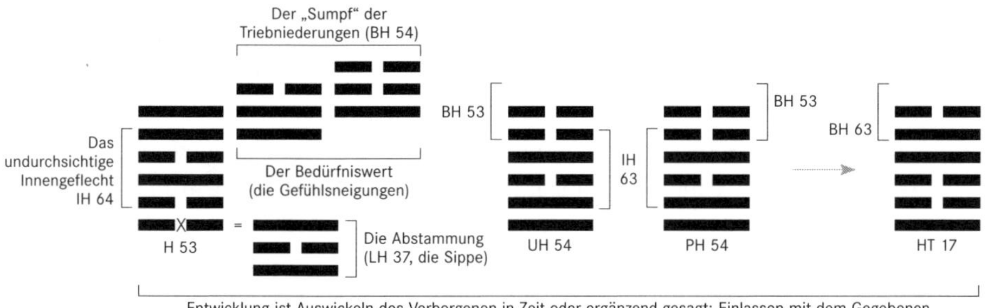

Dem werbenden Ringen um die Gunst des Anderen folgt nun der bedeutende Schritt der Beziehungsfestigung- und Überprüfung im Zeichen *H 53 – Die allmähliche Entwicklung*. Man könnte ihn mit dem Begriff der Verlobung vor der Dauerbindung, also dem Eheversprechen anhaltender Treue vergleichen, das weit über den verzaubernden Versprechungen der Werbekampagne in der Einwirkung steht. Die allmähliche Entwicklung ist also ein Überprüfungszeichen in Bezug auf die Verwirklichung einer gemeinsamen Zielvorstellung oder erweitert gesagt, einer zuvor durch inneren Einklang gefundenen Gemeinsamkeit, der man sich verschreiben will.

Als erklärendes Sinnbild dieses Umstandes wurde zum einen der Flug der Wildgänse gewählt, deren Partnerschaft dem Weg der gegenseitigen Treue bis zum Lebensende folgt. Sie beginnt gemeinsam gründelnd in den seichten Uferniederungen des Sees (dem, was da in den Anfängen ist) und endet im Formationsflug höchster Übereinstimmung. Zum anderen ist es der im Nährfeld seiner Geburtsumgebung verwurzelte „Lebensbaum" der sich ganz allmählich daraus erhebt und emporwächst, bis seine „Schwingen und Äste" ebenfalls den Freiraum der Ungebundenheit in luftigen Höhen erreicht haben.

Auch hier sind es die innere Struktur und die symmetrischen Ergänzungswerte des beschreibenden Zeichens H 53, die ganz besondere Tiefenzusammenhänge sichtbar werden lassen. Was seinen Ausgangspunkt im Rollenkreis der Familie hatte, findet sich in der Wandlungseinheit der ersten Linie wieder, die hier den seichten Niederungen des Anfangs (OBT See, der Uterus) oder dem Wurzelgrund des Lebensbaumes gleichen, aus dem er seine „Grundnahrung" bezieht (*LH 37 – Die Sippe*). Auch der Treueflug der Wildgänse nimmt hier, wie bereits erwähnt, seinen Anfang, denn das Wasser ist ihre Geburtsheimstätte, dem sie, mit Schwimmfüßen ausgestattet, entsteigen und sich dann in Spiralen der Höhengewinnung und einigen Zwischenstationen, allmählich nach oben schrauben, um dort im pfeilsortierten Formationsflug ihrem gemeinsamen Lebensziel entgegenzufliegen.

Entsprechend dieser Abstammung zeigt sich das, was sich allmählich nach oben wächst und genau dies gilt es auf dieser Reise über steinige Pfade (UT Berg), emotionsgeladene Trockenhöhen und nebulöse Improvisationsgebiete (L 3, L4, UKT Wasser und OKT Feuer) gemeinsam zu erfahren. Es ist der spezifische Bedürfniswert oder die Personalität des Einzelbeteiligten (seine Charakterqualitäten), dem der höhere Segen zuteilwerden muss, denn schließlich ist es dieser „angeborene Trieb- und Gefühlskomplex", der die spezifische Frucht am Lebensbaum bildet und mit dieser soll man nun nicht nur sein Leben verbringen (sie heiraten, laut BH 54 – Das heiratende Mädchen), sondern auch eine Familie gründen. Dem Entwachsen der Geburtsfamilie auf untere Ebene stehen also die Vermählung mit dem Resonanzpartner und die eigene Familiengründung folgerichtig gegenüber (LH 37, OT Wind, BH 54). So gesehen gleicht die allmähliche Entwicklung der Schließung des Kreises und dem daraus folgenden Gedanken des Eheringes, der die ewige Treue besiegelt.

Ich möchte dieses wunderbare Zeichen der allmählichen Entwicklung als tragendes Kraftsymbol der Freundschaft bezeichnen, denn auch diese erhebt sich in Kreisen der Werdung über das rein Ichbetonte und Formelle (Berg) hinaus, um ganz allmählich die freien Lüfte höherer Feinübereinstimmung zu erreichen, in denen es keine Konzeptvorstellung des Anderen mehr gibt, sondern einfühlsames Vertrauen in die spezifische Eigenart herrscht (die Neigungen des anderen sind sein gesegneter Abstammungswert). Vergessen wir nicht: Die allmähliche Entwicklung ist ein Aufwickeln des Verborgenen in Zeit und mit diesem in einvernehmender Resonanz zu stehen, ist Basis für etwas Dauerhaftes oder die Treue.

Allgemeines zum Bild der Verlobung

Die Verlobung war in früheren Zeiten wichtiger als die darauf folgende Hochzeit. Sie war der zu überprüfende Antrag zum gemeinsamen Lebensweg vergleichbar einem Kaufvertrag, in dem alle finanziellen und rechtlichen Dinge eine Regelung fanden. Das Verlöbnis als Eheversprechen stellt besonders in Kulturen, in denen Ehen von den Eltern arrangiert werden, eine wichtige Phase im schrittweisen Herangehen an die Ehe dar (H 53, die allmähliche Entwicklung mit BH 54, das heiratende Mädchen). Ihm voran geht die Brautwerbung, die ihrerseits hoch institutionalisiert sein kann, etwa dort, wo sie durch einen Dritten angebahnt (Heiratsvermittler) oder durch einen eigenen Abgesandten der Familie des Mannes oder des Mannes selbst, den Brautwerber, vorgebracht werden muss (H 31 – Die Werbung).

Während der Verlobungszeit wird nicht nur eine (emotionale) Beziehung zwischen zwei Personen, die sich oftmals vorher noch gar nicht oder nur vage kannten, hergestellt und gefestigt, sondern meist auch eine politisch-rechtliche Allianz zwischen den Verwandtschaftsgruppen der beiden beteiligten Personen. Das Verlöbnis dient also nicht nur dem gegenseitigen Kennenlernen der zukünftigen Ehepartner, sondern auch der gegenseitigen Überprüfung der zukünftigen Allianzgruppen. Die Verlobungszeit impliziert auch stärkere oder schwächere soziale und wirtschaftliche Rechte und Pflichten zwischen den beteiligten Familien und Verwandtschaftsgruppen (was ebenfalls korrekt ist, wie uns das Wandlungszeichen der ersten Linie in H 53 deutlich macht).

Wurde die Verlobung mit einem Handschlag besiegelt (UT Berg), galt die Ehe als geschlossen. Schon das Heiratsversprechen war also der Eheschluss (BH 54). Aus diesem Handschlag entstand unsere heutige Redewendung „Um die Hand anhalten".

Doch welch tragische Ironie des Schicksals liegt schon im Wort „Eheversprechen" begraben, denn ein Versprecher kann es allemal sein, zumal wenn es sich auf verstellende Überredungskunst begründet, deren geistige Heimat die „billige" Bewerbung in der Anfangsphase ist. „Drum prüfe, wer sich ewig bindet", kein schlechter Lehrsatz, aber warum überhaupt binden, wenn es auch auf „lustvoller" Ebene reiner Ich-Egozentik funktioniert und wenn es das nicht mehr tut, dann findet sich schon ein nächster Partner, an dem man die Lust an der Leidenschaft ausleben kann.

Im Urteil des Yijing schreibt Wilhelm dazu:
Die Entwicklung. Das Mädchen wird verheiratet. Heil! Fördernd ist Beharrlichkeit.

Zögernd ist die Entwicklung, die dazu führt, dass das Mädchen dem Mann in sein Heim folgt. Es müssen die verschiedenen Formalitäten erledigt werden, ehe die Heirat zustande kommt. Diese allmähliche Entwicklung kann auch auf andere Verhältnisse übertragen werden, immer, wenn es sich um korrekte Beziehungen der Zusammenarbeit handelt, z. B. bei Anstellung eines Beamten. Da muss eine korrekte Entwicklung abgewartet werden. Ein überstürztes Vorgehen wäre nicht gut. Ebenso ist es schließlich, wo man Einfluss auf andere ausüben will. Auch da handelt es sich um einen korrekten Weg der Entwicklung durch die Kultur der eigenen Persönlichkeit. Aller agitatorische Einfluss wirkt nicht auf die Dauer.

Da ist es schon gefallen, das Stichwort der Kultur der Person, der Wirkung natürlicher Neigungen die jedoch nicht mehr nur blinde Triebmuster sind, sondern eine höhere Ebene der reflektierten Ichbezogenheit erreicht haben. Essenz des Charakters ist aber zunächst immer willkürlich, spontan und impulsiv, also in gewissem Sinne roh und ungeschliffen. Davon genau spricht das heiratende Mädchen in seinen sechs Ebenen der Vermählung. Der höchste Anspruch der Natur ist Sorge zu tragen für den Nachwuchs, die richtige Passung zu finden für einen gesicherten Fortbestand der Art. Der Schlüssel zu den Hochzeits-Bindungen ist also zunächst einmal in den Trieb- und Gefühlsneigungen der beteiligten Personen zu finden. Das Mädchen ist zögerlich, denn immerhin ist die Heirat der erste Schritt zur Familiengründung und damit zu einer längeren Bindung. In der Natur folgt das „Mädchen" dem „Männchen" nur, wenn alle Voraussetzungen zum verbindlichen Einlassen erfüllt sind. In diesem Sinne ist die Kultur als die Befolgung natürlicher Regeln zu verstehen, ohne die dauerhafte Wirkungen nicht zu erzielen sind.

Linie 1: *Vom Wasser ans Ufer kommend. Der Wasservogel nähert sich dem fremden Ufer oder der junge Sohn ist in Gefahr. Es gibt Gerede. Kein Makel.*

Dies ist der sippenverhaftete Nährgrund der verlobungswilligen Zuneigungspartnerschaft (LH 37, die Sippe und BH 54, das Heiratsversprechen, dem der Segen des Himmels und der Familie gegeben werden muss), anders gesagt: Die Herkunft und der Ausgangspunkt des zu Entwickelnden. Symbolisch auch das seichte Ufer des Niemandslandes (OBT See, die „Niederungen der Trugschlüsse", der Vorstellungen, Leidenschaften und Wunschgedanken), in dem man gründelnd nach Verwertbarem sucht, das dem gemeinsamen Fortschreiten die gewünschte Stabilität verleiht.

Ausgangspunkt jeglicher Entwicklung ist das Fundament der Familie und damit die Veranlagungen, durch die dieser Sippenstamm zu beschreiben ist. Der Baum ist mit seinen Wurzeln im Nährboden der Geburtsumgebung verankert, aus dem er seine Grundbedürfnisse stillt. Das zugeordnete Linienhexagramm *H 37 – Die Sippe,* lässt dieses Bild entstehen. Das Verwertbare zu finden ist nicht ganz einfach, denn durch das innere Hexagramm 64 – Vor der Vollendung, wird auch der zu durchdringende Nebel an Trugschlüssen gezeigt, der unter dem Dach der zusammen wohnenden Gemeinschaft Einzug gehalten hat. Dazu kommt das Brückenhexagramm 54 – Das heiratende Mädchen und damit die spezifische Triebstruktur. Das gemeinsame Fortschreiten ist also zunächst verbunden mit einer Klärung der familiären Hintergründe, denn das Ja-Wort, ist auch ein Ja zu deren spezifischen Eigenarten. Die Linie des Einen und die Linie des Anderen kommt zusammen und es bildet sich der Kreis des gegenseitigen Einverständnisses. Das Niemandsland steht stellvertretend für das Ungewisse des Anfangs, dem Ufer der Bestimmung, von dem aus die Reise beginnt.

Linie 2: *Der Wasservogel erreicht die geschützte Felswand am Ufer oder: Essen und Trinken in Frieden und Eintracht*

Die schützende Felswand, die als zweites Symbol der schrittweisen Beziehungsentwicklung das Dach eines Hauses, eine gefestigte Lebensstellung und gemeinsame Freunde symbolisiert, ist dem Linienhexagramm *H 57 – Das Sanfte*, der Wind entnommen. Erste Orientierungsschwierigkeiten und befremdliche Nebenwirkungen sind überwunden (IH und BH 38, der Gegensatz), die Bahn der Möglichkeiten ist eröffnet. Der seichten Wurzelsituation des Anfangs (die Unbekannte der gegenseitigen Herkunft, die leidenschaftlichen Versprechungen), folgt jetzt der Schritt hinaus in die steinige Welt der Gegensätze. Es scheint, als sei die Verhaftung mit und die Durchdringung des Lebensfeldes, eine grundgeprägte Notwendigkeit, ein von der höchsten Planungsstelle vorgegebenes Bewegungsmuster, das „Arme und Beine" ergreift und eben entsprechende Umstände schafft. Der genetische Fingerabdruck offenbart sich im spezifischen des Entwicklungsweges und dieser soll ja gemeinsam und nicht einsam sein.

Dazu heißt es im Yijing von R. Wilhelm: Die einzelnen Linien haben alle den allmählichen Zug der Wildgans zum Bild. Die Wildgans ist das Symbol der ehelichen Treue. Es heißt von ihr, dass sie nach dem Tod des Gatten sich nicht mit anderen vereinigt.

Vielleicht ist hier der Grundgedanke der Seelenverwandtschaft zuhause, diese feingeistige Rückbindung eines Elementes an ein anderes, was das Doppelzeichen des Windes (Linienhexagramm 57) bestätigen würde. Seine geistige Heimat ist der schöpferische Himmel, sein Organ ist die Leber und diese ist die Heimstatt des unsterblichen Seelenanteils des HUN. Der Berg, als der manifeste Körper, bringt in der Wandlung den Wind hervor. Das Grobstoffliche ist der zur Form verdichtete Feinstoff also auch hier: Das Gegenüber ist in dir. Treue lässt die Reue hinter sich und nimmt man die Wildgans als Symbol der Treue, dann finden wir in deren Bewegungsmuster den geschlossenen Kreis, der sich von den Niederungen irdischer Bereiche bis zu den freien Lüften himmlischer Höhen erstreckt. Der gemeinsame Weg ist trotz allem auch ein einsamer Weg, verlangt er doch die stetige Orientierung nach vorne ohne die Rückbindung nach unten zu vergessen.

Dazu ist ihm der Andere ganz sicher ein verlässlicher Wegweiser, manchmal über eine kurze und manchmal über die ganze Distanz.

Linie 3: *Der Wasservogel nähert sich einer kargen Hochebene im Landesinnern oder der Mann zieht aus und kehrt nicht wieder. Die Frau trägt ein Kind aber bringt es nicht zur Welt.*

Zuviel der egoistischen Bemühungen, sozusagen zu weit gegangen und eingebrochen. Ausziehen und nicht wiederkehren, schwanger sein aber nicht gebären (Totgeburt oder Abtreibung), das klingt nach dem Drama des triebhaften Überhebungswillens, nach Isolation und emotionalen Abgründen. Das Leben schlägt man in die Schanze, das gesamte, neu gewonnene Beziehungs- und Familienkonstrukt geht darüber verloren, so das Yijing. Ist diese Ellbogenmentalität nicht typisch für das menschliche Entwicklungsgeschehen?

Die Struktur des Zeichens H 53 zeigt sehr deutlich das der Weg zum Gipfel zunächst ein steiniger ist und hier erreicht er die abgründig-kargen und trockenen Hochebenen (UKT Wasser, UT Berg und OKT Feuer), die sich aufgrund der „persönlichen Veranlagungen" (den Leidenschaften, Wünschen und Ansprüchen), den triebdominanten Neigungen des BH 54 und dem Nährgehalt der genetischen Grundlage (LH 37, die Rückbindungen an den Boden der Familie), als „Reibungswert" zwischen Umständen und innerer Natur erweisen. Wer kann über den eigenen Schatten springen und von welchem Schatten sprechen wir? Solcherlei „unfruchtbare" Ereignisse (Scheinschwangerschaften oder verliebt und aufgewacht) erweisen sich doch als Erkenntnis bringende Blickwinkelerweiterungen, was das Linienhexagramm H 20 der unvoreingenommen Betrachtung verdeutlicht. Der rote Staub der Täuschungen ist in Wahrheit das „Leerfeld" der Enttäuschungen (OKT Feuer und Wandlungstrigramm Erde). Lieber jetzt erkannt als später in die Ehe gebrannt.

Linie 4: *Der Wasservogel nähert sich den flachen Ästen eines Baumes.*

Der Höhenflug in luftigere Gefilde zeigt an dieser Stelle das flache, untere Astwerk eines Baumes auf einer trockenen Hochebene. Einem „Wasservogel" mit Schwimmfüßen kann ein solcher gerade noch als Landeplatz dienen. Obgleich die Umgebung insgesamt doch sehr befremdlich erscheint, gehört sie zur Transitstrecke in die geistige Heimat (die Berührung des Herzens mit dem Geistfeuers höherer Verbindlichkeit, das Yin des OKT Feuer, am Platz des Herzens).

Wie wunderbar folgen doch die Schritte der Entwicklung in konsequenter Abfolge aufeinander. Alles Leben strebt vom horizontalen der irdischen Verhaftung zum vertikalen des himmlischen Ursprungs. Rückzug und Distanzierung, wie es durch das hier zugeordnete Linienhexagramm H 33 zum Thema wird, sind wichtige Aspekte der natürlichen Veränderung des Blickwinkels. Für das menschliche Wesen ist dies mit emotionalen Bränden und Herzschmerzen verbunden, was einzig an den vielen Projektionen liegt, mit denen es dem Entwicklungsereignis eine persönliche Sinnhaftigkeit abzuringen versucht (das Miteinander wird zu einem undurchsichtigen Wechselbad der Emotionen).

Wie man sieht, lassen sich die einzelnen Vertiefungsstufen des gegenseitigen Einlassens ganz präzise aus den Liniengegebenheiten ablesen. Was in der gemeinsamen Abstammungsebene der Familie am unteren Platz beginnt, endet in der Gefühlshochzeit zweier Beteiligter, die dem Sinn des Ganzen entsprechend, zur eigenen Familienbildung bereit sind. Allmähliche Entwicklung bedeutet also auch sich ineinander zu verwachsen und dies bringt dann eben auch die Anpassung an Umstände und Gegebenheiten wie selbstverständlich mit sich. Interessanterweise ist auch hier die Unterordnung des Männlichen (Berg) unter das Weibliche (Wind) zu beobachten, was insgesamt als ein Zeichen der Überwindung der rein körperhaften Bindung und das Hinwachsen zu höheren Bindungsgründen beinhaltet. Auch das homologe Hexagramm H 17 - *Die Nachfolge*, bleibt bei diesem Bild und dies entspricht vollständig der Natur der Sache, in der sich das Männliche dem Weiblichen freiwillig zu Diensten stellt. Einzig im Bezirk der sexuellen Triebforderungen, dem Hineinbringen der Auserwählten in sein Nest (das Hochzeitsbett), zeigt sich das Männliche als die fordernde Kraft und auch hier ist es Natur der Sache, denn diese ist auf Reproduktion und nicht auf zierende Dauerdramatik eingestellt.

3. Drittes Beziehungsszenario: die Heirat als „Jawort zur Dauer der Ehe".

a) H 54 - Das heiratende Mädchen oder die Gefühlsneigungen

Lingua/Hex-Code 9: Der Beginn des gemeinsamen Lebensweges

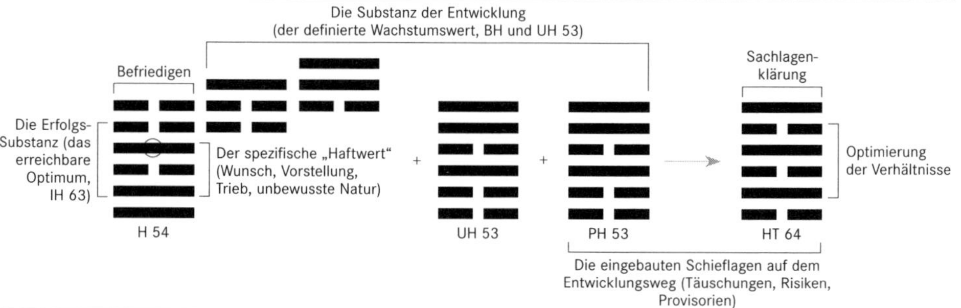

Gleichwohl die sogenannte „Verlobungs- oder Entwicklungszeit" eine Art Reifeprüfung zur Tiefenbindung der Ehe darstellt, ist damit lediglich eine Richtungsvorgabe in Bezug auf die Neigungsübereinstimmung gemeint, denn Hochzeit ist ja eigentlich erst der Beginn eines gemeinsamen Lebensweges, der am Anfang den Namen „Familiengründung" trägt, was erfahrungsbezogen auch ein Ausleben der gleichschwingenden „Triebstruktur" bedeutet. Jegliches Zusammenkommen der Geschlechter basiert auf den sogenannten angelegten Neigungs- und Bedürfniswerten, also kurzum dem Gefühlshaushalt der Ich-Natur, dem erst im Laufe der Zeit die Herausstellung des Tiefenwertes einer übergeordneten Resonanzbeziehung folgt. Ehe ist nicht das Garantiesiegel für Wunschharmonie, sondern eine Bindung, die auch jegliche Überraschung mit einschließt. Sie ist eine Hoch-Zeit der Willenserklärung, der viele weitere Klärungen folgen. Bindung an den Anderen bedeutet nicht, dass nun der Andere für mich zuständig ist, er also eine dienstleistende Annahmestelle für Wünsche und Bedürfnisse ist, die nach den Vorstellungen zu befriedigen sind.

Dieser Hafen der Ehe gleicht vielmehr dem Aufbruch des Lebensschiffes der Notwendigkeiten zu fremden Erfahrungsufern und abenteuerlichen Erfahrungswelten. Eine solche Unternehmung ist den willigen Opfern natürlich nicht bewusst, denn wer würde, wüsste er um den bevorstehenden Prozess im Genauen, diesen Weg so leichtfüßig beschreiten? Natur ist Erfüllung des Gegebenen und was uns gegeben ist, das erfahren wir durch die Erfüllung. Im Sinne der gegengeschlechtlichen Beziehung beginnt dieser Weg mit Zuneigung, deren Haken sich fest im

Lustpotential resonanter Bedingungen verankert. Genau davon spricht das zugeordnete Zeichen des heiratenden Mädchens in H 54, denn das dort geschilderte Zusammenkommen zum Zwecke der Heirat wird als „nicht korrekt“ bezeichnet, da es in weiten Teilen vom Lustprinzip reiner Triebhaftigkeit getragen wird (dem erregten Gefühlswert der Person, der auf persönlichen Wertvorstellungen beruht). Genau dies aber ist das Thema, in dem die Zweiheit der ehelichen Partnerschaft ihren Anfang nimmt, denn Heirat oder eheliche Gemeinschaft ist Nährgrund der Vermehrung und somit Keimzelle der Aufrechterhaltung des Lebensprinzips im Ganzen. Das Mädchen, das heiratet, ist der Gefühlsaspekt des unteren Trigramms See. Es steht für das Schimmernde, Leidenschaftliche und Bezaubernde, das sich nach außen offenbart und nach Erfüllung ruft. Ihm ist der sinnliche Mund, der persönliche Grund aber auch der weibliche Uterus zugeordnet, das Sinnbild des Nährbodens auf dem neues Leben wächst. Der Donner ist der männliche Aspekt, das Erregende und Verführende, das den Gefühlssee in Wallung bringt. Insgesamt gesehen die Triebanlage des Menschen. Auch hier funktioniert das Gesetz der Resonanz ganz natürlich, was die Wandlung der beiden Trigrammbausteine zeigt. Das Erregende des Donners ist ein Anteil im Gefühlvollleidenschaftlichen des Sees (Wandlung der zweiten Linie) und umgekehrt. Der Wunsch nach Vereinigung (die Heirat zweier Aspekte) basiert auf der inneren Einigkeit, dem sich einig sein, denn das männliche Erregende ist ein Anteil im weiblich Heiteren und umgekehrt, was uns die Wandlungen der zweiten Linienebene der beteiligten Haupttrigramme zeigt.

Der Andere als Anteil im eigenen Wesen (Heirat als Rat der Natur)

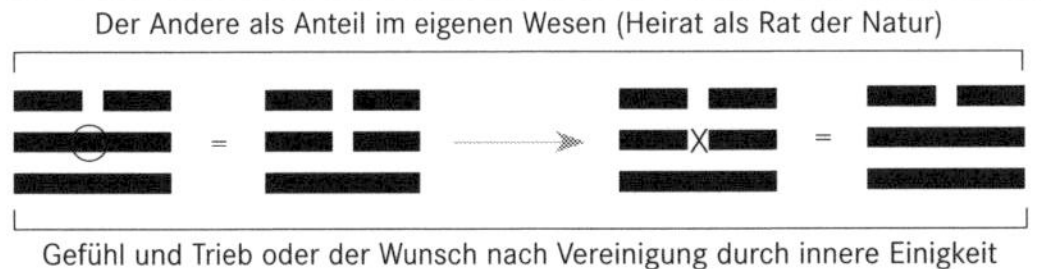

Gefühl und Trieb oder der Wunsch nach Vereinigung durch innere Einigkeit

Im heiteren See erscheint der Donner im erregenden Donner der heitere See. Die jüngste Tochter und der älteste Sohn sind sich gegenseitig inhärent. Sie heiraten, weil sie sich als reproduktive Kraft im jeweils Gegengeschlechtlichen bereits aufeinander eingelassen haben. Was da zusammenkommt und was dabei herauskommt, ist eine Ausschwingung des Göttlichen in den Luftraum des Irdischen, doch bis zu diesem Zenit der Erkenntnis zu gelangen, dazu bedarf es dessen, was sich uns bei diesem Szenario nach und nach zu zeigen beginnt – der allmählichen Entwicklung.

Fast erscheint es so als würde sich die Natur mit der vernunftbegabten Wesenheit einen Spaß erlauben, indem sie den dramaturgischen Faktor der Gemeinsamkeit - der Andere als Spiegel meiner selbst - zunächst auszublenden versteht, um dann im Laufe der freudig vorgenommenen „Ich-Du-Verhakung“ das Fenster der Erkenntnis allmählich zu öffnen, womit die Showbühne der Prozesstänze zum Betreten freigegeben wird. Dass dies ein vorgezeichnetes Ablaufdrama ist, das zeigen die strukturellen Zusammenhänge des Zeichens H 54 sehr deutlich. Dieses neigungsbetonte Zusammenkommen ist tatsächlich eine Widerspiegelung des nicht vorhersehbaren Ablaufs von Leben und was heute als gut und richtig erscheint, erweist sich im Wechsel der Zeitfenster als ein „nicht mehr haltbarer Umstand“ und wer da geglaubt hat eine Versicherung für ewiges Wohlbefinden nach Ich-Maßstäben zu bekommen, der wird mit diesem Trugschluss immer wieder konfrontiert (homologes Hexagramm HT 64, vor der Vollendung).

Der gemeinsame Weg ist ein Weg der Aufwicklung des Verborgenen in Zeit (PH 53), der auch Anpassung erfordert ohne allerdings in blinder Nachfolge zu enden (UH 17), aber auch dies gehört zum Prozess, denn das Endziel ist entbundene Bindung und diese basiert auf dem Treuegelübde gegenüber dem tragenden Kern. Auch wenn eine solche Ehe scheitert, dann immer, weil wir selbst am Prozess der Spiegelung „scheitern“, was allerdings gänzlich missverständlich klingt. In Wirklichkeit gibt es kein Scheitern, nur eine prozesshafte Notwendigkeit ohne Schuldige, deren Ziel die Erfüllung der individuellen Eigenart ist. Vor dem Anderen in vorwurfsvoller Manier wegzulaufen, heißt vor mir selbst wegzulaufen. Eine einmal eingegangene Beziehung, verstärkt, wenn es da noch gemeinsame Kinder gibt, endet niemals, weshalb die bewusste Entschuldung, der einzige Rettungsanker ist, um dieser Dauer wahre Dauer zu geben.

Wilhelm schreibt im Bild des Yijing:
Oberhalb des Sees ist der Donner:
Das Bild des heiratenden Mädchens.
So erkennt der Edle durch die Ewigkeit des Endes das Vergängliche.

Der Donner erregt das Wasser des Sees, das ihm in schimmernden Wellen folgt. Das ist das Bild des Mädchens, das dem Manne seiner Wahl folgt (der natürliche Anspruch nach Erfüllung der Natur, hat einen entsprechenden Resonanzpartner gefunden). Allein jede Verbindung von Menschen untereinander schließt die Gefahr in sich, dass sich Verirrungen einschleichen (OKT Wasser, die abgründigen Emotionen und unbekannten Gefühlsansprüche), die zu endlosen Missverständnissen und Unzuträglichkeiten führen (wer kennt schon die geheime Gefühlsstimme des Anderen, ist man doch nicht einmal in der Lage seine eigene zu verstehen). Darum gilt es, das Ende dauernd in Betracht zu ziehen. Wenn man sich treiben lässt, kommt man zusammen und geht wieder auseinander, wie es der Tag fügt.

Wenn man dagegen ein dauerhaftes Ende ins Auge fasst, nämlich zu lernen, zu wachsen, der Erfüllung der Natur zu dienen und damit zu verstehen, was Dauer in letzter Konsequenz zu bedeuten hat, so wird es einem gelingen, die Klippen zu umgehen, die näheren Beziehungen der Menschen untereinander entgegenstehen.

Wer weiß, welche Rückbindungsmuster hier am Gefühlsgrund das Wünschen und Sehnen beeinflussen (OBT Wind) und einen vergessen lassen, dass stabile Beziehungen einiges mehr als glühende Empfindungen benötigen. Zwar hat die Denkrichtung gestimmt, die seelische Erfüllung allerdings blieb aus, weil der glühenden Verehrung der ernsthafte Bezugspunkt fehlte (es gab keine „höhere" Übereinstimmung).

Linie 3*: Die Zauberin befindet sich an der abgründigen Schwelle zwischen Lust und Gefahr*

Dem eigenen triebhaften Verlangen unterworfen, ist dieses Wesen damit beschäftigt, seinen zweifelhaften Neigungen nachzugeben und bringt sich dadurch in eine Lage, die der einer Sklavin gleicht. Ist die Erfüllung der Wünsche so wichtig, dass man sogar sein Selbstwertgefühl aufs Spiel setzt?

Es stellt sich hier die Frage, um was für ein Selbstwertgefühl es sich handelt. Ganz offensichtlich scheint die „innere Stimme" einige Dissonanzen aufzuweisen, denn wenn schon zu solchen Mitteln gegriffen wird, dann muss das undurchsichtige Geflecht der Ich-Geprägten Gefühlsmuster, schon ein brennendes Bedürfnis nach Beachtung (Erfüllung) haben. Die Befriedigungspartner, die damit auf den Plan gerufen werden, sind dementsprechend.

Wilhelm schreibt:
Das heiratende Mädchen als Sklavin. Sie heiratet als Nebenfrau.

Ein Mädchen, das sich in geringer Stellung befindet und keinen Mann bekommt, kann als Nebenfrau unter Umständen noch unterkommen. Die Situation ist die, dass man allzu sehr nach Freuden begehrt, die man auf normalem Weg nicht erlangen kann. So gibt man sich in eine Lage hinein, die mit der eigenen Würde sich nicht ganz verträgt. Es wird weder ein Urteil noch eine Warnung beigefügt, sondern einfach die Situation als solche aufgedeckt, sodass sich jeder selbst die Lehre daraus ziehen kann.

Was gibt es dazu Belehrendes zu sagen, handelt es sich doch um die Stimme der Sehnsucht nach Erfüllung der Natur, auch wenn scheinbar einige Dissonanzen im Raum stehen. Für das heiratswillige Mädchen bedeutet dies die Auseinandersetzung mit weiblicher Ausstrahlung und Sinnlichkeit, also den Umgang mit den Waffen einer Frau, deren Einsatz allerdings nicht zur Selbsterniedrigung, sondern zur Selbstbestimmung erfolgen sollten (auch dies ist rein subjektiv). Es ist hier insgesamt die lustvolle Gefühlsübereinstimmung angesprochen, der Wunsch nach Befriedigung persönlicher Ansprüche, zu deren Erfüllung sich das „Mädchen" auch verkauft. Der Wunsch nach Befreiung aus der misslichen Situation der Verkennung oder der Kompensation an Selbstwert durch äußere Freuden, die einem der andere zu bieten hat, ist ein trauriges Kapitel, aber eben auch ein Kapitel der Möglichkeit, sich selbst durch den anderen zu erfahren. Der eine will etwas haben, der andere bietet es ihm an. Was der eine haben wollte, ist das, was der andere ihm angeboten hat, ein Angebot, für das der Meistbietende einen Zuschlag erhält und dem dann das „Aufgebot" folgt, doch was dann?

Linie 4*: Die Neigungen des Herzens führen zu dauerhaften Verbindungen.*

Klugheit und Herzensgüte sind Eigenschaften, die es hier zu bewahren gilt. Auch wenn diese Charakterzüge im Moment vielleicht nicht den richtigen Anklang finden, so sollte man doch daran festhalten und nicht mittels fragwürdiger Methoden versuchen, die Aufmerksamkeit auf sich zu lenken. Wenn man dagegen ruhig abwartet, wird man für diese konsequente Beharrlichkeit reichlich belohnt werden.

Wie schön, wenn es die Herzensverbindungen sind, die ehrlichen und aus tiefen Quellen befruchteten Wesenszüge, die den Ausschlag für eine Partnerschaft geben, doch wie leicht ist man geneigt, besonders wenn die Bedürfnisse gar zu drängend werden, seine Grundsätze zu vergessen („wessen Grundsätze", alles was ist, ist spezifische Natur).

Ganz im Gegensatz zur vorherigen Situation ist hier ein Wesen gezeigt, dass sich - trotz der fehlenden Anerkennung - seiner guten Eigenschaften bewusst ist (es ist ein gesundes Selbstwertgefühl vorhanden). Nur um „an den Mann" zu kommen, wird es diesen auf keinen Fall untreu und wartet lieber ab, bis sich der Bestimmungspartner findet. Ohne manipulatives Zutun ganz allein die Herzensneigungen sprechen zu lassen, ist der richtige Weg zu dauerhaften Verbindungen.

Linie 5*: Sich einer höheren Sache wegen zurückzunehmen zeugt von einem edlen Charakter.*

Es gibt Situationen, in denen es richtig ist, dass man sich zugunsten einer höheren Entwicklung in seinen persönlichen Neigungen zurückzunehmen weiß. Dies ist, wie es scheint, keine leichte Anforderung, aber da es sich in diesem Fall um eine übergeordnete Aufgabe handelt, die dazu noch der höheren Erfüllung des eigenen Wesens dient, sollte man gerne bereit sein, sich diesen Bedingungen unterzuordnen.

Der hier geschilderte Umstand ist vergleichbar mit einer echten Liebesheirat (ein Ausdruck echter Überzeugung und Gefühlsübereinstimmung wie das LH 58, das Heitere deutlich macht), die dadurch ihre Besonderheit erfährt, dass eine Frau gehobener Herkunft (ein Wesen mit Blick für das Wesentliche) sich mit einem Mann verbindet, der aus eher bescheidenen Verhältnissen stammt (der unscheinbare aber treue Gefühlsmensch). Alle Äußerlichkeiten sind hier unwichtig, und nur die wahre Gesinnung zählt.

Hier hat das Sehnsuchtswesen „Mensch" ganz sicher etwas Besonderes zu lernen, denn nicht immer betritt ein unbesiegbarer Held oder eine weichgezeichnete Prinzessin den Platz der Ich-Ansprüche. Wahre Erfüllung liegt im Einklang mit den inneren Werten, denn wenn der Austausch an dieser Stelle fehlt, entgleist das Ganze zum Befriedigungs- und Versorgungsunternehmen und welche Gemeinheiten dies provoziert ist hinlänglich bekannt.

Linie 6*: Formelle Verbindungen ohne inneren Gehalt sind unfruchtbar.*

Alle Verbindungen, die von Anfang an oder auch im Laufe der Zeit sich so entwickelten nur der Wahrung äußerer Formen dienen, sind verlogen und unfruchtbar. Eine tief gehende Prüfung der inneren Motivation ist notwendig, um diese Misere zu klären.

Nur um an den Mann zu kommen, sich zu verkaufen, das ist eine dramatische Lernaufgabe und endet für beide Beteiligten nicht nur vor dem Scheidungsrichter, sondern auch vor dem Scherbenhaufen zerbrochener Träume (was zumindest der Ich-Erkenntnis dient, auch wenn die Gegensätze schmerzlich zutage treten). Die alten Texte sagen dazu: Die Frau hält den Korb, aber es sind keine Früchte darin (es fehlen die glaubhaften Inhalte). Der Mann sticht das Schaf, aber es fließt kein Blut (alles fauler Zauber), was bedeutet, dass keiner der beiden bereit ist, einen aufrichtigen Beitrag zum Gelingen zu leisten, es also nur um die Wahrung der Form geht.

Hier ist das traurige Bild einer Ehe (Verbindung) angedeutet, bei der von Anfang an die Weichen falsch gestellt wurden. Fehlende innere Grundsätze sowie oberflächliche Beweggründe, die nur auf Äußerlichkeiten Wert legen, haben die Verbindung zerbrochen. Jeder lebt ganz egoistisch für sich allein, jede Zuneigung ist erloschen (Feuer und Wasser), Hassgefühle und die Unfähigkeit, aufeinander einzugehen, haben sich eingeschlichen. Eine Ehemisere schlimmster Art, in der erfüllende Partnererlebnisse (auch allgemein auf Partnerschaften oder Geschäftsverbindungen zu beziehen) nicht mehr möglich sind (und doch: Jeder Umstand ist ein Ausschnitt aus dem möglichen Szenario der Begegnungen und deshalb ein lernspezifisches Potential).

b) H 32 – Die Dauer oder die Treue

Lingua/Hex-Code 10: Dauer ist Wandel des Gegebenen in Zeit

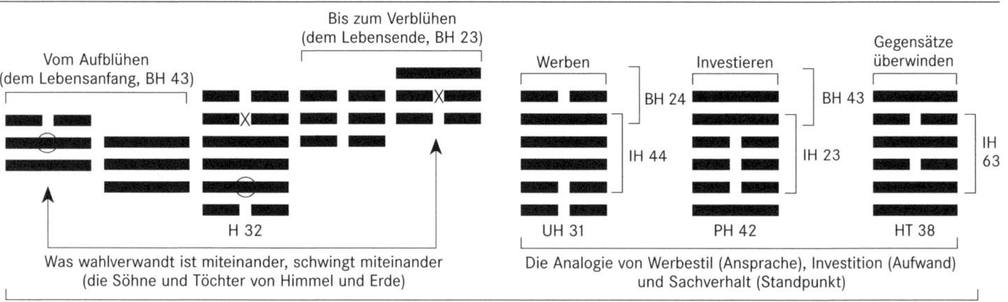

Treue ganz allgemein gesagt ist eine Tugend, mit der die Verlässlichkeit einer Person (Wesenheit) gegenüber einem anderen, einem Kollektiv oder einer Sache beschrieben wird. Sie basiert auf Vertrauen und/oder Loyalität und ist deshalb ein Indikator für Orientierung an Tiefenwerten, wenngleich sie auch, wie durch den Begriff der Loyalität zum Ausdruck gebracht, das Zweifelhafte nicht ausschließt (Loyalität bedeutet, die Werte des Anderen zu teilen und zu vertreten, beziehungsweise diese auch dann zu vertreten, wenn man sie nicht vollumfänglich teilt). Oft wird sie durch Gegenstände und Objekte symbolisiert, z. B. den Ehering, den Hund, die Wildgans oder das Sinnbild des Ankers, den man im Hafen der Ehe geworfen hat. Eng verwandt mit dem Begriff der Treue ist der Begriff Vertrauen (englisch trust), Trauung, Trauschein und Trost. Ihr Gegenteil ist die Untreue, verschärft der Treubruch und Verrat. Treue entbehrt der Reue oder vielleicht wäre Reue in Bezug auf die Dauer auch im Sinne von Bereuen zu verstehen. Das Bedauern von Fehlverhalten, dem dann immer wieder die Einsicht folgt. Treue ist ganz bestimmt eine Summierung von Einsichten, die erlangt wurden, durch den Spiegel des anderen und insofern beinhaltet sie natürlich auch das Vertrauen und die Fähigkeit der Entschuldung durch Entschuldigung. Treue gegenüber einem anderen oder einer Sache beruht nicht auf andauender Willensleistung, sondern ist ein Ausdruck der inneren Verbundenheit mit dem Wesenskern in der eigenen Person. Die Verbindung mit dem, was Dauer hat, in uns selbst, bewirkt Festigkeit und Konstanz nach außen, was natürlich andauernde Reflexion bedeutet.

Dauer oder Treue ist also ganz im Gegenteil zum oberflächlichen Verständnis, kein unbeweglicher und immer gleichbleibender Zustand, sondern eine festgelegte Bewegungsrichtung, innerhalb derer sich bestimmte Prozesse in natürlicher Folge wiederholen. Der Erfolg der Dauer liegt nämlich in der Erfahrung von Abläufen die, weil sie wiederkehrend aber trotzdem niemals identisch sind, irgendwann als zeitbezogene Notwendigkeiten erkannt und verstanden werden. Als unausgesprochenes Bindungsgelübde zwischen zwei Lebenspartnern ist die Dauer nicht zu verwechseln mit resigniertem Anhängen aus rationalen Überlegungen heraus, sondern verweist vielmehr auf die reife Erkenntnis, dass es nicht die vergänglichen Dinge reiner Äußerlichkeiten sind, auf denen Zusammenhalt beruht, sondern der tragende und verbindende Herzenskern, den man das Wesentliche nennt. Allein dieser ist es der den stürmischen Turbulenzen des Lebensfluges gewachsen ist, denn diese Turbulenzen sind das Sinnbild der Bewegungen im Gefühlsteich des Lebendigen, und auch wenn man sich darin gegenseitig verankert hat, so muss doch dieser Haken immer wieder gelichtet werden, was gerade auch für den Anderen die Anforderung der Mitwandlung bedeutet.

Das, was zum Ausdruck kommt, (IH 43, der Durchbruch) ist das, was da verankert ist, das was heute hervortritt, ist das, was morgen in sich zusammenfällt. Das, was bleibt, ist das, durch das diese Bewegung zum Ausdruck kommt (das reaktive Gegenüber) und was dieses von innen steuert, ist der Sinn des Lebendigen, gespiegelt durch Zeit und Raum, Fülle und Leere, Hoch-Zeit und Downzeit (UKT Himmel und UBT Erde). Was von Himmel und Erde zusammengefügt wurde, kann von Menschenhand nicht getrennt werden (es steht unter deren Segen, PH 42, die Mehrung). Ein tief gehendes Verständnis füreinander kann deshalb nur auf Dauer erlangt werden, woraus das tragende Prinzip des Vertrauens entsteht. Vertrauen ist eine Anhäufung von ins Bewusstsein aufgestiegenen Selbsterfahrungen durch ein Gegenüber, ein Potential an verlässlicher Kraft, die am Ende gänzlich aus der eigenen Selbstannahme erwächst. Die Bewegung oder Veränderung des Anderen ist die Bewegung und Veränderung in mir selbst. Die Vermehrung dieser fruchtbaren Erkenntnisse (PH 42, die Mehrung) beruht auf der Tatsache, dass die Entfremdung vom Gegenüber aus den befremdlichen Stimmungslagen im eigenen Gefühlshaushalt resoniert (HT 38, der Gegensatz). Das Zauberwort heißt also: Investition in Beständigkeit, was dementsprechend die reichen Früchte der Einigkeit, als Sinnbild der überwundenen Missklänge zutage fördert, denn genau daran scheitert doch das ganze Szenario der Beziehungen immer wieder.

Tatsächlich zeigt das Zeichen der Dauer das harmonische Zusammenwirken des Weiblichen und des Männlichen als ein vorgezeichnetes Szenario, das vonseiten der Frau (UBT Erde in Verbindung zu UKT Himmel) als helfend und von unten stützend gezeichnet wird (OBT Berg, sie reicht ihm ihre Hand oder anders gesagt: Geht ihm regulierend zur Hand), während das Männliche als Zugpferd nach außen erscheint (OT Donner in Kontakt mit UKT Himmel). Doch was ist die treibende Kraft ohne richtungsweisende Stütze und aus übergeordneter Sicht gesehen ist die Stütze das resonante Ergebnis der treibenden Kraft (Berg ist das Sinnresultat von Donner). Wie der Volksmund es sagt: „Hinter jedem erfolgreichen Mann steht eine starke Frau". Alles steht in einer sich ergänzenden Resonanz, alles ist, wie es ist, und wird nicht bewertet, so verläuft es der Natur entsprechend.

„Was wahlverwandt ist miteinander, schwingt miteinander" so der Leitspruch zum Zeichen der Einwirkung H 31, und da dieses das gespiegelte Gegenbild der Richtlinientreue von H 32 ist, wird daraus auch ersichtlich, dass Dauer nicht durch Eile zu erlangen ist. Die Konstanz einer Sache steht in Abhängigkeit vom Einfluss nehmenden Werbestil des Anfangs und so gesehen gibt es keinen Misserfolg, denn dieser Anfang wird, entsprechend der Kreisbahn der Zeitfenster wiederkehren und spätestens dann wird sich auch die „Wellenlänge" der Übereinstimmung verändert haben, womit das Prinzip der Dauer auch als „Durchhalteparole" zu beschreiben wäre. „Die Investition bestimmt den Gewinn" und genau darauf beruht auch das Treuegelübte der Ehe. Sie ist eine Dauerinvestition an werbewirksamer Kraft denn nichts anderes soll erreicht werden, als die Überwindung trennender Missverständnisse die darin begründet liegen, das man den Anderen im Wesentlichen unter dem Blickwinkel der eigenen Vorstellungen, Meinungen und Ansprüche betrachtet, also eine Ich-bestimmte Erwartungshaltung einnimmt. Dauer aber begründet sich nicht auf menschlichen Bemessungswertstäben, sondern unterliegt den Raum/Zeit-Gesetzen von Himmel und Erde die sowohl das Zukünftige als auch das Vergangene und damit ganz konkret das Gegenwärtige bestimmen. Was daraus werden wird, ist das, zu was es bestimmt ist und wer ist es der dies wissen will? Vertrauen ist das Zauberwort; es beruht auf stabilem Selbstvertrauen.

Die Frucht des Herbstes ist eine Analogie zum Samen des Frühlings. Entsprechend diesem sind der Sommer und der Winter. Erst die Summierung dieser Tatsache als Erfahrung in Zeit fördert das Vertrauen in eine höhere Sinnhaftigkeit, und wenn man bedenkt, dass der große Kreiszyklus sechzig Jahre umfasst, dann ist es wahrlich voreilig davon zu sprechen, man würde die Umstände, den Partner und damit sich selber kennen.

Wilhelm schreibt dazu im Bild zum Zeichen H 32
Donner und Wind: das Bild der Dauer.
So steht der Edle fest und wandelt seine Richtung nicht.

Der Donner rollt, und der Wind weht. Beides ist etwas äußerst Bewegliches, sodass es dem Anschein nach das Gegenteil von Dauer ist. Aber ihr Hervortreten und Zurücktreten, ihr Kommen und Gehen folgt dauernden Gesetzen. So beruht die Selbstständigkeit des Edlen auch nicht darin, dass er starr und unbeweglich ist. Er geht immer mit der Zeit und wandelt sich mit ihr. Das Dauernde ist die feste Richtung, das innere Gesetz seines Wesens, das alle seine Handlungen bestimmt.

Es findet sich hier die Aussage großer Lehren bestätigt. Hervortreten und Zurücktreten, also Bewegung, die sich in Handeln oder Nicht-Handeln äußert, ist nicht vom menschlichen Willen bestimmt, sondern geschieht. Sie ist Ausdruck des Zeit-Flusses der alles Lebendige beseelt, das innere Gesetz des Wesens, wie Wilhelm richtig bemerkt. Dauer ist Wandlung in Zeit. Was sich da wandelt, ist der Stoff des Lebens, die Essenz der Bestimmung, der zum Zeitpunkt der Zeugung „im Einklang mit dem Himmel" die formelle Stimme durch eine Person gegeben wurde. Dauer ist also nichts als der Ablauf einer einmal initiierten Bewegung von Energie die sich immer wieder im Kleid der Form manifestiert. Geburt, Aufwachsen, Entwachsen und Tod, bilden eine Bewegungskurve in Zeit, der eine analoge Kurve der Wiederkehr folgt. Es gibt nur ein Leben und wie viele Schleifen der Bewegung zwischen Sein und Nichtsein dieses bestimmt: Wer kann das wissen?

***Linie 1**: Dauerhaftes lässt sich nicht durch Eile erzeugen.*

Ohne die konkreten Richtlinien seiner Bemühungen zu kennen, setzt sich dieses unruhige Wesen in Bewegung. Seine Sehnsucht, etwas Dauerhaftes zu schaffen, mag ja korrekt sein, nur kann dies nicht von heute auf morgen erreicht werden. Dazu bedarf es einer langen Zeit der sorgfältigen Arbeit und der allmählichen Festigung. Wer wirklich etwas Beständiges schaffen will, der darf nichts übereilen, sonst wird er später feststellen, dass er den Anforderungen seines Strebens nicht gewachsen ist.

Jeder auch noch so große Baum war einmal ein Keim, der sich ganz langsam über Jahre hinweg entwickelt hat. Nur dadurch wird sein Holz kräftig und garantiert ihm eine lange Beständigkeit. Ganz anders die schnell wachsenden Pflanzen, die nur eine kurze Lebenszeit erwartet.

Dauerhafte Erfolge und Schnelligkeit lassen sich nicht zusammenbringen, das sollte sich dieser Eigenwillige als fruchtbaren Ratschlag zu Herzen nehmen (Trennung noch, bevor es sich entwickeln konnte).

Linie 3*: Sich durch äußere Einflüsse in unbeherrschte Erregung versetzen zu lassen ist von Übel.*

Wer von der Übereinstimmung mit seiner Außenwelt vollständig abhängig ist, dessen individueller Handlungsraum ist dermaßen eingeschränkt, dass er zu dauerhaften Erfolgen nicht fähig ist. Wie ein Fähnlein im Wind versucht er den Stimmungen und äußeren Umständen Folge zu leisten, rennt dahin und dorthin, was natürlich dem Sinn der Beständigkeit grob widerspricht. Deshalb wird er andauernd mit peinlichsten Situationen konfrontiert, die eigentlich nur ein Spiegel seiner inneren Missstände sind. Anstatt sich durch äußere Einflüsse in unbeherrschte Erregung versetzen zu lassen, sollte er sich auf sich selbst konzentrieren, damit er die treibende Kraft seiner Unbeständigkeit zu fassen bekommt.

Die inneren Missstände, von denen hier gesprochen wird, lassen sich durch das Linienhexagramm 40 – Die Befreiung erklären. Es sind die Fesseln bindender Muster, die diese Abhängigkeit von der Außenwelt hervorrufen. Fremdbestimmt und nicht selbstbestimmt, so könnte man sagen, was das Gesetz der Resonanz bestätigt oder sagen wir: Im Spiegel des Außen spiegeln sich die inneren Bedingungen. Die innere Pein solcher Abhängigkeiten äußert sich in den Peinlichkeiten verschiedenster Situationen, denn nur, was ständig aus dem Selbst heraus lebt, ist auch beständig, also bodenständig und damit stabil (und nicht labil).

Linie 4*: Wer beim Suchen nicht weiß, was er finden will, ist vom Ursprung der Dauer weit entfernt.*

Dieser blinde Jäger des Erfolges rennt mit seinen hektischen Bemühungen ins Leere, weil er an Orten nach Gütern sucht, an denen nichts zu finden ist. Anstatt sich mit Ernsthaftigkeit um die tatsächlichen Gegebenheiten zu bemühen, folgt er seinen aus der Luft gegriffenen Motiven und hofft auf fruchtbaren Erfolg. Auch wenn er sich noch so dauerhaft in seinem Bemühen zeigt: Auf unfruchtbarem Boden eine reiche Ernte zu erwarten, das ist höchst unwahrscheinlich (was hat man sich bei der Bewerbung erhofft?).

Voll leidenschaftlicher Unternehmungslust, etwas Neues zu schaffen, rennt dieser Energische darauf los, ohne sich der Gegebenheiten versichert zu haben, die er vorfinden wird. Dieses zügellose Vorgehen, ohne gesunde Grundlage und wahrhaftige Motivation, hat den gleichen Erfolg wie das Aussäen eines fruchtbaren Samenkornes im trockenen Sand (das Ergebnis ist analog der Motivation).

Linie 5: *Flexibilität und Beharrlichkeit sind gleichberechtigte Eigenschaften, um Dauer zu erreichen.*

Wird durch die zweite Linie der eher konservative Weg des Festhaltens am Hergebrachten gezeigt (der Weg der Frau ist es dem Mann helfend die Hand zu reichen, so das Yijing und die Codierung sagt da nichts anderes, OBT Berg, die Hand, UKT Himmel, der Mann und außerdem wie der Volksmund sagt: „Hinter jedem erfolgreichen Mann steht eine geschickte Frau), steht die fünfte Linie für die weltzugewandte Seite (OT Donner, UKT Himmel, der Mann in entschlossener Bewegung). Vom Standpunkt der zweiten Linie aus betrachtet ist es angebracht, mit altbewährten Methoden Dauer anzustreben (die Plattform der Gemeinsamkeit zu stützen). Dagegen muss der Steuermann (die lenkende Kraft) sowohl beweglich als auch anpassungsfähig sein, um notfalls Korrekturen vorzunehmen. Diese Beweglichkeit ist angesichts seiner Aufgabe als „Leitfaden in die Zukunft" ganz natürlich, wobei es für seinen Ratgeber wichtig ist, ein charakterliches Vorbild zu sein (in Wahrheit ist es das harmonische Zusammenspiel der helfenden Hand von hinten und dem energischen Fuß nach außen).

Linie 6: *Andauernde Rastlosigkeit führt zu Kontrollverlust.*

Während bei der vierten Linie ein Mensch gezeigt ist, der aus der falschen Motivation heraus an Orten etwas sucht, was es dort nicht gibt, hat dieser hier jeden Sinn für Beständigkeit aus den Augen verloren. Anstatt sich am Geist bewährter Methoden zu orientieren, rennt er, von rastloser Eile getrieben, orientierungslos ins Dunkle hinein und beginnt zu agieren. Nicht nur dass er mit einer solchen Haltung jeden dauerhaften Erfolg bereits im Keim erstickt, nein, mit seinem triebhaft orientierten Drauflosschießen wird er sogar zur direkten Gefahr für das Wohl anderer Menschen. Wer Rastlosigkeit zum Dauerzustand macht, erntet nichts als Misserfolg.

4. Die Sonderform menschlicher Bindung: H 17 – Die Nachfolge

Lingua/Hex-Code 11: Die Anhängerschaft als Spiegelwert des Anhängenden

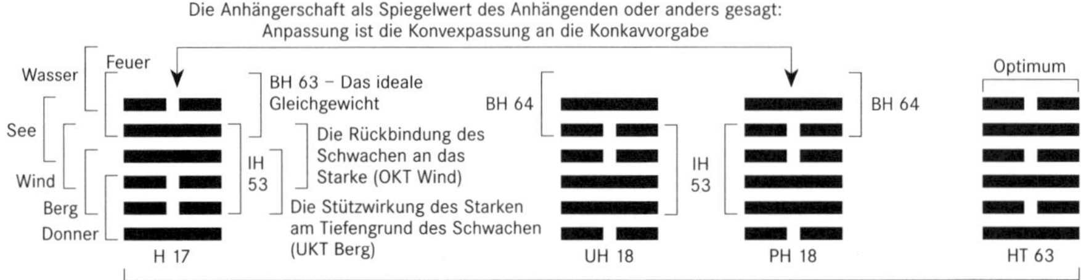

Im Gegensatz zum bausteingleichen Zeichen des H 54 und auch des Bewerbungszeichens H 31, die den erotisch-sexuellen Triebkomplex der gegenseitigen Anziehung und der Neigungen in den Vordergrund stellen, entbehrt das Zeichen *H 17 – Die Nachfolge* diesen Mustern im Wesentlichen, schließt sie allerdings nicht gänzlich aus, wie sich in der Gesamtstruktur zeigt. Es ist hier nämlich das Prinzip der freiwilligen Gefolgschaft, also der Anpassung an eine als wichtig erachtete Situation, eine Idee, eine Sache oder einen Menschen, angesprochen. Ein solches Verhalten kann allen Bereichen der menschlichen Beziehungen zur Seite gestellt werden und ist deshalb ein reiner Anlage- oder Charakterspiegel.

Sich freiwillig in Diensten zu stellen zeugt natürlich von einem spezifischen „inneren Entwicklungsweg“ die diesen Haltungswert erklärt (IH 53). Die Herausforderung die im Thema der Anpassung verborgen liegt ist keine Geringe, denn dieses „sich einer Sache oder einem anderen zu unterstellen“, lässt aufhorchen und zwingt geradezu zum genaueren Tiefenbetrachten. Sehr schnell zeigen sich dann auch Beziehungsmuster der Unterwürfigkeit und des Nachahmungszwanges oder aber die Anpassung erfolgt in zynisch-herablassender Art und Weise, was genaugenommen auf das „Gewürm übertragener Verhaltensweisen“ zurückzuführen ist, wie sie uns im polaren und im umgekehrten Zeichen H 18, *Die Arbeit am Verdorbenen* entgegentreten. Das Thema lautet also Taktgefühl und da dieser Takt den Pulsschlag der Zeiterfordernisse anspricht (UT Donner und in Ergänzung OT Donner von H 54) ist die Nachgiebigkeit als wichtiges Vermögen der Einfühlsamkeit, ein Thema. „Wer andere zur Nachfolge anleiten will, muss zunächst lernen sich selbst anzupassen, denn nur durch Dienen kommt man zum Herrschen“. So gesehen ist dann auch das „Vorbild-Sein“ ein ernst zu nehmendes Thema, und wie weit hier die Aspekte der Vater/Mutter-Bilder hineinspielen (blind übernommene Haltungswerte, eingewachsene Konventionen, PH 18), dürfte unmittelbar klar werden.

Das Starke, von dem im Zeichen H 17 gesprochen wird, ist ganz vordergründig das Temperamentvolle des UT Donner (die treibende Kraft, der Taktgeber) und natürlich das UKT Berg, das von unten das „Schwache" stützt (OT See, das Prinzip der freundlichen Ansprache). Nachfolge und Anleitung stehen in einer folgerichtigen Resonanzbeziehung zueinander, denn das Starke bringt eben deshalb voran, weil es Rücksicht nimmt, sich anpasst und die Hand reicht. Die freizügige Kontaktaufnahme des Stärkeren (des Oberen) ist ein Vertrauensbeweis für das Untere, und da das „Geführtwerden" (und das Führen) ein kollektiver Wesensanteil des Lebenden ist, tritt dieses Resonanzgesetz genau durch diesen Umstand voll in Kraft. Der Kaiser mischt sich unter das Volk, das Bühnenidol reicht die Hand an sein Publikum und die Gefolgschaft wächst.

Da also die Beziehungsverhältnisse zwischen Starken und Schwachen, dem Männlichen und dem Weiblichen in jeder Phase des Miteinander eine naturgesetzliche Regelung aufweisen, sind sie vollkommen, wie das Brücken- und das homologe Hexagramme H 63 zeigen, allerdings immer nur als Teilerfolg in Zeit und dies zeigt deutlich, dass Folge leisten und Anleitung zur Gefolgschaft, der dauernden Bearbeitung des Menschenackers an Schieflagen erfordert, aber genau deshalb ist es vollkommen im Sinne dessen, was bewirkt werden soll. Überzeugen geschieht auf der Ebene der Anpassung und Rücksichtnahme (H 31, H 53 und H 17), während das Führen und Erfüllen auf der Ebene des Beherrschens vonstattengeht (H 54 und H 32). Soll also etwas erreicht werden, so sind es vor allem die Erfordernisse der Zeit, in die man sich einzufühlen hat, denn diese sind entwicklungsbedingte Entäußerungen der sich bewegenden Natur. Hier allerdings sollten wir doch noch etwas intensiver den Blickwinkel auf das spezifisch Menschliche der Thematik richten, denn dort begegnen uns auch die „Sprachkünste" oder Unterwürfigkeitsbezeugungen, die sich im Haushalt des Gefühls-Ich zu undurchsichtigen (verdorbenen) Absichten verdichtet haben und auf „willige Opfer" lauern.

Eine große Gefolgschaft oder linientreue Anhänger, das hebt das eigene Selbstwertgefühl, da es ja Bestätigung durch das andere erfährt. Dem, was ich Folge leiste oder das, durch was ich Gefolgschaft gewinne, ist das, was durch das Resonanzgesetz bewegender Kräfte in Zeit seine Richtigkeit hat. Es ist das organisierte Wechselspiel zwischen den Mechanismen des Lebendigen, denn analysieren wir die Struktur des Zeichens H 17 etwas genauer, dann finden wir die beschreibenden Einzelkomponenten in sich gegenseitig durchdringender Symmetrie und diese heißen: UT Donner zu OKT Wind, UKT Berg zu OT See, UBT Feuer zu OBT Wasser.

Der Folgsame folgt den Bedingungen dessen, der es versteht eine Gefolgschaft um sich zu versammeln. Der eine führt, der andere folgt dieser Führung. Natürlich müssen wir dabei zum einen auf die Übertragungen der Vater und Mutterbilder, also „anerzogene Verhaltensmuster" blicken, zum andern aber ist die folgsame Anpassung des Schwächeren an die Weisungen des Stärkeren ein Naturgesetz und demgemäß bestimmt es auch das Ordnungsgefüge der Familie. Dort bezieht sich das Folgen aber auch auf das folgsam sein, also artig den Vorgaben der Eltern zu gehorchen. Egoistische Absichten oder gutgläubiges Anhängen gibt es nur in der Menschen- aber nicht der Tierwelt und insofern sind auch die Begriffsurteile von schwach und stark dort kein Thema, denn diese beruhen einzig auf dem reflexivem Vergleich einer bewusstseinsbegabten Wesenheit.

Was mich überzeugt dem folge ich nach, wobei die Kraft wahrer Überzeugung auf dem gezeugten Wert in jedem Einzelnen beruht. Das familiäre Muster und der spezifische Charakter sind ausschlaggebende Faktoren bei diesem Spiel der Anpassung an Gegebenheiten. Wie das Wort der Passung schon definiert: Das Konkave und das Konvexe passen ineinander. Was zusammenkommt, steht immer auf einer solchermaßen gestrickten Beziehungsebene zueinander oder anders gesagt: Das was in Resonanz zu mir steht gehört zu mir, weil jede Spiegelung von außen ein Widerhall innerer Bedingungen ist.

Wilhelm schreibt im Urteil zum Yijing:
Die Nachfolge hat erhabenes Gelingen. Fördernd ist Beharrlichkeit. Kein Makel.

Um Nachfolge zu erreichen, muss man selbst erst sich anzupassen verstehen. Nur durch Dienen kommt man zum Herrschen; denn nur so erlangt man die freudige Zustimmung der Unteren, die zur Nachfolge nötig ist. Wo durch List oder Gewalt, Verschwörung oder Parteiung Nachfolge erzwungen werden soll, da regt sich immer Widerstand, der die bereitwillige Nachfolge verhindert. Freudige Bewegung kann aber auch zu Üblem führen. Darum wird als Bedingung beigefügt: „Fördernd ist Beharrlichkeit", d. h.. Konsequenz im Rechten und „ohne Makel". Ebenso wie man selbst nur unter dieser Bedingung Nachfolge verlangen soll, darf man auch anderen nur unter dieser Bedingung folgen, ohne Schaden zu nehmen.

Linie 1: *Wer andere leiten will, muss sich selbst anzupassen verstehen.*

Obwohl die Kompetenzen vorhanden sind, von anderen Pflichttreue zu verlangen, sollte man nicht darauf beharren. Besser ist es, den Weg der Wissenserweiterung zu wählen, indem man sich die Meinungen anderer anhört, egal, in welcher Stellung, Reife oder Alter diese sind. Wer andere leiten will, muss selbst in seinem Wesen zugänglich bleiben und, wie die Texte sagen, „zur Tür hinausgehen" und mit den Menschen offen verkehren. Es gilt also sich anzupassen, ohne dabei die inneren Grundsätze aufzugeben.

Dies ist einer der herrschenden Plätze des Hexagramms und zeigt den einfühlsamen und starken Charakter einer hochqualifizierten Persönlichkeit (der Direktor eines Betriebes), die, ganz entgegen den herkömmlichen Methoden, sich an ihre Untergebenen (Mitarbeiter) wendet, um deren Meinungen anzuhören und sich auch davon beeinflussen lässt. Er liebt es, sich an Ort und Stelle persönlich zu informieren und dabei Kontakt mit seinen Leuten aufzunehmen. Frei von Kompetenzschwierigkeiten verkehrt er unbefangen mit allen, ja er ist sogar bereit, ihnen Mitbestimmung einzuräumen. Dieser Vertrauensbeweis des Stärkeren gegenüber dem Schwächeren ist es, der freiwillige Nachfolge bewirkt.

Nachfolge basiert also zunächst auf dem erweckten Vertrauen, der Aufforderung des Stärkeren an das Schwächere sich zu trauen. Darauf bauend ist die Gefolgschaft eine freiwillige und bildet sich nicht auf der Basis von Angst und hierarchischem Machtanspruch. Das Schwächere fühlt sich geehrt und in seinem Wert bestärkt, denn was ist eine Gefolgschaft wert, die nicht den Menschen ehrt, dem sie eine solche leistet?

Linie 2: *Folgt man dem Unwürdigen, verliert man den Anschluss an höhere Werte.*

Anstatt sich an den höheren Richtlinien zu orientieren (fünfte Linie), ist man geneigt, den unwürdigeren (Werten oder Menschen) zu folgen, weil dies beim ersten Hinsehen der weniger anstrengende Aspekt zu sein scheint. Wer aber ein bedeutendes Ziel anstrebt und dabei den bequemeren Wegen folgt, der wird niemals ankommen. Jetzt gilt es, sich zu entscheiden, denn man hat entweder „eine gute oder eine schlechte Gesellschaft" (so das Yijing), beides zusammen ist unmöglich. Aber dies erfordert nicht nur Courage, sondern auch Anpassungsfähigkeit, was für den Weg zu gefestigten Einsichten unumgänglich ist. Noch ist es Zeit, die eigene Motivation zu prüfen, denn hat man sich dem Unwürdigen erst einmal zugewandt, verliert man den Anschluss an höhere Werte (Menschen) immer mehr.

Die Unwürdigen, von denen hier gesprochen wird, sind zum einen die schwachen Persönlichkeitsanteile auf der dritten Linie, die einen dazu verlocken, es nicht so genau zu nehmen, aber auch Menschen die Wertvorstellungen vermitteln, denen das beeinflussbare Ego nur allzu gerne folgt. Doch auch wenn dies zunächst als der bequemere Weg zum „Ziel" erscheint, die Arbeit an dieser „verdorbenen

Schwachstelle“ wird dadurch höchstens noch erschwert (wie das UH und das PH 18, *die Arbeit am Verdorbenen* bestätigen).

Linie 4*: Wer sich nicht von falschen Nachfolgern beirren lässt, kann den eigenen Grundsätzen treu bleiben.*

Es ist hier eine Person gezeigt, der es gelungen ist, in eine hohe Position aufzusteigen (in ihrer Entwicklung weiterzukommen). Dies liegt in ihrem natürlichen und aufrichtigen Wesen begründet, mit dem sie sich den anderen Menschen verbunden sieht. Doch wie so oft bei einem solchen Charakter, findet sich eine Anhängerschaft allzu gläubiger Jünger ein, die sich durch gespielte Unterwürfigkeit einen Vorteil zu erschleichen hoffen (ihr Fähnlein in den Wind hängen, um nach oben zu kommen, sich einschmeicheln und ihm das Wort reden). Auch wenn man selbst das Rechte und Wahre im Sinn hat, so ist doch die eigene Stellung sehr labil, und man muss darauf achten, dass man sich nicht an diese falschen Anbeter gewöhnt, sondern den Grundsätzen treu bleibt, die einen hierher gebracht haben (sich nicht jedem Gegenüber nachgiebig zeigen, sondern eine klarere Auswahl treffen). Um die eigene Unabhängigkeit in alle Richtungen zu bewahren, ist es am besten, man dient diesen Anhängern lediglich als Wegweiser, dann bleibt man vor jeglichem Schaden bewahrt. Ganz konkret wird hier davor gewarnt, einer Guru-Mentalität (UKT Berg, OKT Wind) Platz einzuräumen, die weder die anderen noch einen selbst in der Entwicklung weiterbringen kann.

An dieser Stelle sollte der Begriff der Anhänger etwas genauer betrachtet werden. Ein Anhänger ist etwas das durch eine Kupplung an ein Zugpferd (Auto) angehängt werden kann und mitfährt. Es ist etwas das einem anhängt, weil es da eine passgenaue Verbindung hin zu einem „Anhängsel“ gibt. Jeder Anhänger hat auch eine Ladefläche, die man beladen kann, und ist diese mit Artikeln der Vergangenheit beladen, zieht man also eine Last von Übertragungen hinter sich her (UH 18), fällt das Unabhängige – man kann es nicht abhängen – Agieren schwer. Ebenso verhält es sich mit den Anhängern, die sich durch ihr Anhängen etwas erwarten. Das kraftvolle Zugpferd symbolisiert etwas Richtiges und Wichtiges, etwas das einen anspricht und an dem man teilhaben will. Der einfachste Weg es zu bekommen ist, es dem gefundenen Ideal abzulocken, indem man es mit Anhänglichkeit lockt. Doch wer sich auf solche Art locken lässt, der muss selbst ein Opfer nicht erfüllter Verlockungen sein. Um Wegweiser zu sein, braucht es des verlässlichen Richtungsanzeigers der eigenen Unabhängigkeit. Solange es da noch nach einer bestätigenden Resonanz hin zum anderen ruft, ist eine solch neutrale Haltung nicht möglich.

Linie 5: *Man folgt dem Wahren und Guten.*

Hier am zweiten herrschenden Platz des Hexagramms findet sich ein starker und in seinem ganzen Wesen korrekter Edler mit freundlicher und weltoffener Gesinnung. Sein innerer Reichtum ist ein natürlicher Besitz (OKT Wind), und ganz diesem entsprechend folgt er seinen weisen Vorbildern und hohen Idealen. Eigene Anhängerschaft braucht er keine, da ihn diese nur vom Wesentlichen ablenken würde. Indem er sich selbst den höchsten Anforderungen unterstellt (sechste Linie), wird er sein hohes Ziel erreichen.

Linie 6: *Das eigene Wissen sollte in den Dienst der Suchenden gestellt werden.*

Hier in den oberen Regionen der Entwicklungsebene findet sich ein Lehrer und Weiser, der die Abgeschiedenheit außerhalb des Weltgetriebes bevorzugt. Er folgt den höchsten Idealen und ist nicht auf personenbezogene Nachfolge ausgerichtet. Da die anderen (seine selbst hoch entwickelten Verehrer) aber nicht von ihm lassen und ihm zudem große Ehren erweisen (er wird als innerlich reiche und erfahrene Persönlichkeit anerkannt), entscheidet er sich, noch einmal in weltliche Dienste zu treten und mit seinem Wissen den Führung Suchenden auf ihrem Weg zu helfen.

5. Viertes Beziehungsszenario: Allgemeines Zusammenkommen, Zusammenhalten und Zusammenwirken

a) Das Zusammenhalten - H 8

Lingua/Hex-Code 11: Die Anhängerschaft als Spiegelwert des Anhängenden

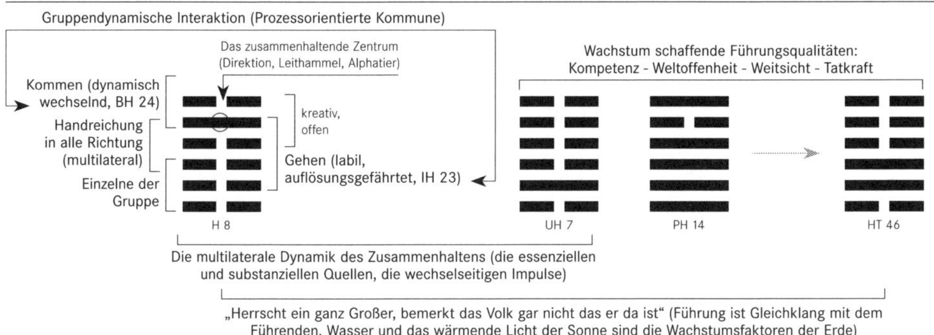

Das Muster *H 8 – Das Zusammenhalten* könnte als" Vertraubungseffekt" von Menschen um den Halt gebenden Zweig einer kreativen Kraft beschrieben werden. Es ist der Spielführer oder die Direktive (L 5, der wendige Gruppenleiter) inmitten seiner anhänglichen Schar, die in einer offenen Laisser-faire-Beziehung miteinander verkehren. Im Ganzen also ein gruppendynamisches Modell prozessorientierter Interaktionen, dessen Zentrum das profilierte Alphatier bildet (der herausragende Kopf). In Bezug auf das Naturbild, welches sich aus der Gesamtstruktur aller beteiligten Zeichen ablesen lässt, ist es der Regen von oben (H 8), die Quellwasser von unten (*UH 7 – Das Heer*) und das wärmende Sonnenlicht (*PH 14 – Der Besitz von Großem*), die insgesamt als Zentralkraft gelten, die das Wachstum des Vielen auf Erden (UT Erde) bewirkt.

Weil, entsprechend diesem Zusammenhang, das Wasser und die Sonne in Sinnresonanz mit dem zu Befruchtenden stehen, ist ihr Verhältnis ungekünstelt, erfrischend und nicht autoritär. Das Lebendige und das was das Lebendige befruchtend am Leben erhält, interagiert als Gesamtkonzept. Leiten oder Anweisen sollte also etwas Spielerisches haben, sollte sich auszeichnen durch überlegte und weise Zurückhaltung. Es braucht keine andauernde Einmischung, denn was hier wirkt, ist die Kraft der natürlichen Autorisation (Wasser ist das Speicherbewusstsein des Himmels im Bauch des Irdischen). Wasser, Same und Erdenboden stehen in einem naturgegebenen, hierarchischen Verhältnis zueinander, bilden also einen Interaktionskreislauf, in dem die Direktive programmatisch vorgegeben ist (menschlich gesehen schließt dies die egoistischen Motive allerdings nicht aus). Die Formel könnte also lauten: Wachstum (*HT 46 – Das Empordringen*) ist die Summe aus Same, Wassermenge zur richtigen Zeit und guter Erde, menschlich gesehen die Summe aus Antriebskraft, Kreativvermögen und Handlungsbegabung, was den Anziehungswert bestimmt und durchaus als „großer Besitz" zu beschreiben wäre (HT 14).

Wie die Pflanze das Wasser ohne Zwangsausübung als ihr kreatives Leitprinzip anerkennt, so ist dieser hierarchische Resonanzwert auch im Menschen verankert. Zusammenhalt schließt die Auflösung im Sinne des Kommens und Gehens nicht aus, was sich im Kreislauf der Naturbewegung bestätigt. Im Sinne der frühhimmlischen Kreisordnung der acht Trigramme gesprochen: Vom Frühling, UBT Donner bis zum Vorfrühling, UKT Berg, ist das Wasser die herrschende Kraft. Das Zusammenhalten beruht auf der Kooperation aller Beteiligten, dem Geben und Nehmen unter Ausschluss von „Geheimabmachungen", eitler Selbstbespiegelung und Sonderinteressen, was naturgemäß zur Zersplitterung führt (es gibt keine Geheimbünde in der Natur).

Als Beispiel: Dem Donner im Osten folgt der Wind im Südosten und diesem das Feuer des Sommers im Süden und so weiter, bis der Kreis sich schließt. Der Ausschluss einer oder mehrerer Kräfte würde den Zyklus der Jahreszeiten unterbrechen, was ein unvorstellbares Szenario ist. Der Same, das Wasser und die Form, bilden eine untrennbare Einheit. Sie halten sozusagen naturgemäß zusammen, weil sie sich gegenseitig inhärent sind. Was der Same enthält, wird vom Wasser befruchtet und wächst sich aus zur Form. Zwang oder Sonderinteressen eines Einzelnen würden allen gleichermaßen schaden. Es ist in der Tat spielerisch, diese Art des Zusammenhaltens, und ist die Zeit erfüllt, verlässt die kreative Kraft das Führende, und das gesamte Konstrukt zerfällt, um sich in einer neuen Zeitqualität wieder zu verbinden.

Das Beziehungsmuster in H 8 ist also nicht hemmend, sondern wachstumsfördernd und schließt demnach nichts von vorneherein aus. Was Zusammenhalt bewirken will, muss sich selbst von allen Seiten befruchten lassen, denn nur so kann es den Weg zur „allgemeinen" Anerkennung finden. Das Führende und das zu Führende stehen in andauernder Interaktion miteinander, wobei sich der/die/das Führende durch beobachtende Weitsicht und zeitkonforme Handlungsbegabung unterscheidet, die insofern aktiv werden kann, als das sie die zu Führenden zu Vorschlägen und Aktionen motiviert (UBT Donner und UKT Berg). Von daher ist das Zusammenhalten kein einfaches Unterfangen, sondern erweist sich als äußerst störanfällig, denn immerhin ist es ein freiheitliches Muster, das sich entsprechend den herrschenden Zeitimpulsen, individuell unterschiedlich bewegt.

Das Führende ist im Zeichen H 8 und auch in seiner Umkehrung H 7 ganz eindeutig das Wasser, weil es das Fließende ist, das die Erde von oben und von unten befruchtet und in Flüssen und Bächen durchströmt, bis es sich im großen Wasser des Meeres sammelt. Wasser ist ein informierter Stoff, im Sinne des Menschen die Wesensnatur des Selbst oder die Seele. Diese Information ist dem Samen inhärent und auch der Form, die das manifeste Ergebnis dieser Dreiheit ist. Das zu Führende sind die anderen, die Menschen oder der Boden der Erde auf dem Wachstum geschieht. Der Sinn des Wassers ist die Erde, der Sinn des Menschen ist die Quelle, die sein Leben zusammenhält.

Das Beziehungsmuster der Freiwilligkeit im Zusammenhalten, also der nicht zwangsbestimmten Handreichung an eine kreative Quelle, entstammt dem fallenden Regen auf die Erde, denn dessen Millionen an Tröpfchen fallen, wohin sie fallen, und bewirken, was als Wachstumsvorgabe im Einzelhaushalt der wachsenden Elemente geschrieben steht. Insofern ist es absichtslos, weil es dem Notwendigen folgt. Ganz anders das umgekehrte Zeichen *H 7 – Das Heer*, das die sprudelnde Quelle aus dem Schoß der Erde beschreibt, die als gebündelte Kraft einer konkreten Leitspur folgt (sie treibt das erdengebundene Wasser dem See und dem Meer entgegen, was dann zum Zeichen H 45, die Sammlung führt). Auf der einen Seite das spielerische Kreativmuster des Zusammenhaltens, nach allen Seiten offen, auf der anderen die disziplinierte Zielorientierung eines Anführers, der mit seinen Untergebenen einen Siegeszug antritt (Kameraden und Söldner, eine Armee, die Belegschaft).

Wilhelm schreibt im Urteil zum Yijing dazu:
Das Zusammenhalten bringt Heil. Ergründe das Orakel nochmals,
ob du Erhabenheit, Dauer und Beharrlichkeit hast,· dann ist kein Makel da.
Die Unsicheren kommen allmählich herbei. Wer zu spät kommt, hat Unheil.

Es handelt sich darum, dass man sich mit anderen zusammentut, um durch den Zusammenhalt sich gegenseitig zu ergänzen und zu fördern. Für einen solchen Zusammenhalt muss ein Mittelpunkt da sein, um den sich die anderen scharen. Mittelpunkt für das Zusammenhalten von Menschen zu werden, ist eine schwere Sache mit großer Verantwortung. Es bedarf innerlicher Größe, Konsequenz und Kraft dazu. Darum prüfe sich selbst, wer andre um sich vereinigen will, ob er der Sache gewachsen ist; denn wer andere sammeln will ohne das Siegel des Berufenen, der richtet mehr Verwirrung an, als wenn kein Zusammenschluss stattgefunden hätte.

Wo aber ein wirklicher Sammlungspunkt vorhanden ist, da kommen die Unsicheren, anfangs noch Zögernden allmählich von selbst herbei. Die, die zu spät kommen, haben selbst den Schaden davon. Denn es handelt sich auch beim Zusammenhalten um die richtige Zeit. Beziehungen knüpfen sich und festigen sich nach bestimmten inneren Gesetzen. Gemeinsame Erlebnisse festigen sie, und wer zu spät kommt und nicht mehr teilnehmen kann an diesen grundlegenden gemeinsamen Erfahrungen, der hat darunter zu leiden, wenn er als Nachzügler die Tür verschlossen findet. Wer aber die Notwendigkeit des Zusammenschlusses erkannt hat und nicht die Kraft in sich fühlt, als Mittelpunkt des Zusammenhaltens zu wirken, der hat die Pflicht, sich einer anderen organischen Gemeinschaft anzuschließen.

Der hier eingeführte Begriff des „Siegels des Berufenen“ bringt sehr schön zum Ausdruck, was es mit dem Zusammenschluss von Menschen um eine Halt gebende Quelle auf sich hat. Der Berufene ist ein Gerufener, der mit den Signalen der Tiefe in Verbindung steht. Er ist den gestellten Anforderungen gewachsen, weil er aus dem in ihm gewachsenen Wert schöpfen kann. Dieser Wert ist der kollektive Besitz des reflexiven Bewusstseins, das durch ihn in besonderem Maße erhellend, zum Ausdruck kommt. Man könnte es als das Licht höherer Erkenntnisfähigkeit bezeichnen, das sich in Zusammenhalt schaffender Kreativität entäußert. Man findet es im polaren Hexagramm *14 – Der Besitz von Großem* bestätigt. Das kollektiv verbindende Prinzip ist der seelische Gleichklang im Kern und dieser Kern ist offenbar gewordene Kraft des Berufenen. Wie ein Magnet zieht sie die ebenfalls vom Sinn beseelten aber noch weiter vom Kern entfernten Anderen an. Menschlicher Zusammenhalt ist der äußere Ausdruck einer das Wesen im Inneren zusammenhaltenden Kraft und je eindeutiger sich diese Kraft durch die Person entäußert, desto anziehender wirkt sie. Da sie aber keine Kraft der Abhängigkeit, sondern Ausdruck der individuellen Einzigartigkeit ist, bindet sie nur insofern, als das sie richtungweisende Kraft zur Ausbildung der Persönlichkeit im anderen ist. Eine gute Führungskraft führt durch die Kraft ihrer eigenen Führung und lässt, was durch das innere Hexagramm *23 – Die Zersplitterung* bestätigt wird. Was kommt, ist das, was durch die eigene Innenbewegung angezogen wird und was geht, ebenso.

Linie 1: *Wer aufrichtig Zusammenhalt sucht, wird erfolgreich sein.*

Ein natürliches und aufrichtiges Streben nach Zusammenhalt ist die beste Grundlage, um Beziehungen zu knüpfen. Ohne große Worte, nur durch die Kraft der Ehrlichkeit, zieht man andere Menschen und allgemein günstige Einflüsse an sich heran. Diese unvoreingenommene Offenheit bringt unerwarteten Erfolg.

Die alten Texte sprechen an diesem Linienplatz von einer mit reinem Quellwasser gefüllten Schale, um den Wert des hier Gezeigten anzudeuten. Kein leeres Glaubenmachen, sondern wahrhaftiges Wollen ist es, was die helfende Kraft unweigerlich anziehen wird.

Linie 2: *Bevor man sich anschließt, sollte man sich selbst überprüfen.*

Auch wenn man sich durch Bitten von außen (oben) zum Wirken aufgefordert sieht, darf man diesem Verlangen nur nachkommen, wenn der Anschluss dem innersten Kern des eigenen Wesens entspricht. Zusammenschluss muss freiwillig und aus innerer Überzeugung zustande kommen, nur dann ist er Glück verheißend. Eine offene, aber gleichzeitig würdevolle Haltung ohne Voreiligkeit ist deshalb der richtige Weg zu einer beginnenden Vereinigung.

Selbst wenn der Eindruck besteht, dass sich die hier gezeigten Beteiligten optimal ergänzen könnten, sei die Warnung ausgesprochen, die ausgestreckte Hand nicht ohne Überprüfung streberhaft zu ergreifen.

Diese Aussage findet ihre Bestätigung im hier zugeordneten Linienhexagramm 29, wodurch selbstsüchtige Interessen nicht grundsätzlich ausgeschlossen werden.

Linie 3: *Es ist der falsche Kreis von Menschen, dem man angehört.*

Durch ichbezogenes Streben nach Zusammenhalt ist man in einen Kreis von Menschen geraten, deren ganzes Tun sich in oberflächlichen Angelegenheiten erschöpft. Dieser Gesellschaft fehlt der direkte Bezugspunkt zum Zentrum des Zusammenhaltens (eine inspirierende Ausrichtung). Ob man an derartigen Verbindungen Freude hat, muss man selbst entscheiden. Auf jeden Fall sollte man sich nicht zu falscher Vertraulichkeit hinreißen lassen, sondern den eigenen Überzeugungen treu bleiben. Damit schafft man die Grundlage für spätere Beziehungen zu seinesgleichen.

Es wird hier eine schwache Persönlichkeit dargestellt, die sich einer Gemeinschaft anschließen will oder auch innere Einheit sucht, jedoch der Gefahr unterliegt, von den falschen Menschen oder Zielvorstellungen in Beschlag genommen zu werden. Im Streben nach Führung und Zusammenhalt verfällt sie unfruchtbaren Vorstellungen und erschöpft sich in Handlungen, die zu dauernden Problemen führen (wie das Linienhexagramm 39 bestätigt). Sich dem Rat umsichtiger Menschen zu öffnen wäre in diesem Fall von Vorteil.

Was soll der direkte Bezugspunkt des Zusammenhaltens anderes sein, als die Kraft seelischer Bezüglichkeit. Dort liegt der inspirierende Wert, alles andere ist lediglich Ausdruck eines fehlenden Identitätsbewusstseins, das sich durch Identifikation einen Ausgleich sucht. Die anderen spiegeln lediglich den Stand der eigenen Entwicklung, und wenn es da eine gewisse Hohlheit gibt, dann wird diese auch Ausdruck des Kreises von Menschen sein, die dadurch angezogen werden. Das Außen ist eine Projektion des Innen und ist dieses Innen vom Schatten hemmender Trugschlüsse in Besitz genommen dann kann auch das Außen nur ein Widerhall dieses Umstandes sein. Genau darauf aber basiert Veränderung. Das Bild erscheint auf der Leinwand und der Umstand wird erkannt. In welchem Ausmaß dies der Fall sein wird, hängt von der individuellen Bestimmung ab.

Linie 4: *Auch wenn man den gesuchten Anschluss gefunden hat, darf man seine eigenen Fähigkeiten nicht vergessen.*

Man hat den direkten Anschluss an eine führende Kraft oder Persönlichkeit gefunden, die als Mittelpunkt der Gemeinschaft den Zusammenhalt bewirkt. In bescheidener und trotzdem beharrlicher Weise darf man nun seine Loyalität zum Ausdruck bringen, ohne dabei die eigenen Fähigkeiten zu vergessen. Solange man ganz einfach auf zwanglose und freie Kameradschaft achtet, wird man keinen Fehler begehen. Der richtige Weg ist, sich mit freudiger Bereitschaft (Linienhexagramm 45) am Zusammenhalt schaffenden Kraftprinzip zu orientieren, wodurch verhindert wird, dass der vorhandene Wankelmut die Richtung bestimmt.

Ein Mangel an Sicherheit gewährendem Eigenwert ruft die Wankelmut des Herzens hervor. Echte Loyalität ist nämlich ein Zeichen der Verbundenheit, aber keinesfalls der Gebundenheit. Es geht hier um den verbindenden Wertestrang, an dem man gemeinsam zieht und nicht um die Vernachlässigung der eigenen Person. Doch was soll man sagen. Die Nachlässigkeit ist eine Lässigkeit in der Eigenwahrnehmung und ganz zwanglos derjenigen Quelle verbunden zu bleiben die einen bis hierhin geführt hat, dazu muss man die Zwänge loswerden, die eine solche Nachlässigkeit hervorgerufen haben. Was könnte einem dazu besser dienen, als die Erkenntnis der eigenen Unfreiheit im Spiegel dieses Umstandes. Ein Dirigent hält sein Orchester zusammen, weil er der Direktive seiner eigenen, kreativen Wissensquelle in Bezug auf das Musizieren folgt. Sie ist der verbindende Wert, da sie in brillanter Art durch ihn zum Ausdruck kommt. Es lebt in ihm nämlich ein wegweisendes Talent zur Führung hin zum großen Zusammenklang, aus dem die orchestrale Musik ihre Wirkung bezieht. Trotzdem sind es die Fähigkeiten jedes Einzelnen, durch die das Klangbild erzeugt werden kann. Würden nun diese Fähigkeiten durch Lässigkeit im Üben geschmälert, der ganze Klangkörper und damit auch der Dirigent würden darunter leiden. Ein guter Dirigent ist eine Quelle der Inspiration und betont den Eigenwert seiner Musiker durch sein eigenes Tun.

Linie 5: *Echter Zusammenhalt entsteht durch die Kraft hoher Ideale.*

Eine inspirierende Persönlichkeit wird von den Menschen als Mittelpunkt der Vereinigung angenommen. Vonseiten aller Beteiligten besteht ein ungezwungenes Zutrauen, was daraus resultiert, dass dieser Edle es versteht, an sich schwierige und mühevolle Angelegenheiten mit Leichtigkeit und Eleganz zu lösen. Seine natürliche Anziehungskraft wird bestimmt durch reife Führungsqualitäten und eine milde Ordnung. Nichts geschieht gewaltsam, und jeder kann seine Fähigkeiten offen zeigen. Die Basis jeder fruchtbaren Vereinigung sollte der freiwillige und spontane Zusammenhalt sein, dessen Bezugspunkt die Kraft begeisternder Ziele ist.

Kurze Anmerkung:

Dass man Menschen nicht mit gewaltsamen Methoden zum Zusammenhalten zwingen kann (auch wenn dies im Namen vieler Moral- und Denkkonzepte laufend geschieht), ist in der Verlaufsgeschichte der Welt erkennbar und wird auch durch das Linienhexagramm 2, die empfängliche Erde bestätigt. In solchen Gemeinschaften entsteht zwangsläufig eine Atmosphäre von Streit, Hader, Angst, Widerstand und hinterhältigen Absichten, was den freiwilligen Bedingungen des Zusammenhaltens auf keinen Fall entspricht.

Wilhelm beschreibt die Situation am fünften Linienplatz wie folgt:
Offenbarung des Zusammenhaltens.
Der König lässt bei der Jagd nur von drei Seiten treiben und verzichtet auf das Wild, das vorne abbiegt.
Die Bürger bedürfen nicht der Warnung. Heil!

Bei den königlichen Treibjagden im alten China war es üblich, dass das Wild von drei Seiten her angetrieben wurde. Auf der vierten Seite konnte das angetriebene Wild abbiegen. Soweit die Tiere hier nicht abbogen, mussten sie in ein Tor hinein, hinter dem der König bereitstand. Nur die Tiere wurden geschossen, die hier eindrangen. Die, welche vorne abbogen, ließ man laufen. Diese Sitte entsprach der königlichen Gesinnung, die aus der Jagd keine Schlächterei machen wollte, sondern nur das Wild zur Strecke brachte, das sich sozusagen freiwillig gestellt hatte.

Lingua/Hex-Code 12: Das Muster der schicksalsgelenkten Freiwilligkeit

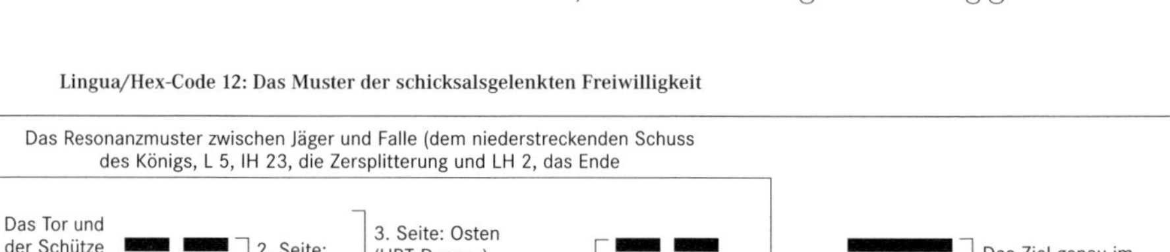

Das Thema der sogenannten Freiwilligkeit in der Entscheidung wird hier durch das Jagdszenario erklärt, was uns vielleicht etwas befremdlich erscheint. Trotzdem ist die darin verborgene Botschaft klar und eindeutig. Warum, so sollte man sich fragen, biegen manche der Tiere vor dem Tor des Todesschusses ab und manche nicht. Von drei Seiten antreiben lassen bedeutet, das es einen Ausweg gibt und dieser Ausweg muss als instinktsicheres Bild demjenigen inhärent sein, der diesen Ausweg nimmt. Sein Leben ist nicht oder noch nicht für diesen Verlauf bestimmt. Menschlich betrachtet heißt dies, warum schließen sich einige einer Sache an und andere nicht oder anders gesagt, warum erscheint es einigen als richtig und wichtig diesen Weg zu nehmen und anderen nicht?

Freiwilligkeit ist keinesfalls als freie Willensentscheidung zu verstehen, sondern ist eine, vom Himmel der Bestimmung geleitete unbewusste Willigkeit, die diesen und nicht jenen Weg vorgesehen hat. Die leitende Kraft ist keine moralische Instanz, sondern ein Kraftfeld der Erfüllung in Zeit, das wir Schicksal nennen. Handlungen oder Ereignisse geschehen, weil sie im Prozess der Entwicklung eines individuellen Mechanismus so vorgesehen sind. Sie sind sozusagen schon und warten auf das Erscheinen der Passung im „Außen“ um sich zu verwirklichen. Unser sogenannter freier Wille basiert also auf einem bereits gesetzten Bewegungs-Impuls, der sich durch die manifeste Spiegelung dieser Bewegung bestimmend in das Jetzt-Bewusstsein ergießt.

Linie 6: *Es gilt zunächst, in sich selbst Einheit zu schaffen.*

Dieser Vereinigungswillige ist zwar auf der Suche nach Anschluss, weiß aber nicht, wie er dies handhaben soll. Durch sein zögerliches und orientierungsloses Verhalten steht er nun außerhalb jeglicher fruchtbaren Einheit auf ausgestoßenem Platze. Solange er nicht in der Lage ist, in sich selbst Einheit zu schaffen (die führende Kraft in der eigenen Person zu erkennen), wird er zu Verbindungen, oder gar der Absicht zur Führung anderer, unfähig sein. Wollte er aber versuchen, krampfhaft Zusammenhalt zu schaffen, wären katastrophale Ergebnisse die Folge. Deshalb der Ratschlag des hier zugeordneten Linienhexagramms 20, das Warum dieser Situation genau zu betrachten, damit die Voraussetzungen zur korrekten Vereinigung erkennbar werden.

Das Problem der Unfähigkeit sich anzuschließen oder aber andere um sich zu versammeln liegt in der verkrampften oder unbestimmten Haltung begründet, mit der man diesen Umstand zu verwirklichen sucht. Ein Magnet ist anziehend, weil er ein Kraftfeld hat, das anzieht. Dieses Kraftfeld liegt in seiner Natur begründet. Je weiter vom Kern des Wesentlichen entfernt desto größer die Verunsicherung. Je größer die Verunsicherung, desto geringer der Magnetismus. Umfassende Betrachtung der Sachlage scheint der Schlüssel zum Erfolg zu sein, was das Linienhexagramm 20 bestätigt.

Die magnetische Kraft liegt in der Ausrichtung begründet und ist diese auf den Kern der Wahrheit in der eigenen Person gerichtet, wirkt sie anziehend. Wer also Anschluss finden will, muss selbst an den Sinn seines Wollens angeschlossen sein.

b) Die Sammlung - H 45

Lingua/Hex-Code 13: Der Spiegel von Firmenphilosophie und Belegschaft

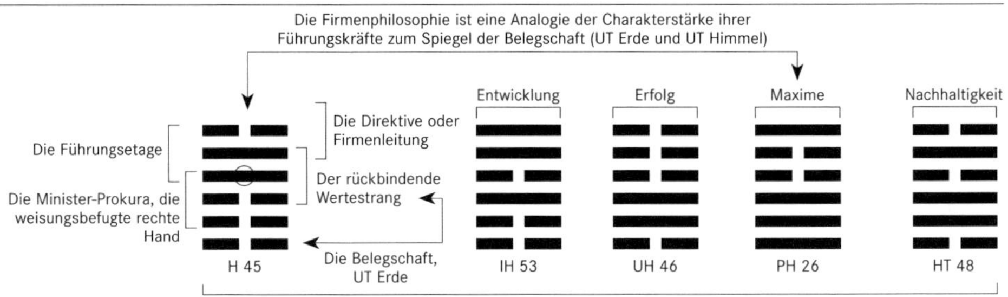

Zur herausragenden Einzelkomponente der Direktive am fünften Platz des Zusammenhaltens, gesellt sich nun die mitverantwortliche „Prokura" (das Yang am vierten Linienplatz), und das Gefäß mit spezifischen Absichten und Vorhaben entsteht (ital. procura, Vollmacht, von lat. procurare, für etwas Sorge tragen) ist eine handelsrechtliche Vollmacht mit gesetzlich festgelegtem Inhalt (Formalvollmacht), die ausdrücklich und persönlich erteilt werden muss. Es ist der stabilisierende Tiefengrund des OT See, der als rechte Hand und Berater der Leitfigur über ihm (UKT Berg gleich Hand), das Gespann von Kanzler und Minister oder Chef und Prokurist symbolisiert. Das Muster H 45 zeigt also verbindliche Inhalte, die es zu vertreten gilt und damit auch eine weitaus stärkere soziale Bezüglichkeit, was im Laissez-faire-Gefüge des Zusammenhaltens nur bedingt der Fall gewesen ist.

Der See ist der Tiegel des Wassers und damit das Sinnbild des gebundenen Inhaltes, was die unterschiedlichsten Motivationstatsachen zutage fördert. Sammlung, im Sinne der Natur gesprochen, lässt sich unter dem Bild des aus allen Richtungen herbeiströmenden Wassers erklären, das dem „Resonanzbecken" von Teich, See und Meer entgegenfließt. Zudem steht ja der See für die Jahreszeit des Herbstes und damit für die geernteten Früchte der Saat des Frühlings. Das sich Versammeln einer gemeinsamen Sache wegen, scheint ein kollektivprogrammatisches Muster zu sein, eine bindende Frequenz ursprünglicher Art, die durch das OKT Wind als Strang gezeichnet wird, an dem man gemeinsam zieht. Da dieser dem Persönlichkeitsgefäß tragfähiger Inhalte nach unten entspringt (der bindende Vertrauenswert) und zudem noch der Kollektivimpuls des vitalen Donners nach außen wirkt (der dynamische Wegbereiter, UBT), ist der Magnetismus erklärt, der das Volk, die Parteimitglieder und Mitarbeiter zu einheitlichem Zusammenwirken motiviert (durch Dui, dem See spricht das höchste Wesen). Ganz konkret sind es drei „kosmisch stimmige Aspekte" die zur Vereinigung von Menschen einer Sache oder eines Vorhabens wegen, vorhanden sein müssen: die inhaltsschwangere Persönlichkeit (Führungskraft, das Gruppen-Ich, die Werte), der passende Standort (Betriebsräume, Vereinslokal) und natürlich das Volk der Mitarbeiter und Parteimitglieder (das vom Geist der Sache infizierte Potential).

Interessantes lässt sich aus der Struktur des Zeichens ablesen. So ist zum Beispiel das Gründungsgebäude (der Versammlungsplatz), in dem das Gruppen-Ich der Direktive die willigen Menschen um sich versammelt, die Summe aus den drei Bausteinen UKT Berg, OKT Wind, und UBT Donner, die jeweils jeder für sich, eine spezifische Verbindung zur Massen-Erde aufweisen. Der Donner erweckt die Erde, der Wind setzt sie in Bewegung, der Berg formt sie aus und verleiht ihr die Stabilität. Inhalte sind demnach also eine Anhäufung unterschiedlicher Vorgabenimpulse, die als Kollektivpotential zu bezeichnen sind. Gerade, aber weil sie kollektiver Natur sind, jedoch unterschiedlich in ihrem zur Oberfläche drängenden Tiefenbezug, können sich daraus begabte Fürsprecher erheben, durch die sich in besonderem Maße das Lebensspiel des Miteinanders in Szene setzt.

Das Gruppen-Ich als Einzelnes oder als Paket von Führung und Prokurist, König und Minister, ist immer gewählter Vertreter einer gemeinsamen Sache, ist also Ausdruckswert einer potentiellen Politik, die von vielen gebilligt wird. Da also das Gruppen-Ich des Regenten (und seiner Gesandten im Falle einer Regierung) eine Analogie zum Gefühls-Ich der Wählerschaft und Mitarbeiter bildet, ist der Spannungsbogen gesetzt. Das was nach außen in aktive Bewegung versetzt (Donner) und das, was nach unten das tragende Fundament bildet (UKT Berg), ist der Spannungskreis der Möglichkeiten, von Anfang (Frühling, Start) und verfestigtem Ende, wie er uns in der späthimmlischen Ordnung des Lo Schu begegnet. Da dieses, mit einer Ausnahme, nur diametrale Asymmetrien aufweist, ist natürlich den sammlungswirksamen Ansprachen, die offene Gegnerschaft als Wahrscheinlichkeit zur Seite gestellt, denn ein in sich selbst nicht aus dem Zentralwert sozialer Verbindlichkeit genährter Mensch, wird auch den anderen nur Spiegelung des Eigennutzes sein.

Wie genial sich diese Zusammenhänge in der Struktur des Zeichens widerspiegeln, ist ganz einfach begeisternd, stellt es doch der Grundthematik des sich sammelnden Wassers im Tiegel des Meeres (OT See), das homologe Abbild des Brunnens zur Seite. Je tiefer der Brunnen desto wertvoller das geborgene Wasser und nicht zu vergessen: Der Brunnen gilt als Kollektivgefäß aus dem alle Menschen genährt werden. Das Gruppen-Ich der potentiellen Direktive ist der Ausdruckswert der Rückbindung an das eigene Wertegefäß, ist kollektives Sprachrohr einer sich entäußernden Wahrheit, die sich zur Glaubwürdigkeit verdichtet hat (was sich im polaren Zeichen *H 26 – Des Großen Zähmungskraft* bestätigt).

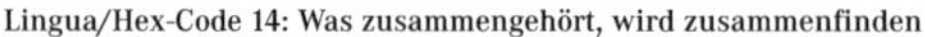

Lingua/Hex-Code 14: Was zusammengehört, wird zusammenfinden

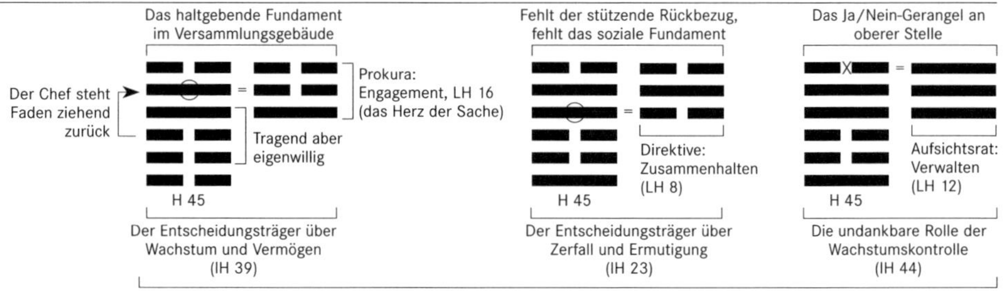

Schauen wir uns jetzt noch den hierarchischen Spannungsbogen unter dem Blickwinkel eines Firmengebäudes oder einer Staats-Regierung durch die einzelnen Linien an, ergeben sich hochinteressante Interaktionsmuster. Da wäre zunächst die rückgebundene Firmenphilosophie oder das Parteiprogramm zu nennen, deren Mitte die Einzelposten ihrer Vertreter belegen, die wiederum in Resonanz zu den Delegierten, Abgeordneten, Mitarbeitern oder dem Volke stehen (OT See, UKT Wind, UBT Donner, OBT und UT Erde). Eine solche Philosophie basiert auf dem Inhaltstiegel der „Chefetage" im Ganzen (Linien vier, fünf und sechs) und natürlich im Besonderen dem Firmeninhaber, der sich als Zusammenhalt schaffendes Element durch die Wandlung der fünften Linie ergibt (LH 8, *Das Zusammenhalten*). Sein Führungsstil ist, wie dies im Zeichen des Zusammenhaltens besprochen wurde, ein entscheidendes Element, dem aber nur durch die sorgende Hand der Minister, Abgeordneten oder eben der Prokura, eine inhaltsstabile Nachhaltigkeit verliehen wird. So erklärt sich uns also diese Chefetage durch die korrekte Linie Fünf als die Direktive (der Direktor und Firmeninhaber, die Staatsführung, der König), durch den Yangaspekt am normalerweise herrschenden Yin-Platz der vierten Linie als die Prokura (der Finanzminister, das Ministerium für die unterschiedlichsten Belange, der höhere Angestellte, der Personalchef, das pulsierende Herz der Sache).

Diese Position scheint mir doch eine sehr maßgebliche zu sein, denn verlässt der Direktor am fünften Platz sein Haus (Yang wird zu Yin) oder befruchtet durch anregendes Fäden ziehen im Hintergrund (OKT Wind, sein Einfluss wirkt auch in seiner Abwesenheit), dann erscheint in der Sammlung die Begeisterung des LH 16 und diese zeigt sich in der leistungsgerechten Bezahlung und Behandlung der Mitarbeiter als handfestes Argument des Zusammenhaltens (UKT Berg, OT See). Gibt es aber an dieser, den Boden des Sammlungsgebäudes bildenden Stelle, gewisse Ich-spezifische Eigenwilligkeiten (UKT Berg, der Prokurist, trumpft gerne auf und manipuliert), ist die stabile Gesamtentwicklung gefährdet (ein Loch im Fundament des Inhaltstiegels führt zum Zerfließen des Wassers und jeder tut was er will, wie es H 8 erklärt). Durchaus darf also gesagt werden, dass die Minister-Prokura das pulsierende Herz des Sammlungsgebäudes ist, denn das Einzige, was den Posten über ihm tatsächlich auszeichnet, ist der Status des Firmengründers. Dies ist zwar ein nicht ersetzbarer Anlagewert, der allerdings ohne Fürsprecher „von Innen", nichts sozial Bedeutendes bewirken kann (Begeisterung entspringt der Schaltstelle des Herzens).

Kommen wir nun zum korrekt belegten Yin-Platz an sechster Stelle, an der uns der „spannungsgeladene Sitz" des Aufsichts- oder Verwaltungsrates begegnet (UBT Donner, OBT Erde). Das Spektakel der Tagespolitik findet an anderer Stelle statt, weshalb diese Position als eine „Verborgene" anzusehen ist, der die Aufgabe der Raterteilung zugeordnet ist und wenn das Gruppen-Ich darunter einmal so richtig auf „Antörnungsfahrt" ist, dann ist diese Aufgabe „zum Seufzen und zum Klagen", wie es im Yijing-Text ausgedrückt wird. Die Position des Wissenden, dem andauernd die Show gestohlen wird, wie Offermann treffend bemerkt. Das Yin an oberer Stelle steht für die Lippen des Mundes und diese sind die Offenbarungsstelle der Inhalte, können sich also zu einem „Ja" oder „Nein" verziehen, ob sie allerdings die Herren über diese im Innen gewonnenen Tatsachen sind, sei dahingestellt (die Öffnung nach außen folgt dem Druck der Direktive). Aufschluss darüber gibt uns das Linienhexagramm der Stockung was dann in Erscheinung tritt, wenn sich die Rat gebenden Lippen verschließen, aus welchem Grund auch immer.

Die Linien eins bis drei schließlich stehen für die sammlungsbereite Belegschaft, die Mitglieder, das Volk und „Kanonenfutter". Selbstverständlich gibt es auch in diesen Reihen differente Mentalitäten und am Besten ist die Resonanz zwischen dem Beamtenposten am Zweiten und der Direktion am fünften Linienplatz gezeigt (dem Sekretariat oder Büro), während die erste Linie den Bewerber um eine Anstellung zeigt (den folgsamen Arbeiter, LH 17), der mit vielen anderen in Schlange steht. Die dritte Ebene dagegen steht für die Werbeabteilung (LH 31), deren vermittelnde Aufgabe nicht unbedingt ersprießlich ist. Welch imposantes Ich-Spiel hier also gespielt wird: wie im richtigen Leben!! Unumstößlich festzuhalten bleibt die Tatsache, dass die Sammlung einer Sache wegen, dem Wachstum dieser Sache dienen soll und dieses Wachstum ist ein Ausdruck des Rückbezugs zur geistigen Quelle, die das Ganze nährt (ist die Bezüglichkeit stimmig, stimmen auch die Bezüge). Bleibt am Schluss noch zu erwähnen, dass natürlich aus diesem Zeichen der Sammlung, der ideale Standort und das Raumgefüge des Gruppengebäudes abzulesen ist, und die Idee eines Hochhauses ist durchaus passend.

In den Linienkommentaren zu H 45 ist zu lesen:

Linie 1: *Wer aufrichtigen Anschluss sucht, der sollte um Hilfe bitten, die ihm auch gewährt wird.*

Es besteht ein aufrichtiges Verlangen, sich einem Menschen anzuschließen, den man bewundert und dessen Grundsätze man sich zu eigen machen will. Jedoch wird dieses Vorhaben durch hinderliche Einflüsse der Umgebung erschwert. Auch andere, die bereits vor einem sind, wollen in den Kreis der Gemeinschaft dieses Menschen gelangen. Man ist verunsichert, ergreift aber dann die Initiative und erbittet Hilfe, die einem auch gewährt wird.

Der Aspekt der Verunsicherung entsteht dadurch, dass der Einflussbereich von oben, der durch das OKT Wind als ein verbindender Strang nach unten zu verstehen ist, an dem man sich halten kann, um seine Bereitschaft zu signalisieren, den ganz unten Anstehenden nicht unmittelbar erreicht. Deshalb ist der „Anruf" nach oben zu jemandem, der am langen Hebel sitzt (die rechte Hand der Direktive, UKT Berg), der richtige Weg, um sein Anliegen vorzubringen. Man darf nicht in der Reserve verharren, also verunsichert hinten anstehen, sondern muss seinen Wunsch nach dienstbarer Teilhabe offen vortragen, was durch das Linienhexagram H 17 – *Die Nachfolge* mit seinem UT Donner deutlich wird.

Was hier im Vordergrund steht, ist der Begriff der Aufrichtigkeit, der das Gegenteil von sich verbiegen und verstellen, ist. Aufrecht ist nur der, der vom höheren Recht der eigenen Natur getragen in Stimmigkeit mit der Zeitqualität steht. Weil er bereit ist, ist auch der Weg bereitet, auf dem sein Anliegen zur Erfüllung kommen wird.

***Linie 2**: Zwanglose Vereinigung ist die beste Voraussetzung für harmonische Übereinstimmung.*

Wer diese Linie erhält, sollte, was den Anschluss an Menschen betrifft, unvoreingenommen bleiben. Übergeordnete Kräfte sind am Wirken und führen die zueinanderpassenden zusammen. Diesen Anziehungskräften sollte man nachgeben, auch wenn man im ersten Moment glaubt, es sei nicht das richtige. Was ganz zwanglos durch innere Übereinstimmung zusammenkommt, erfüllt die beste Voraussetzung zur Vereinigung. Auch wenn man dabei nicht die oberste Position einnehmen wird, so kann man doch einen beachtlichen Beitrag zum Aufbau und der Erweiterung des Gesamtgeschehens leisten. Indem man also seine Kräfte zugunsten einer guten Sache oder interessanter Menschen einsetzt, wird man erfolgreich sein und kann gleichzeitig die persönliche Entwicklung festigen.

Unvoreingenommen bleiben ist schwer, solange man von erschöpfenden Aspekten eingenommen ist. Situationen, Menschen und Umgebungen werden durch den Eindruck bestimmt, den der Mensch visuell gewinnt und bewusstseinsspezifisch umsetzt. Wie aber kann ein solcher Eindruck objektiv sein, wenn die Person in subjektiven Vorstellungen und Absichten gefangen ist. Man wird den Zwang los, wenn das zwingende Muster überwunden ist. Vielleicht liegt die Lösung in der Anziehungskraft begründet, denn diese findet ihre Ösen zum Einhaken im anderen immer an der richtigen Stelle, selbst wenn es da im Verstand aufscheinende Bedenken oder Verunsicherungen gibt. Gerade die Verunsicherung ist der rückbindende Impuls zur tragenden Sicherung – zur Versicherung durch die Kraft der Wesensnatur. Was zusammengehört, wird zusammenkommen. Es ist durch diese „übergeordnete" Kraft bestimmt, die wie ein kollektiver Faden der Verbundenheit wirkt, auf dem die Zusammengehörigen, die Hörigen in Zeit, aufgereiht sind.

***Linie 3**: Um die Sehnsucht nach Gemeinschaft zu befriedigen, muss man zu ungewöhnlichen Maßnahmen greifen.*

Es ist eine große Sehnsucht vorhanden, sich einer Gemeinschaft anzuschließen und seine Fähigkeiten einzubringen. Jedoch muss man feststellen, dass sich um einen herum bereits alle zusammengeschlossen haben und man ganz alleine steht. Wollte man dennoch versuchen, Zutritt zu einer Gemeinschaft zu erlangen, würde man Zurückweisung erfahren, und Beschämung wäre die Folge. Was man versuchen könnte, ist, sich einer einflussreichen Person innerhalb der Gruppe anzuschließen, um dadurch Aufnahme in den Kreis zu finden.

Zwar hat man als Außenseiter keinen einfachen Ausgangspunkt, innerhalb einer bereits gefestigten Gruppe mitzuwirken, jedoch ist dieses Vorgehen durchaus legal.

Es handelt sich im Bild der Sammlung keinesfalls um so etwas wie gute Verbindungen, die ausgenutzt werden (das Vitamin B der Beziehungen), sondern um eine innere Stimmigkeit, die den Zutritt zu einem Kreis bereits zusammengefügter Menschen ermöglicht. Der Strang der Wohlgesonnenheit ist immer ausgelegt, zwar nicht vonseiten des Volkes oder einer Gruppe, aber zumindest von derjenigen Stelle ausgehend, in deren Namen das Spiel der Sammlung geschieht. „Wer zu spät kommt, denn bestraft das Leben", und dies scheint ein Naturgesetz zu sein. Der Außenseiter steht außen an der Seite, und wer weiß, warum er erst so spät sein Bedürfnis der Teilhabe spürt. Man kann nicht alles ohne Weiteres und zu jeder Zeit ganz einfach bekommen. Will man es trotzdem haben, muss man an einflussreicher Stelle überzeugend werben. Man wird zwar noch aufgenommen, aber die Vorbehalte stehen offen im Raum.

Hier ist es die Sehnsucht, das schmerzliche Verlangen nach Zugehörigkeit, die das Suchen bestimmt. Es schwingt darin das Hoffen und Bangen und natürlich das Ungewisse in Bezug das Gewünschte. So viel Subjektivität in zwei Sätzen, da bedarf es kaum noch der Erklärung des hier gezeigten Umstandes. Suche und Sucht, das schwingt als kranke Verbindung miteinander. Die Sucht ist eine Kompensation der Suche. Sie verhindert das Finden und insofern ist die Zurückweisung, die man erfährt, als Weisung zu verstehen, sich Gewissheit durch Wissenserweiterung zu verschaffen. Sucht ist Abhängigkeit, und auch wenn da Fähigkeiten vorhanden sind, so ist doch die Anerkennung behindert – weil man ein Gefangener innerer Missklänge ist. Wohl gesonnen sind einem die anderen dann, wenn man selbst vom Wohlsein besonnen aus sich selber lebt.

Linie 4: *Uneigennützige Arbeit an gemeinsamen Zielen ist von großem Erfolg begleitet.*

Da man in Übereinstimmung mit seinem Vorgesetzten (der Direktive, einem Entscheidungsträger oder höheren Motivation) handelt und selbst beachtliche Fähigkeiten besitzt, ist man in der Lage, andere Menschen um sich zu sammeln und für die Zusammenarbeit bei größeren Zielen des Wohlstands zu gewinnen. Mit den nötigen Kompetenzen von übergeordneter Stelle ausgerüstet (man erhält Zuspruch von oben), muss man aber immerzu bestrebt bleiben, diese nicht für Sondervorteile auszunutzen, sondern für das soziale Wohlergehen der Gemeinschaft einzusetzen.

Die vierte Linie der sozialen Bezüglichkeit ist eine der beiden „Verbindung schaffenden" Linien, was durch das Zusammentreffen verschiedener Faktoren erklärbar wird. Zum einen ist sie das Yang des unteren Kerntrigramms Berg, das hier endet und auf Beharrlichkeit und Stabilität hinweist, zum anderen der tiefe Grund des oberen Trigramms See, das in Verbindung mit dem oberen Kerntrigramm Wind auf reiche Inhalte und Einflusskraft verweist. Das Einzige, was ihr zum Verhängnis werden könnte, ist die fehlende Verbindung zum anschlusswilligen Yin an unterster Stelle (der Normalbürger), das sie leicht vergessen könnte (was man Egoismus nennt). Dies darf unter keinen Umständen geschehen, da ihr sonst die Gefolgschaft zu Recht verweigert wird, was langfristig gesehen fatale Folgen hat.

Die Kraft der Einflussnahme beruht auf dem Wertestrang der Rückbindung an den Sinn, der Wurzel der Person, die durch den Wind gekennzeichnet wird. Reicht der Einfluss nicht aus, ist dieser Wertestrang zu kurz, was in der Tat verhängnisvolle Folgen hat. Das Herz hat nicht genügend Kraft den ganzen Mechanismus mit Blut zu versorgen oder menschlich gesagt: Das Ego vergisst das es kein autonomer Faktor, sondern Teil des gesamten Haushaltes ist und knüpft sich seine Verbindungen entsprechend seiner persönlichen Bindungen. Nicht Ein-Fluss, sondern willkürlich geschaffene Kanäle, durch die man sich Sondervorteile erhofft, werden thematisiert. Versiegt die Einflusskraft durch Nachlässigkeit in der Aufrechterhaltung des Tiefenbezuges, verweigern sich auch die Anschlusswilligen.

Linie 5: *Wenn man das Vertrauen der Mitmenschen gewinnen will, muss man innerlich beständig sein.*

Zwar besitzt die hier gezeigte Persönlichkeit das Potenzial, eine Führungsrolle innerhalb einer Gemeinschaft zu übernehmen, aber nicht jeder wird ihren idealistischen Fähigkeiten wahrhaftig vertrauen. Deshalb ist es sehr wichtig, alle Aktivitäten mit den sozialen Belangen der Menschen in Übereinstimmung zu bringen, damit das vorhandene Misstrauen allmählich überwunden werden kann. Denn, auch wenn die Begabungen, die notwendig sind, um ein solch großes Sozialwesen zu lenken, vorhanden sind, bedarf es dennoch der dauernden Beständigkeit, die um das Wohl der anderen bemüht ist, um dieser Stellung gerecht zu werden.

Die fünfte Linie ist die zweite „Verbindung schaffende" Instanz, die wieder einmal keine leichte Aufgabe hat, muss sie doch alle Anschluss Suchenden auf einfühlsame und gleichzeitig begeisternde Art und Weise von ihren guten Absichten überzeugen. Es ist das Zentrum der Ansammlung, die Regierung und Geschäftsleitung, die Direktive, das reife Wissen und der Selbstwert der Person. Von hier gehen alle Anweisungen aus, die dem Unten die Richtung der Entwicklung vorgeben. Vertrauen schaffen ist die oberste Aufgabe und dies ist nicht ganz einfach, denn dazu ist es notwendig sich selbst zu trauen und einen vertrauenswürdigen Helfer zur Seite zu haben. Traue ich mir selbst, trauen mir auch die anderen, und insofern hat doch jedes Volk die Regierung, die es verdient. Zutrauen fassen heißt, sich ein Herz zu fassen und je nachdem, wie die Regierung gestrickt ist, traut sich auch das Volk. Ist das Regieren bloßes Gieren, wird die Gier geschürt; regiert das Können, fördert es das echte Engagement.

Was Misstrauen erzeugt, kann nur auf einem Mangel an Eigenvertrauen basieren. Das Vertrauen, was man einem anderen entgegenbringt und umgekehrt baut auf das Selbstvertrauen, der stabilen Rückbindung an die Wurzel der Person, die tief am Grunde ihre Heimat hat. Deshalb ist die Beständigkeit, die hier angemahnt wird, das Ergebnis der ständigen Verbundenheit mit diesem individuellen Bestand. Ansonsten ist dieser Begriff nur ein Egoprinzip, ein ständiges Beharren auf etwas mit der Absicht auf Bestätigung und persönlichen Erfolg.

Linie 6: *Wer in der Außenwelt keine Leistung vollbringen kann, der sollte seinen Blick nach innen richten.*

Wer in seinen besten Absichten verkannt wird und keinen Anschluss an eine Gruppe finden kann, der sollte seinen Blick nach innen richten, um der Bedeutung der Situation näherzukommen. Nicht jeder Mensch ist dazu bestimmt, durch Wirken im Äußeren seinen Beitrag für die Gemeinschaft zu leisten. Wer in der Außenwelt keine großen Leistungen vollbringen kann, wird in seinem Streben nach Selbstverwirklichung innere Einigkeit erzielen und damit als Vorbild an Weisheit der Gemeinschaft im höheren Sinne dienlich sein.

Das Zeichen H 45 macht sehr deutlich, das der Andere, das Gegenüber der auslösende Faktor der Selbstbestimmung ist. Durch den anderen erkenne ich mich selbst. Jeder ist zwar „Teilwahrheit an sich“, aber als solche nur durch den anderen erfahrbar. Das „a priori“ als feststehende Wahrheit verbirgt sich in der Einzelwahrheit. Was man ist, spiegelt sich durch das, was einem der andere ist und ist das erkannt, scheint die höchste Wahrheit durch. Das Selbst verwirklicht sich selbst ob durch aktive oder passive Teilhabe. Der Jemand wird zum Niemand und damit zu Allem. Das Ziel ist die Einigkeit, der Schlüssel liegt im freudigen Wollen. Ein genialer Übergang zum nächsten Zeichen der Gemeinschaft mit Menschen, das die individuelle Einzelperson als Teilperson des kollektiven Ganzen erklärt.

c) Die Gemeinschaft mit Menschen - H 13

Lingua/Hex-Code 15: Die Analogie von Reflexionsvermögen und Anlagewert

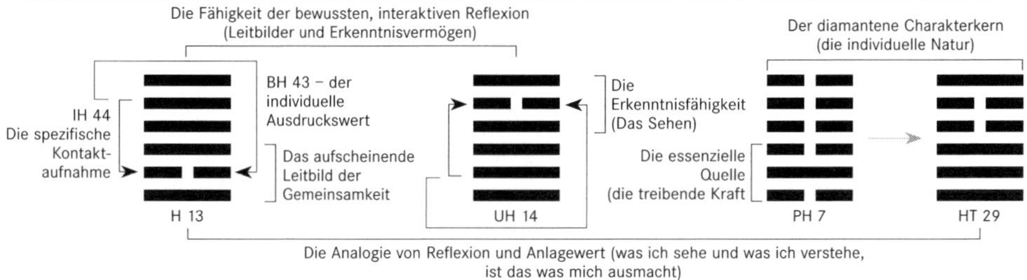

Ganz deutlich erhebt sich das Muster H 13 über alle anderen Beziehungsaspekte, stellt es doch den spezifischen Individualwert aller „Brüder und Schwestern im Herrn“ in den Vordergrund, der das tragende Element des Menschseins bestimmt. Dem zweckdienlichen Aneinanderhaften, das die anderen Beziehungsmodelle bestimmt, wird hier entsagt. Draußen vor den Toren jeglicher bürgerlicher Vereinsmeierei und Cliquenwirtschaft, in den freien Gefilden weltoffener Gesinnungsprinzipien, findet sich der Grundstock eines solchen Gemeinschaftsgeistes. Dieser ist von schöpferischer Natur, weshalb wir uns hier natürlich auf der Ebene des unabhängig Schaffenden und Agierenden befinden, der nicht in einen Zweckverband hierarchischer Strukturen eingebunden ist, sondern in selbst- oder zeitbestimmter Verbindung zu anderen steht. Sein Haftstoff an ein Gegenüber ist das Wissen um die kollektive Gemeinsamkeit, was den Anderen als mögliche Ausdrucksform einer Leben spendenden Schöpferkraft versteht.

Das Leitbild, dem man hier Gefolgschaft leistet, ist die durchscheinende Matrix übergeordneter Wertbezüge, außerhalb des zweckbetonten oder kleinkarierten Denkens. Aber auch dieser, dem Boden der reinen Ichverhaftung enthobene Einzelmensch, ist ein kommunikatives Gemeinschaftswesen, das des Anschlusses an Andere bedarf, was keine geringe Herausforderung ist, denn Individualität wird sehr leicht mit arroganter Selbsterhöhung verwechselt. Der große Besitz des Menschen (UH 14) ist seine Fähigkeit der bewussten Reflexion, der Fähigkeit also, sich und den Anderen im Licht einer interaktiven Sinnhaftigkeit zu betrachten, die sowohl Zeit als auch Raum, Gegenüber und Ablauf bestimmt. Diese Fähigkeit ist aber von kollektiver Natur und damit schöpferische Möglichkeit der Orientierung und Weltbestimmung, was gleichzeitig die Subjektivität in der Wahrnehmung eines scheinbar objektiven Gegenübers zeigt.

So gesehen wird uns also in der Geschichte der Gemeinschaft mit Menschen, das individuelle Einzelszenario des Entgegenkommens vor Augen geführt und dies ist dasjenige Muster, das dem schöpferischen Weg der Innenbestimmung folgt. Hexagrammspezifisch finden wir die Bestätigung dieser Aussage im Parallelzeichen *H 7 – Das Heer*, denn dieses ist das Sinnbild der individual-spezifischen Essenz, der alle Leitbilder einer Lebensorientierung entspringen (die Geburtsstätte schöpferischer Möglichkeiten, das frühhimmlische Konzept, der Weg und das Ziel, die essentielle Lebenskraft). Was also bleibt zu tun als diesen Tatsachen folgend, die Gemeinschaft unter dem Blickwinkel einer fest gegliederten Mannigfaltigkeit zu betrachten, die alle ihre bestimmten Plätze einnehmen, woraus sich das Szenario des spezifischen Entgegenkommens und daraus folgend das Szenario spezifischer Ergebnisse ergibt. Wie sich aus dem Begriff der Gemeinschaft mit Menschen schon herauslesen lässt, handelt es sich trotz des übergeordneten Sinnes, immer noch um einen Interessensverband, der zwar freiheitlich orientiert, sich der kleinlichen Kirchturmpolitik enthält, aber nicht vor „Menschlichem allzu Menschlichem" gefeit ist. Ganz klar ist dies die Geschichte desjenigen Menschen, der sich aufgemacht hat, dem Mief des Normalbürgerlichen zu entfliehen, dabei aber mit sich selbst und anderen auf dem Weg, eine leidensintensive Konfrontation erlebt.

„Leben ist das bunte Gemälde schöpferischer Bewegungen, dramaturgisch umgesetzt auf die Bühne der wahrnehmungsbegabten Handlungskreatur."[1] Im Muster H 13, sollten die Interessenkonflikte ausgeschaltet sein, denn was als Sinnbezug gilt, ist das herzliche Einverständnis einer Entente cordiale oder eines unausgesprochenen, weil übergeordnet verstehenden Abkommens zwischen den sich Begegnenden. Dies allerdings ist das hehre Ziel, dem wir uns erst am sechsten Linienplatz, also jenseits der Allmend oder Gemarkungsgrenze menschlicher Begegnungsstätten, annähern können. Das dramatische der menschlichen Such- und Begegnungsspiele ist doch die schmerzhafte Erfahrung des scheinbar äußeren Getrenntseins aber gleichzeitig doch im Herzen eins und dies dauert bis zum fünften Linienplatz, an dem das lange und kämpfende Suchen in der freudigen Vereinigung mit Gleichgesinnten endet, und der tatsächliche Weg der Individuation als vollkommene Einswerdung mit der Quelle des eigenen Menschseins beginnt (die umwälzende Entpuppung von der eingesponnenen Raupe zum bunt schillernden und frei fliegenden Schmetterling, IH 49, die Mauserung). Das erleuchtende Ziel ist also: Durch den Anderen mich selber erkennen, was der Gemeinschaft mit Menschen im höchsten Sinne entspricht und eben alles beinhaltet, was durch ein bewegtes Innenleben hervorgerufen werden kann.

Wilhelm schreibt im Urteil und Bild des Yijing dazu:

Das Urteil
Gemeinschaft mit Menschen im Freien: Gelingen.
Fördernd ist es, das große Wasser zu durchqueren.
Fördernd ist des Edlen Beharrlichkeit.

Die wirkliche Gemeinschaft der Menschen muss aufgrund einer kosmischen Anteilnahme zustande kommen. Nicht Sonderzwecke des Ichs, sondern Menschheitsziele bringen dauernde Gemeinschaft unter Menschen hervor; darum heißt es: Gemeinschaft mit Menschen im Freien hat Gelingen. Wenn solche Einigkeit herrscht, dann lassen sich auch schwierige und gefährliche Aufgaben, wie das Durchqueren des großen Wassers, vollbringen. Um aber solche Gemeinschaft zuwege bringen zu können, bedarf es eines beharrlichen und aufgeklärten Führers, der klare, einleuchtende und begeisternde Ziele hat und sie mit Kraft durchzuführen weiß.

Das Bild
Der Himmel zusammen mit Feuer:
das Bild der Gemeinschaft mit Menschen.
So gliedert der Edle die Stämme und unterscheidet die Dinge.

Der Himmel hat dieselbe Bewegungsrichtung wie das Feuer und ist doch von ihm unterschieden. Wie die leuchtenden Körper am Himmel zur Gliederung und Einteilung der Zeit dienen, so müssen auch die menschliche Gesellschaft und alle wirklich zusammengehörigen Dinge organisch gegliedert sein. Die Gemeinschaft soll nicht Vermischung der Einzelnen und Vermischung der Dinge sein - das wäre Chaos, nicht Gemeinschaft, sondern sie bedarf der gegliederten Mannigfaltigkeit, um zur Ordnung zu führen.

Vielleicht ist es zunächst einmal der Begriff der Gemeinschaft selbst, der den Hintergrund beschreibt, durch den der Mensch in Verbindung steht, durch den also eine übergeordnete Bindung besteht. Das „Gemeine“ als das Allgemeine und Gemeinsame ist etwas Kollektives und dieses ist natürlich der Bewusstseinsaspekt der Intelligenz, der Fähigkeit des Reflektierens und damit all diejenigen Bewusstseinsanteile, die aufgrund dieser Fähigkeit, den weiteren Aspekt des Individuellen zum Vorschein bringen. Der Mensch kann denken, fühlen und empfinden. Das ist sein, ihm vom Himmel gegebenes Potenzial. Es ist der Besitz von Großem, wie das Yijing es nennt (UH 14) durch den das Schöpferische in

Facetten des Verstehens und des Handelns zum Ausdruck kommt. Insofern basiert die Gemeinschaft natürlich auf dem Kollektivpool einer programmatischen Kraft, einem Speicherbewusstsein das man Seele nennt und der Essenz, durch die er als dieser bewegliche Mechanismus zielorientiert funktioniert. Als Summe aller Möglichkeiten des Ausdrucks von Leben ist er in seinen Verhaltensweisen unterschiedlich motiviert – trotzdem aber in der Rückbindung gleich. Sein Ziel ist zu dem zu werden, was er ist und dies wird durch die zum Zeitpunkt der Zeugung erzeugte Bewegung allmählich offenbar.

Dass er der Gattung Mensch angehört ist offensichtlich, welche Facette des Schöpferischen seinem Ausdruck bestimmt, dazu braucht es die Widerspiegelung durch ein Gegenüber. Die Gemeinschaft basiert also auf Resonanzmustern, die wir Gemeinsamkeiten nennen. Dies können natürlich auch Sonderzwecke des Ich sein. Sie basieren auf dem gemeinsamen Gedankengut, den Gefühlsübereinstimmungen, Interessen, Absichten, Emotionen und letztendlich dann auf der gereiften Gewissheit, dem gewachsenen Verstehen, das dieses Allgemeine nicht das Gemeine der Absichten ist, sondern die Einigkeit seelischer Verbundenheit. Wir gelangen zum Begriff der Individuation dem allmählichen Herausentwickeln des Kerns der Persönlichkeit in Zeit. Sie ist keine Aufhebung gemeinsamer Verbindungen, wohl aber, wie im Begriff selbst schon verborgen die deutliche Heraushebung des „Ein-Samen“ des einen Samens als der jeder Mensch, unabhängig von verzerrenden Vorstellungen, seinen Anfang nahm. Diese Rückkehr zur Einsamkeit des Einzelnen scheint eine zunehmende Aufhebung bindender Resonanzmuster durch Ich-Interessen zu sein – eine Reduktion der Anhaftung durch Zunahmen an Schwerkraft durch das Wesentliche, wie immer dieses Wesentliche gestrickt sein mag.

Wir sind nur getrennt durch die Subjektivität der Wahrnehmung, dem Beurteilen durch den Haushalt der Ich-Bezüglichkeit, durch den alles unter dem Aspekt persönlicher Betroffenheit erscheint. Diese Aufhebung ist der Glückshafen der Ankunft, wie er uns am fünften Linienplatz begegnet. Der Mensch, der das Gemeinsame lange Zeit im Getriebe des Gemeinen, der von Absichten besetzten Verbundgemeinschaft gesucht hat, findet sich selbst und dadurch auch ein anderes „Selbst“, das wie er, eigentlich schon immer ein Einsamer unter Gemeinsamen war. Der Mensch bleibt immer Mensch. Das Gemeinsame verschiebt sich in die Regionen der Absichtslosigkeit durch die eine Resonanz auf ungebundener aber rückgebundener Ebene besteht.

In den Linienkommentaren des Yijing Lebensbuches ist zu lesen:

Linie 1: *Von Anfang an muss darauf geachtet werden, dass einem Zusammenschluss keine Sonderinteressen zugrunde liegen.*

Wenn man sich in einer Gruppe von Menschen mit großen Zielen zusammenschließen will, dann gilt es, von Anfang an darauf zu achten, dass keine Privatinteressen diesen Bestrebungen zugrunde liegen. Vor der Tür, so sagen die Texte, soll diese Vereinigung stattfinden. Für jeden zugänglich, frei von überheblichem Prestigedenken. Ein Vorhaben dieser Art braucht den freien Meinungsaustausch, um dem hohen Anspruch einer Gemeinschaft ohne Geheimabmachungen gerecht zu werden. Wollte man aus niederen Absichten heraus den anderen zu blenden versuchen (unteres Trigramm Feuer, ihn an die eigene Meinung binden) und ihn so zum Sympathisanten machen, hätte man den höheren Sinn einer individuellen Gemeinschaft gründlich missverstanden.

Es ist hier der Anger draußen vor den Toren der bindenden „Dorfgemeinschaft" gezeigt, der, entsprechend dem Linienhexagramm H 33, den Rückzug aus eben solcher Gemeinschaft zeigt. Offermann schreibt, das sich der Gemeinschafter im Club 13 um Aufnahme bewerbe, was sehr gut zum Bild des Berges (UT von H 33) entgegen dem Himmel (das schöpferische Triumvirat) passt. Gefahren sieht Yijing in überheblichem Gebaren (UT Berg) oder aber darin, zum Handlanger von Interessen gemacht zu werden.

Eine Gemeinschaft, in der keine Geheimabmachungen untereinander das Miteinander bestimmen, kann nicht gemacht werden. Sie stellt sich dann ein, wenn die Abmachungen mit den Interessen des Ich aufgelöst sind. Solange sind es Privatinteressen. Auch wenn sie auf den besten Absichten basieren, sind es doch Absichten und diese fußen immer in der Lauerposition der von Ansprüchen und Nutzdenken durchfurchten Ich-Person, die sich etwas davon verspricht. Wie kann es einen freien Meinungsaustausch geben, wenn die Austauschenden in bindenden Ansprüchen gefangen sind? Alle Bestrebungen sind nur darauf ausgerichtet diese innere Hohlheit durch den Widerhall in einem Gegenüber ausgefüllt zu bekommen. Doch genau dies ist der Weg zur Gewissheit da es den Impuls zum Rückzug oder dem Entgegenkommen auslöst, was in beiden Fällen ein Stück weiter zu einem selber führt. Der Sinn von Auseinandersetzungen ist die Selbsterkenntnis und nicht das Rechthaben oder die Befriedigung von Ansprüchen.

Wirkliche Gemeinschaft ist kein „Gemein machen" was Verleugnung der Identität und damit ein Ausschluss von Veränderung wäre. Sie betont das Kreative des Einzelnen und lässt, weil sie aus der Rückbindung an die gemeinsame Quelle lebt. Draußen vor dem Anger bezieht sich also auf ein Miteinander im Wandel der Zeit und bedeutet letztendlich Freiheit der Bewegung durch Abwesenheit haftender Vorstellungen. Richtig ist, was jetzt ist und dies muss nicht durch ein Glaubensbekenntnis beurkundet werden. Begegnung der Menschen ist wie das Kreuzen zweier Wege, die der gleichen Quelle entspringen und dem gleichen Ziel zustreben. Jeder geht „seinen Weg" und doch ist es nur der eine Weg. Am Ende ist alles nur ein Konzept, das durch die Bewegung eines ablaufenden Filmes in jedem Individuum als getrenntes Ereignis im Bewusstsein erscheint. Der Film, der Projektor und die Leinwand sind jedoch eins. Was daraus entsteht, ist die Suche nach dem Sinn und dies bedeutet Interpretation dieses ablaufenden Filmes. Sinn zu benennen ist widersinnig, weil er dann zum Eigen-Sinn wird und was das bedeutet, kommt in den Linienbeschreibungen der Gemeinschaft deutlich zum Ausdruck.

Linie 2: *Gemeinschaft durch intimen Zusammenhalt ist von Übel.*

Obwohl die besten Absichten vorhanden sind und einem allgemein Bestärkung entgegengebracht wird, ist man doch in seiner Überzeugung nicht fest genug, um standhaft den Statuten einer „Entente cordiale" (herzliches Einverständnis) zu entsprechen. Zweckinteressen und intimer Zusammenhalt schleichen sich ein, sodass die ursprünglich geplante freie Verbindung auf das Niveau der Vereinsmeierei abzusinken droht.

Ganz offensichtlich beginnen sich hier selbstsüchtige Profilierungstendenzen zu zeigen, wie sie den Verhältnissen einer kleinen Gemeinschaft von Verwandten in einem Dorfverein entsprechen. Begünstigung und Vetternwirtschaft sind an der Tagesordnung, die leicht zu Handhabenden werden bevorzugt, um die eigene Stellung nicht zu gefährden. Im Laufe der Zeit ergibt sich eine verstaubte Atmosphäre, in der ein frischer Wind fehlt (unteres Kerntrigramm). Die höheren Werte, die zu einer fruchtbaren Entwicklung der menschlichen Gemeinschaft gehören, sind in Vergessenheit geraten. Man hält sich streng an die eigenen Verbandszwecke und gibt individuellen Anregungen keine Chance.

Linie 3: *Mit verstecktem Misstrauen bleibt man ein Außenseiter der Gemeinschaft.*

Interne Querelen werden durch das Misstrauen geschürt, das einzelne einer positiv orientierten Gemeinschaft entgegenbringen. Zwar suchen sie den Zusammenhalt, sind aber selbst Gefangene ihres unzufriedenen und selbstsüchtigen Charakters. Hinter allem und jedem vermuten sie eine böswillige Absicht, woraus sich eine gallige Streitenergie entwickelt, die sie jederzeit bereithalten (unteres Kerntrigramm Wind = Leber und Element Holz = zornig und misstrauisch). Solchen Stänkerern wird es weder gelingen, sinnvoll am Aufbau einer Gemeinschaft mitzuwirken noch sich in deren Reihen einzufügen. Ihre versteckten Waffen (Streitenergie) werden sie so lange benötigen, bis sie das Misstrauen gegenüber der Gemeinschaft überwunden haben.

Wer anderen misstraut, traut sich selber nicht. Was hier fehlt, ist die Rückbindung an die Quelle der Vertraulichkeit, die in einem selber wohnt. Wieder ist es der Mangel an Selbstvertrauen, der das Misstrauen schürt. Der Unzufriedenheit liegt das Unbefriedigte, der nicht vorhandene innere Friede des Einklangs mit sich selber zugrunde. Der andere, dem man misstraut, ist der Spiegel, in dem dieser Mangel seine Bestätigung findet. Was für ein Drama wenn man bedenkt, was da so alles heraufbeschworen wird. Aber auch hier wird der höhere Sinn deutlich: Misstrauen führt zur Hinterfragung, Hinterfragung führt zur Veränderung, Veränderung führt zum erfüllenden Sinn, was uns die nächste Erkenntnisstufe der vierten Linienebene bestätigt.

Linie 4*: Man überwindet die trennenden Mauern und kommt sich entgegen.*

Durch sein ganzes eigensinniges Verhalten immer mehr von wahrer Gemeinschaft entfernt, kommt dieser vereinsamte Charakter zur besseren Einsicht und kann das Misstrauen ablegen, das er gegenüber den Grundfesten (erste Linie) seiner ihm eigentlich Gleichgesinnten aufgebaut hat. Erweiterung im höchsten Sinne kann nur durch einen gesunden Sozialbezug und der Liebe zu Menschen, erreicht werden. Ohne dieses, aus dem eigenen Herzen kommende, Gefühl der Zusammengehörigkeit verliert man jegliche Freude am Leben.

Wir sind nur Getrennte durch unsere Vorstellungen, im Grunde genommen aber sind wir uns im Herzen einig. Um was sonst sollte es gehen als um das Liebende angenommen werden durch das Gegenüber, was jedoch dem liebenden Annehmen meiner selbst gleichzusetzen ist. Das Herz, dessen Ebene hier erreicht ist, denkt nicht über seine Aufgabe nach, weshalb es keinen Lohn erwartet. Es verhält sich nicht einem selbst definierten Sinn entsprechend, sondern arbeitet als organischer Einzel-Aspekt für einen Gesamtorganismus, der nur deshalb funktioniert, weil alle Rädchen gleichberechtigt ineinandergreifen. Sein Sinn ist das zu sein, was es ist. Die Kompensation dieses höchsten Sinns in Eigen-Sinn, führt zwangsläufig zu Misstrauen. Der Andere ist ein Teil von mir selbst und umgekehrt – was das Misstrauen als eine Verzerrung der Sicht auf die eigene Person bestätigt. Das Herz der Sache Leben ist die Sinnbestätigung durch das, was ist.

***Linie 5**: Nach langem Kämpfen, Weinen und Klagen gelingt es den zusammengehörigen Menschen, sich zu treffen.*

Das hier gezeigte Wesen wird vom Ideal einer freien und weltoffenen Verbrüderung getragen, kann es aber im Moment nicht verwirklichen, da ihm das nötige Entgegenkommen fehlt. Umgeben von Hader und Missgunst, sehnt er sich nach Menschen, mit denen er wie ein Herz und eine Seele verbunden ist. Bringt er aber seinen Schmerz darüber ganz offen zum Ausdruck, dann wird er erkennen, dass es anderen Menschen ähnlich geht wie ihm. Nach einer langen Zeit der einsamen Kämpfe gelingt es ihm endlich, den ersehnten Anschluss zu finden, und sein Weinen wird sich zu freudigem Lachen wandeln.

Von der Einigkeit im Herzen, wie es durch die vierte Linienebene beschrieben wurde, geht es zur Seelengemeinschaft, der Ebene tiefster Verbundenheit, dem kollektiven „Gewissen" des Schöpferischen im Menschen. Die Zusammengehörigen sind die weltoffenen Brüder und Schwestern, die Hörigen der Stimme sinnbezogener Rückbezüglichkeit an den alles bewegenden Kern. Das lange Weinen und Klagen veranschaulicht doch sehr, wie schwer der Verlust des Wissens um die Wesensgleichheit doch trägt und wie lange es dauert, diesen Samen der Erkenntnis in sich selbst wieder zur Blüte zu bringen. Aus dem Absichtsdenken der Zweckgemeinschaft vollständig gelöst, sind sie die Einsamen, die sich nach dem anderen einen Samen sehnen, der wie sie selbst, gänzlich seinem Selbst verpflichtet ist.

Kung Tse hat dieses Zusammenfinden gemeinsamer Menschen in sehr poetische Worte gekleidet:

„Das Leben führt den ernsten Mann auf bunt verschlungenem Pfade.
Oft wird gehemmt des Laufes Kraft, dann wieder geht es gerade.
Hier mag sich ein beredter Sinn
in Worten frei ergießen,
dort muss des Wissens schwere Last in Schweigen sich verschließen.
Doch wo zwei Menschen einig sind in ihrem inneren Herzen,
da brechen sie die Stärke selbst von Eisen oder Erzen,
und wo zwei Menschen sich
im inneren Herzen ganz verstehen, sind ihre Worte süß und stark
wie Duft von Orchideen".

***Linie 6**: Selbstloser Anschluss ohne Sonderzwecke ist kein Fehler.*

Obwohl man seiner Stellung nach keinen Anschluss an eine Gemeinschaft mehr braucht, aber doch noch nicht ganz ohne diese auszukommen vermag, schließt man sich an, ohne dabei eigene Absichten zu verfolgen. Sicherlich sind die Ergebnisse begrenzt, aber immerhin kann man sich doch als unabhängiger Ratgeber nützlich machen. Auch wenn man eigentlich schon außerhalb jeder Gemeinschaft mit anderen steht, hat man das letzte Ziel der Einigkeit in sich selbst noch nicht verwirklicht. Deshalb ist ein uneigennütziger Anschluss an die Gesellschaft der richtige Weg, um sich doch noch nützlich zu machen.

Im politischen Leben ist dies der Platz einer Person, die sich sehr lange für die Gemeinschaft verdient gemacht hat und nun, als Ehrenbürger oder Beirat, nur noch indirekt damit verbunden ist. Aber auch wenn ihm das aktive Stimmrecht fehlt, wenn man ihn fragt, ist er mit all seinem Wissen und seinen Fähigkeiten bereit zu helfen.

Der selbstlose Anschluss ist ein Anschluss ohne Absichten und Vorstellungen. Es gibt keine Suche mehr nach Bestätigung durch die Betätigung. Das Tätigwerden folgt dem Impuls der Anforderung und trotzdem folgt es noch einer Forderung. Das die Ergebnisse begrenzt sind liegt an der vollzogenen Eingrenzung ichbetonter Aktivitäten, denn was soll außerhalb dieser Grenzen auch erreicht werden? Man ist reich in dem, was man hat und das reicht. Das letzte Ziel der Einigkeit in sich selbst ist die komplette Wandlung, die Transformation der Raupe zum frei fliegenden und bunt schillernden Schmetterling, und damit einhergehend die Erkenntnis, das alles was ist, recht ist, wie es ist. Der andere und ich: Beide sind nur Erfüllungsgehilfen einer bewegenden Kraft, die sich in der Begegnung spiegelt.

6. Ergänzende Aspekte des Aufeinandertreffens und Zusammenwirkens

a) Die Annäherung oder die Gunst der Stunde

Lingua/Hex-Code 16: Beim Vorangehen das Zurückweichen nicht vergessen

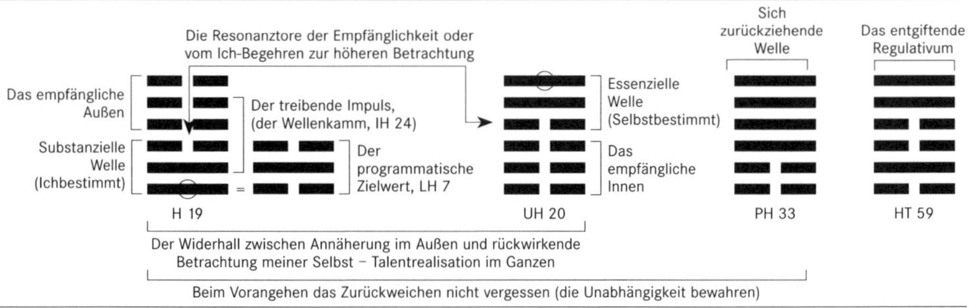

Bleiben am Schluss noch zwei weitere fundamentale Aspekte von Aufeinandertreffen und Zusammenwirken, wie sie uns im Zeichen H 19, als „konjunkturelle Flutwelle" der Annäherung und im Zeichen H 44, als verführerische Kraft irdischer Verlockungen begegnen. Beginnen wir zunächst mit dem Bild der Annäherung, das die beiden Faktoren der großen Gezeitenwelle aus der Tiefe und des unterstützenden und Gunst gewährenden Gegenüber zeigt. Es sind die beiden Energie-Yang des unteren Trigramms See, die unter dem Sinnbild einer sich entwickelten „Welle" auf eine freudig, expansive Grundstimmung verweisen, die ein Crescendo an Widerhall bewirkt. Als eines der zwölf Gezeitenzeichen, ist es der wiederkehrenden Meeresflut oder der Kraftwirkung des Schöpferischen im Monat Januar zugeordnet, einem Zeitfenster also, in dem das bewegte Yang das ruhende Yin erobert oder anders gesagt: Das Willige und das Erobernde sich in einem Wechselspiel des Einverständnisses gegenseitig annähern. Die Aktiva und die Passiva stehen in einem kosmisch zeitgemäßen Beziehungsverhältnis zueinander, wobei es der Enthusiasmus der aufschäumenden Meeresbrandung ist, der die „Sandkörnchen" der Bereitschaft in Bewegung versetzt.

Lingua/Hex-Code 17: Erstimpuls und potenzierter Wert

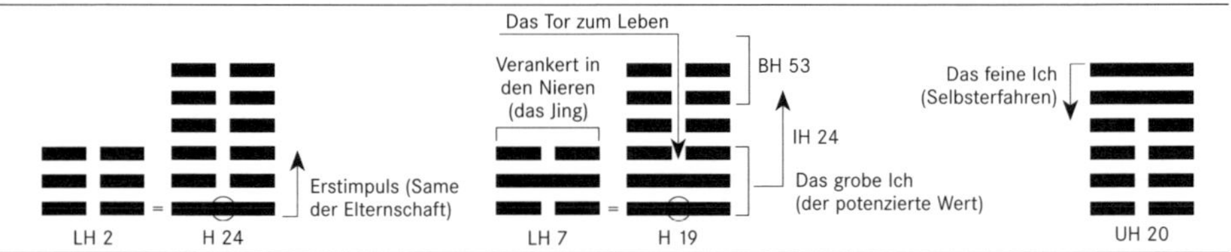

H 19 ist der zum Inhalt potenzierte Wert des Erstimpulses der Wiederkehr von H 24, weshalb von einer stimmigen Resonanz zwischen tragender oder emporhebender Grundenergie und einer empfänglichen Gegenstelle gesprochen wird. Die innere Alchimie ordnet die Annäherung dem psychischen Zentrum „Shun Fu" in der Nierenmulde und damit dem Mingmen oder Tor des Lebens zu, das als Pforte der Lebenskraft im individuellen Organismus gilt. Wir sehen also im Zeichen H 19 das Wechselspiel zwischen angelegtem Wert und resonantem Widerhall und so gesehen, das fundamentale Grundmuster von Anregung und Widerhall überhaupt. Entsprechend dem Bild einer tragenden und den weichen Sandstrand in Mitleidenschaft ziehenden Sog-Welle nimmt es seinen Anfang im Samenkeim um sich dann ganz allmählich (BH 53) aber unaufhaltsam (IH 24) auf dem Ackerland der Lebenslandschaft in horizontaler und vertikaler Richtung auszutoben. Wie tiefenorganisiert das Muster der Wechselwirkungen wirklich ist, das zeigt sich uns im Strukturbild der beteiligten Zeichen der Annäherung ziemlich deutlich.

Sehen wir durch den See und die empfängliche Erde in H 19 den Essenz- oder Inhaltstiegel expansiver Eroberungskraft und das resonante Ereignisfeld, begegnet uns in der Umkehrung die feinstoffliche Widerspiegelung des Durchdringungsvermögens, getragen vom wollenden Prinzip der weichen Erde an unterer Stelle (UH 20, *Die Betrachtung*, unten Erde, oben Wind). Erweiternd gesagt zeigt es natürlich das rückbindende Frequenzband zwischen angelegter Essenz der Talente und Begabungen und sich daraus ergebendem „Segen von oben". Auf einen weiteren Nenner der Zusammenhänge bringt dies das polare Hexagramm 33, der Rückzug, indem es deutlich macht, dass die Gewalt der aufbrandenden Welle, das Szenario des Rücksoges und damit das „Mitleiden" der Willfährigen bestimmt. Entsprechend der Annäherung vollzieht sich die Distanzierung und wer, wie der Wellenreiter am dritten Linienplatz, zu sehr dem Hinausgetragenwerden frönt, der wird sich in Umständen wiederfinden, aus denen der Rückzug nur noch durch geduldiges Herauslösen gelingt. Muster 33 zeigt nämlich eine Abhängigkeit, in der man wie eine aneinander geschweißte Schicksalsgemeinschaft kaum mehr oder nur unter erschwerten Bedingungen voneinander lassen kann. Dieser Zusammenhang wird verständlich, wenn man sich die enge Verbindung der beiden Bausteine von Berg und Himmel vor Augen hält.

Der Stellvertreter manifestierter Kraft (Berg, Ho Tu NW) und die Kraft (Himmel, Lo Schu NW) kommen zusammen, was zu einem Rollenspiel zweier übergeordnet Aneinandergeketteter führt, das sich durch einen aktiven und bestimmenden und einen sich anpassenden und anklammernden Part offenbart, zwischen denen es nach einer gewissen Zeit zu Distanzierungstendenzen und damit zu Bindungs- und Triebtragödien kommt. Da beides männliche Zeichen sind und zudem der Lustkomplex des heiratenden Mädchens den Überbau bildet, ist die Problematik eine äußerst verzehrende (ein süchtiges Aneinanderklammern), die zudem homosexuelle Züge trägt. Jede Konjunkturwelle verebbt, gelangt zur Auflösung, wie das homologe Zeichen bestätigt (HT 59), denn nur dadurch wird das Wechselspiel zwischen Anruf und Gegenruf bewahrt, ja Dauerkrisen durch starre Bande entgegengewirkt, die nicht Förderung, sondern Isolation und damit Selbstvergiftung bedeuten würden.

b) Das Entgegenkommen oder die Kontaktaufnahme

Lingua/Hex-Code 18: Das bezirzende Umfangen und seine manifesten Folgen

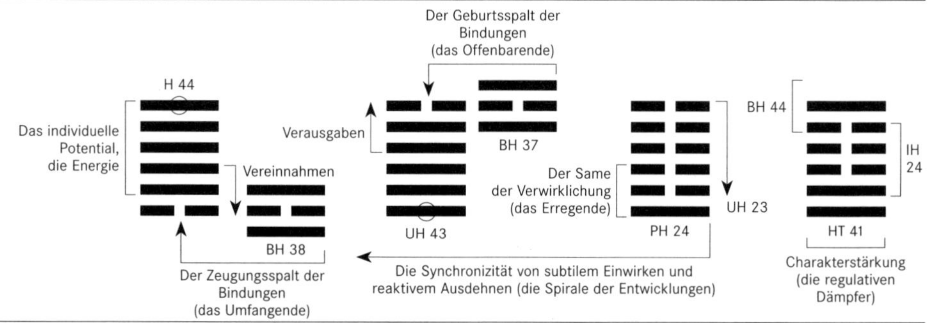

Das letzte Muster möglicher Begegnungsaffinitäten, handelt von den Versuchungen, den sogenannten „niederen Verlockungen" die sich, im Sinnbild des kleinen und harmlos wirkenden Einzel-Yin am unteren Linienplatz von *H 44 – Das Entgegenkommen*, von der gelegentlichen Laune zur alles beeinflussenden Sucht- und Lustnummer wandeln kann. „Man muss es hemmen mit eisernen Fesseln", so der Oberton des Yijing, dieses „Trieb-Es", das im Tiefengrund der Wesenheit wie ein mageres Schwein sein Unwesen beginnt, und wird es nicht vom bewussten Ich an die Kette gelegt, entwickelt es sich zum „fetten Schwein" hemmungsloser Verführungskunst. H 44 ist natürlich ein sehr sinnlich-erotisches Zeichen, das eindeutig einwickelnde und umschmeichelnde Züge trägt und im zweigeschlechtlichen Sinne betrachtet, die Duftspur des Weiblichen symbolisiert, die den männlichen Gegenpart in taumelnde Erregung versetzt (PH 24). Der gesamte strukturelle Zusammenhang zeigt denn auch, dass es sich zum einen um die subtile Einflussnahme einer irdischen Komponente auf das an sich stabile Bewusstseins- oder Energiegebäude innerhalb der Wesenheit handelt (der betörende Sirenengesang der zur Nachlässigkeit ruft) und zum anderen den Schoß des Weiblichen, der als Tor zur Welt auch als Primärfaktor aller Gegensatzbindungen gelten kann (im Sinne der Reproduktion: Aus eins mach zwei und so weiter, BH 38). Die Umkehrung des Entgegenkommens bringt das Geburtszeichen H 43 zum Vorschein was deutlich macht, dass der kleine Lustkontakt an unterer Stelle, zum Fürsprecher an oberer Stelle wird, dass also das, was bezirzend umfangen wurde, seine Ausprägung, seinen entschlossenen Durchbruch erlebt.

H 44 ist das Primärzeichen der Spaltung von Energie in bewegte Energie (die Skizze des göttlichen Architekten), was natürlich eine Raumkomponente der Bindung im Sinne beginnender Materialisation (BH 38, der Gegensatz) und somit die Zweigeschlechtlichkeit inhärent der einen Medaille zum Vorschein bringt (das Yin im Yang). Ihm symmetrisch zur Seite gestellt ist das realisierende Teilchen dieser Spaltnaht der Bewegungsanregung, das uns im Zeichen der Wiederkehr - H 24 als Einzel-Yang im Leerraum der Möglichkeiten begegnet (der Same und Bauherr der skizzierten Vorgaben).

Lingua/Hex-Code 19: Die Geburt der Tragödie oder das Yin im Yang und das Yang im Yin

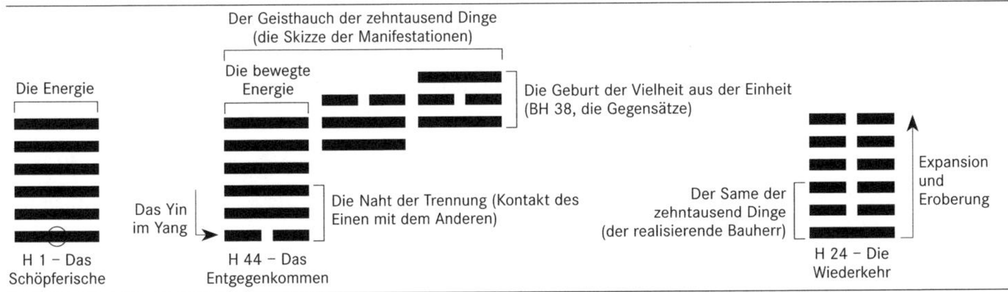

Carl Gustav Jung hat dieses Muster der Besetzungen im jeweils konträren Gegenpart als Anima oder weiblichen Anteil im Männlichen oder Animus und männlichen Part im Weiblichen bezeichnet. So gesehen handelt es sich also im Zeichen des Entgegenkommens um die unwiderrufliche Anbindung des Schöpferischen an das Irdische und damit ganz allgemein um das Prinzip des Verlustes, der natürlich in der Bewegung liegt, die diese kleine Kontaktschwelle auszulösen vermag.

Das Entgegenkommen der Energie (des Schöpferischen, des Yang, des Männlichen, des Starken) gegenüber der Materie (dem Raum, dem Empfangenden, dem Weiblichen, dem Schwachen), hat die Geburt der zehntausend Dinge zur Folge (UH 43) wodurch auch der Kommentar zum Zeichen verständlicher wird, denn in diesem Bild liegt das ganze Drama der Resonanzbeziehungen begründet. Man soll ein solches „Mädchen" nicht zur Frau nehmen, heißt sich nicht an die launenhafte Animosität gewöhnen, ja mit ihr gar eine Suchtbindung eingehen, denn vertiefend betrachtet, liegt hier das Szenario von Lug, Trug, Absicht und

Schwindel und damit auch der kompensatorische Erotikzirkus und Sinnestaumel begründet. Doch genau dies ist Leben in seinen tausendfachen Widerspiegelungen und somit ist das Entgegenkommen eine Resonanzebene der Erfahrungen, denn in diesem flirrenden Begegnungsmoment liegt ja Bestimmung begraben und somit auch Stimmigkeit des Augenblicks. Dem Aufbegehren des Trieb-Es ist jedoch die Versuchungsschranke der Minderung im homologen Zeichen H 41 entgegengesetzt und in Verbindung mit der umgekehrten Seite des Durchbruches oder der Entschlossenheit H 43, wird ganz eindeutig ersichtlich, das es keine vom höchsten Sinn abgespaltene und damit willkürlich wirksame Einflusskraft gibt (eine diabolische Autonomie), die das geplante Vollendungsergebnis verhindern kann. Alles ist ein Wechselspiel zwischen Anbinden, Entbinden und Wiederkehr, ausgedrückt im Charakter der Person, denn genau dieser ist es, der da voll und ganz zum Vorschein kommen soll.

Ein anderes Bild, das sich im Zeichen des Entgegenkommens versteckt, ist das Christusbild, der Gesandte des Himmels auf die Erde, der diesem „Kelch der Versuchungen" (der Zwei-Welten/Frequenz) durch das Symbol der Kreuzigung entgangen ist, woraus sich dann die Glaubensbilder von Gut und Böse, Himmel und Hölle und die ganzen Entsagungskonzepte und Moralitäten entwickelt haben, letztendlich projiziert auf das „verführerische Weibliche", das wegführt vom Reinen und Klaren der ursprünglichen Schöpfungsebene, also Lust, Sünde und Verstrickung in das Weltliche bedeutet. Alchimistisch sehen wir die Entsagung als ein Fernhalten vom kraftraubenden Weltenzirkus und erweiternd der Bewahrung der Lebenskraft durch sexuelle Enthaltsamkeit oder bewusste Lenkung, damit das Gebäude des Schöpferischen und die schöpferische Kraft als vollendete Einheit erscheinen (wie immer man es sehen mag: Leben ist ein Fließmuster möglicher Realisationsvorgaben und deshalb ein Konzept der Möglichkeiten, das nur als Ganzes vollkommen ist).

Im Zeichen des Entgegenkommens findet sich der Ursprung aller Bindung. Der Himmel, als die Energie und der Wind, als das Werkzeug, das diese in Bewegung versetzt. In Kombination entsteht daraus die Anziehungskraft, die sich eindeutig auf den Anlass der Bewegung von Energie zurückführen lässt. Verbindungen sind also etwas von „höherer" Stelle Initiiertes. Ein roter Faden innerer Zusammenhänge, die nur durch das Zusammenkommen in Vollendung deutlich werden. Der konkave oder anders gesagt der nach innen gehende Aspekt, benötigt zu seiner Rundwerdung den konvexen, nach außen gerichteten Anteil. Wie zwei Wunden der Trennung, die durch einen genau definierten Anteil im Gegenüber, allmählich geschlossen werden. Was uns anzieht und bewegt, ist das, von dem wir spiegelbildlich bereits belegt wurden, zu dem eine Affinität, eine innere Verwandtschaft besteht – weil da eben eine Lücke klafft, die, für uns unhörbar, nach Ergänzung ruft. Eine solchen Belegung ist das manifest gewordene Echo belebender Energie in Form einer spezifischen Wesenheit, das uns als Aspekte des Bewusstseins im Denken, Fühlen und Empfinden begegnet.

Jeder Innenbewegung folgt eine Begegnung und diese ist als Kontakt mit demjenigen Gegenüber oder derjenigen Situation zu beschreiben, durch den die charakterspezifische Belegung einen stimmigen Widerhall findet. Ein solcher Widerhall bedeutet Addition im Sinne von Zunahme an Erkenntnis und Entfaltung also von etwas das dadurch zum Vorschein kommt. Es werden nämlich Prozesse in Gang gesetzt, Empfindungen geweckt, Gefühle geraten in Wallung, Gedanken fließen, Wünsche, Vorstellungen, das Verlangen und auch die Nachkommenschaft werden geboren. Alles Attribute der Anziehungskraft, ein Magnetismus der aus der Trennung vom energetisch-geistigen Ursprung, der kausalen Manifestation der Gegensätze und dem Sinn der Rückkehr zur Einheit resultiert. Der Verlust an Ganzheit ist als Gewinn im Gegenüber bereits definiert. Alles ist bereits, wird aber erst in Zeit realisiert. Wie lange diese „Zeitbewegung“ auch dauern mag, ihre Endung ist die Vollendung.

Das Verführerische oder Ansprechende im Gegenüber liegt also in den Anteilen begründet, die in mir selbst als virtuelle Ergänzung beheimatet sind. Dem, was ich entgegenkomme, ist das, was mir entgegenkommt. Es bestätigt eine beiderseitige Veranlagung und macht diese deutlich. Der Strom der einen Bewegung sucht die Kontaktschwelle der anderen Bewegung und die Verbindung ist hergestellt. Was dabei herauskommt, ist das, was als Ganzes schon hineingesteckt wurde. H 44 ist eines von zwei Paarungszeichen und beschreibt den weiblichen Aspekt des himmlischen Anspruchs, während H 24, die polare Ergänzung, für die manifestierende Reaktion durch das Männliche steht. Anregung kulminiert mit der Erregung und das Leben ist geboren. Wir sind nicht Herr über unsere Begegnungen, weil wir nicht die Auslöser der Bewegungen sind, die zur Manifestation hin drängen. Jede Bindung ist nur ein Zeichen der unausweichlichen Rückbindung an die Kraft der schöpferischen Essenz, durch die sich Leben als Prozess der Herausbildung einer eingewickelten Bestimmung offenbart.

Die Homosexualität als Sonderform der männlichen und der weiblichen Beziehungsqualitäten

„Die gleichgeschlechtliche Beziehung ist eine gleichwertige Möglichkeit im Gesamtspiel der Begegnungen und Auseinandersetzungen"

Ein weiteres Muster möglicher Beziehung muss hier noch angesprochen werden: die gleichgeschlechtliche Beziehung, die, wie auf der zwischengeschlechtlichen Ebene auch, sowohl eine sexuelle, als auch eine Herzensverbindung ist. Als vor einigen Jahren in Amerika die Homosexualität aus dem Katalog der Krankheiten gestrichen wurde, da waren von einem Tag auf den anderen, alle Homosexuellen plötzlich gesund. Wie kann etwas, was durch Menschen sich zeigt, als krank oder gesund beurteilt werden? Durch Ablehnung von erkannten Bedürfnissen, die irgendwann, von irgendjemandem, zu einem bestimmen Eigenzweck - und wahrscheinlich in sich selbst in starkem Maße vorhanden - als ablehnenswert verurteilt wurden. Man macht sich selber besser durch Verurteilung des Anderen (was jedoch einer Selbstverurteilung gleichkommt).

Jegliche Beziehung ist ein Ausdruck der Offenbarungsnotwendigkeit der inneren Natur und was heute ist, kann morgen anders sein und wenn nicht, dann ist es gut so, wie es ist. Das nun die gleichgeschlechtliche Beziehung eine Möglichkeit im Gesamtspiel der Begegnungen und Auseinandersetzungen ist, das bestätigt sich in der Realität allerorten und auch im Codierungsmuster des Yijing. Beginnen wir jedoch mit einigen Fragen die uns mit dem immer noch heiklen Thema der gleichgeschlechtlichen Beziehungen nach und nach bekannt machen werden.

Folgende Fragen stellten sich bei der wissenschaftlichen Betrachtung der Homosexualität:

- Gibt es besondere Faktoren, die zu Homosexualität beim Menschen führen?
- Ist die Homosexualität durch angeborene Faktoren bedingt?
- Ist sie bei allen Homosexuellen oder bei einem Teil durch erworbene Faktoren bedingt?
- Ist Homosexualität als abnorm oder krankhaft einzustufen, was bedeuten würde, dass eine Heilung sinnvoll wäre?
- Könnte Homosexualität auch als eine freie Willensentscheidung gesehen werden?

Welche Faktoren nun tatsächlich für eine homosexuelle Ausprägung sorgen, konnte bis heute von wissenschaftlicher Seite nicht nachgewiesen werden. Selbstverständlich wurden bestimmte Dispositionen (besondere Anfälligkeiten) definiert, die Homosexualität begünstigen, ausreichend empirisch belegen ließen sich diese jedoch nicht. So reichen die Behauptungen von der Annahme, dass die sexuelle Orientierung schon vor der Geburt angelegt ist, bis dahin, dass sich Homosexualität erst durch gewisse Identifikationsprozesse in der frühen Kindheit oder auch besondere Abläufe in der Pubertätsphase oder auch später ausprägen würde. Lenken wir die Aufmerksamkeit deshalb auf eine andere Seite wissenschaftlicher Vermutungen, die eine Übereinstimmung im Interaktionsgefüge des Yijing finden wird.

Es war im Jahr 1993, als der amerikanische Forscher Dean Hamer einen Bereich auf dem X-Chromosom entdeckte, den er mit Homosexualität in Verbindung brachte. Es handelte sich dabei um einen so genannten genetischen Marker, der bei einem bestimmten Typ von Homosexualität etwas wahrscheinlicher vorkam als bei anderen. Die Annahme bestätigte sich zunächst, weil eineiige Zwillingsbrüder, die diesen Chromosomenabschnitt trugen, beide schwul waren.

Eine Nachuntersuchung im Jahr 1999 an 46 anderen eineiigen Zwillingsbrüderpaaren relativierte allerdings diese Ergebnisse, weil nur bei rund der Hälfte der diesmal Untersuchten in beiden Fällen Homosexualität festgestellt wurde. Als Ergebnis bleibt jedoch, dass eineiige Zwillinge (homologe Erbpartner) eine signifikant höhere Übereinstimmung in der sexuellen Orientierung haben als Menschen mit unterschiedlichem Erbgut.

Es existiert also bis heute die wissenschaftliche Vermutung, dass es höchstwahrscheinlich kein einzelnes Schwulen-Gen gibt. Andererseits kann als gesichert angenommen werden, dass eine genetische Disposition zur Homosexualität existiert. Wie groß der Einfluss der Gene tatsächlich ist, ist zwar noch unbekannt, dass sie allerdings keinerlei Einfluss hätten, ist bereits ausgeschlossen. Denkbar wäre eine Kombination von verschiedenen Erbfaktoren, eine Kombination von Erbfaktoren und hormoneller Prägung während der Schwangerschaft oder auch eine Kombination genetischer und sozialer Faktoren.[21]

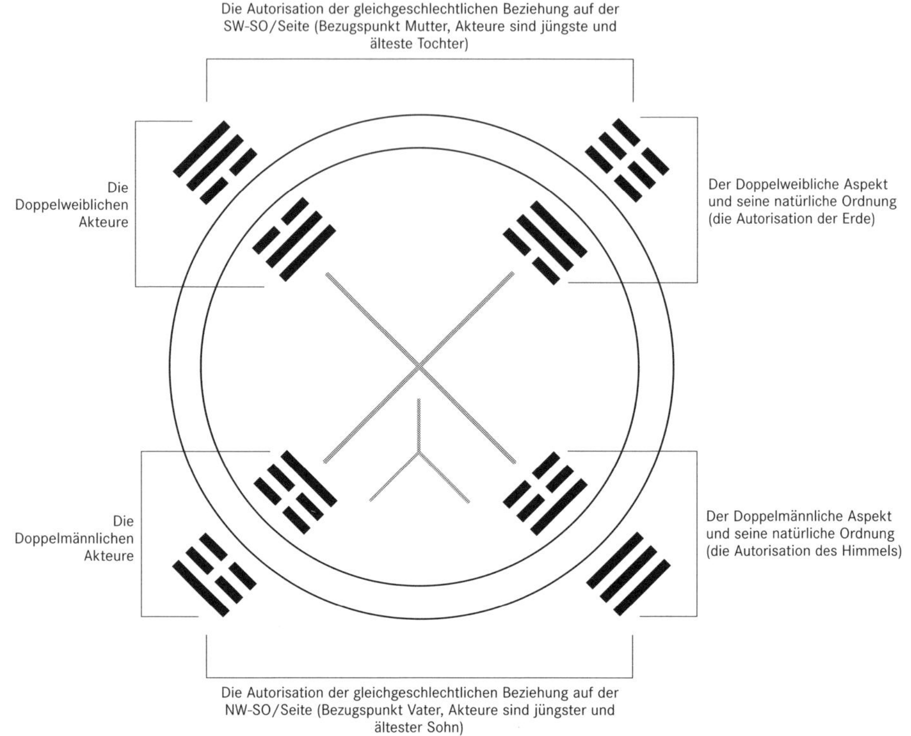

Schauen wir uns die Interaktionsmodelle der zwei Weltenwirklichkeiten - Ho Tu und Luo Shu - des Yijing einmal genauer an, dann finden wir eine geniale und gleichzeitig naturgegebene Lösung dieser Forschungsfragen. Wir sehen nämlich an vier Punkten eine Übereinstimmung von zwei männlichen und zwei weiblichen Aspekten, die eine gleichgeschlechtliche Beziehung zur Tatsache machen, und homologe Ergänzung genannt wird. Überraschenderweise finden sich diese vier „Trigramm-Gene" an den Zwischenfenstern der Nord-Süd und Ost-West/Pole, also immer 45° rechts- und linksläufig davon entfernt im Nordwesten, Nordosten und Südwesten und Nordosten. Die Erde ist verbunden mit dem Wind (was dem Luftraum der Bewegungen gleichkäme), der Himmel mit dem Berg (seinem potentiellen Fahrzeug), der Wind mit dem See (seinem Offenbarungswert) und der Donner mit dem Berg (seiner auszubildenden Form). Diese Verbindungen zeigen nicht nur das Gleichgeschlechtliche als Möglichkeit sexueller Partnerschaften, sondern verweisen auch auf die Qualität der Freundschaften unter Männern sowie die Qualität der Freundschaften unter Frauen.

Ein weiterer, in die Aufmerksamkeit zu bringender Fakt ist, dass die männlichen

„Zwillinge" den Nordwest- und Südostbereich belegen (Kien und Gen, Dschen und Gen), während sich die weiblichen auf der Südwest - und Südostseite befinden (Kun und Sun, Sun und Dui). Verbinden wir diese Schaltstellen miteinander, ergibt sich eindeutig ein X, während die paarweise Markierung, zum Y führt. Sind wir also angelangt bei den Geschlechtschromosomen des Männlichen und des Weiblichen und damit bei den wissenschaftlichen Annahmen, dass es sich um einen Genfaktor handeln müsse, der Homosexualität, zumindest als „Grunddisposition", bestimmt?

Wissenschaftlich bekannt ist, dass das Geschlecht eines Lebewesens genetisch durch die Geschlechtschromosomen festgelegt ist. Beim Menschen ist das 23. Chromosom das Geschlechtschromosom. Bei Frauen ist dieses durch ein Paar X-Chromosomen ausgeprägt, bei Männern durch ein Paar aus einem X-Chromosom und einem kleineren, wegen seiner Form Y-Chromosom genannten Exemplar. Ein ganzer Katalog von Fragen und Rückschlüssen tut sich dazu vor uns auf. Ist demnach nicht das Weibliche der „Rippe Adams" entnommen, sondern eher das Männliche eine evolutionäre Anpassung und damit lediglich eine Variante der weiblichen Matrix? So gesehen wäre die weibliche Homosexualität auf den phylogenetisch immer noch verankerten Informationswert der Primärexistenz zurückzuführen und deshalb als „ethisch einwandfrei" zu bezeichnen. Ähnliches allerdings ließe sich auch auf männlicher Seite finden, denn deren nachträgliche „Notintegration" in das Prinzip Leben, zwingt geradezu zur Hinwendung des Gleichgeschlechtlichen wie eine Art „Bruderschaft" zwischen Notleidenden (schwule Brüder). Setzen wir den Beginn des Lebens auf die irdische Seite des späten Himmels, dann sind diese Faktoren absolut nachvollziehbar. Das frühhimmlische und damit zeichnungsberechtigte Ordnungsgefüge allerdings beginnt mit dem Prinzip der Energie und diese ist geschlechtsbestimmende Kraft, was dem männlichen Vorbehalten ist (dem Y-Chromosom).

Wenden wir uns aber wieder der Anordnung der Brüder- und Schwesterpaare in den beiden Kreissystemen zu, so finden wir die gleichgeschlechtlichen „Männerzwillinge" jeweils an den „Leerepositionen" im Sinne der Jahreszeiten, die weiblichen Geschwisterpaare dagegen, an den Füllepositionen von Frühsommer und Spätsommer. Tatsächlich ist das männliche Y-Chromosom nahezu genleer (Informationen für die Körpergröße, für die Spermienbildung, ein hodenspezifischer Faktor, das Männlichkeitsgen), während das weibliche X-Chromosom etwa 2000 Gene aufweist und zudem zweifach erscheint. Das Männliche ist also lediglich ein Aufscheinen auf der Lebensbühne durch diese Matrix der Zweiheit, nämlich eine XY-Variante.

Entstanden ist es, so haben die molekularbiologischen Studien ergeben, vor etwa

200 oder 300 Millionen Jahren, um die Geschlechtsbestimmung festzulegen - bei vielen Tieren ist das Geschlecht nicht genetisch festgelegt, sondern von Umgebungsfaktoren abhängig. So wird bei einigen Tierarten das dominante Tier männlich (bei anderen genau umgekehrt), bei anderen wird das Geschlecht dadurch festgelegt, welche Umgebungstemperatur rund um das Ei herrscht, während das Tier sich entwickelt.[22] Eine interessante Bestätigung dafür, dass es zwar genetisch definierte Geschlechtsbestimmungen und damit auch Beziehungen gibt, diese jedoch durch Umgebungsbedingungen eine „nötigende" Anpassung erfahren können.

Lingua/Hex-Code 20: Die „anders gepolten" Beziehungswerte

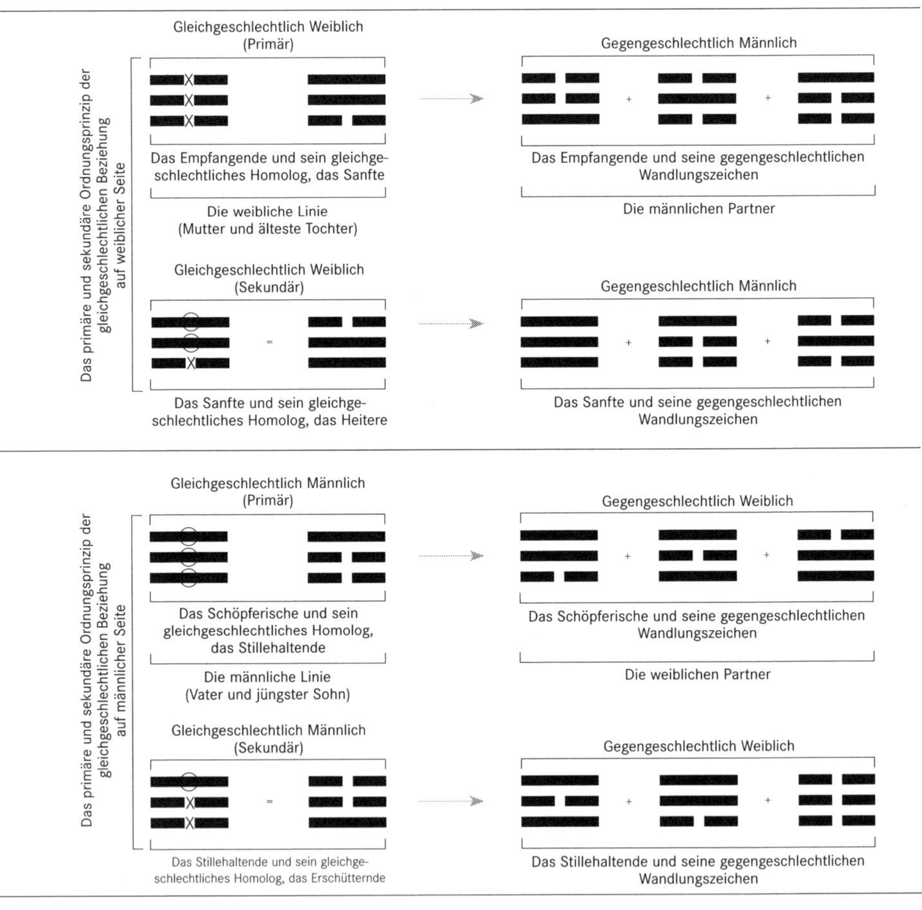

Und wieder sind es die „Trigrammkomplexe“ des Ordnungsgefüges im Yijing, die uns weitere Zusammenhänge und Bestätigungen der vielen Annahmen aufzeigen. Das entschlüsselte Resonanzbild der betroffenen Elemente zeigt nämlich, das diese sogenannten „vier Zwischenpole“ ebenfalls gegengeschlechtliche Anima- und Animusmuster aufweisen, was die Vermutung bestätigen könnte, dass bestimmte soziale Faktoren, als Schalter zum eindeutigen „Coming-out“, ausschlaggebend wären (Umgebungsverhältnisse). Schon die Tatsache, dass es sich um sogenannte „Zwischenwerte“, also zwischen den eindeutigen Polen angelegte Ordnungs- und Richtungsfaktoren handelt, bestätigt ja sowohl eine Eindeutigkeit aber vielmehr auch eine Zweideutigkeit, denn sie sind Zuspieler der Polkräfte, also nicht vertikal/horizontal, sondern „anders gepolt“.Das Leben ist eine Beziehungsgeschichte mit vielen Facetten und wo die Resonanzen stimmen, beginnt es sich zu verbinden (eigentlich ist es bereits verbunden, aber als Prozess benötigt es einen Mechanismus, durch den es sich als Bewegung zeigen kann).

1. Typische Muster homosexueller Beziehungen

1.1 Der hierarchische Aspekt der Ordnung auf männlicher Seite – die Verbindung zwischen dem Schöpferischen und dem Stillehaltenden

Lingua/Hex-Code 21: Die Konformität der gleichgeschlechtlichen Beziehung mit dem Schöpfungsgedanken I

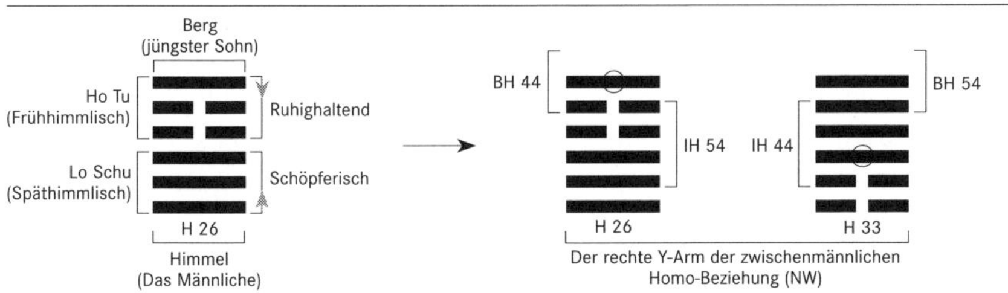

Bezugspunkte der gleichgeschlechtlichen Verbindungen sind natürlich die beiden Kräfte des schöpferischen Himmels - der Vater - und der empfangenden Erde - die Mutter (die zwei Chromosomengene). Da sie jedoch auf der späthimmlischen Ebene des Lo Schu angeordnet sind, kann man sie als höher definierte Bezugsmedien sehen, die Begegnung von Männlichem mit Männlichem und Weiblichem mit Weiblichem unter ganz bestimmten Bedingungen und Gesetzmäßigkeiten beschreiben. Wir sehen durch diese Überlagerung der deckungsgleichen Komponenten im NW und SW des frühen und des späten Himmels also ein grundsätzliches Ordnungsgefüge, das die erotische, gleichgeschlechtliche Beziehung zwischen Mann und Mann und Frau und Frau beschreibt und als konform mit dem Schöpfungsprinzip bestätigt. Auf der männlichen Seite ausgedrückt durch die beiden Zeichen H 26, des Großen Zähmungskraft (Himmel/Berg) und H 33, der Rückzug (Berg/Himmel), sowie H 62 (Berg/Donner) und H 27 (Donner/Berg).

Das tatsächliche „Schwulen-Gen" auf männlicher Seite ist GEN der Berg, in Kombination mit Dschen, dem Donner, auf der weiblichen Seite ist dies Sun, der Wind, in Kombination mit Dui, dem See. Sie sind die ausführenden Akteure, während in der Doppelverbindung von Himmel/Berg und Erde/Wind, das hierarchische Gefüge innerhalb der gleichgeschlechtlichen Beziehungen beschrieben wird. Was sich auf der Seite der ausführenden Akteure von Berg und Donner als das tuntenhafte Getue zweier gleich gepolter Brüder offenbart, wird in der Verbindung von Himmel und Berg als grundsätzliche Ordnung definiert. Es lässt sich darin nämlich erkennen, dass sich auch in gleichgeschlechtlichen Beziehungen die Rolle von Mann und Frau oder dem Starken und dem Schwächeren wiederfinden.

So sind der dominante Teil im starken Prinzip des Schöpferischen und der Dagegenhaltende im beharrlichen des Berges zu sehen (die schöpferische Kraft und ihr Fahrzeug). Das eine drängt mit vehementer Kraft nach vorne, das andere bietet ihm auf seine Art und Weise einen stabilisierenden Gegenhalt. Das Zusammen- oder Entgegenkommen basiert hier, wie auf der gegengeschlechtlichen Beziehungsebene, auf dem angelegten Triebkomplex durch den sich allerdings ein dominanter Vater widerspiegelt, der den Sohn beherrscht (Handreichung und gleichzeitiges zurückgewiesen werden als Tragödie im Triebleben). Dass, dem hier Gesagten so ist, wird in der Geschichte desjenigen Hexagramms beschrieben, das durch die beiden Bausteine von Himmel und Berg entsteht. Es ist dies das Zeichen *H 26 – Des Großen Zähmungskraft*, das von der Kontrolle unbeherrschter Kräfte spricht. Da sein inneres Hexagramm das von Trieb- und Gefühlsansprüchen getönte heiratende Mädchen, H 54 ist, deutet dies auf eine Entweder-oder/Verbindung hin, die sowohl den Himmelsweg als auch die maximale Frustration beinhaltet. Der Himmel, als das frei bewegliche und unendliche Prinzip, nähert sich dem Berg, der endlichen Form, entzieht sich ihm aber auch entsprechend seiner weiten Natur. Der Berg (die Form) ist das Fahrzeug der schöpferischen Kraft oder anders gesagt: Die Form ist eine manifeste Widerspiegelung der Energie. Es zeigt sich hier also eine Art von Co-Abhängigkeit, die das Beziehungs-Szenario der beiden männlichen Aspekte deutlich macht. Liegt der Erklärungsschlüssel der Homosexualität mit in der Qualität der sozialen Beziehung zwischen Vater und Sohn und Mutter und Tochter begründet, das die zwar im Gen angelegte Tendenz zur gleichgeschlechtlichen Beziehung zusätzlich begünstigt und dann zur Realität werden lässt?

1.2 Die ausführenden Akteure von Berg und Donner oder dem jüngsten und dem ältesten Sohn

Lingua/Hex-Code 22: Die Konformität der gleichgeschlechtlichen Beziehung mit dem Schöpfungsgedanken II

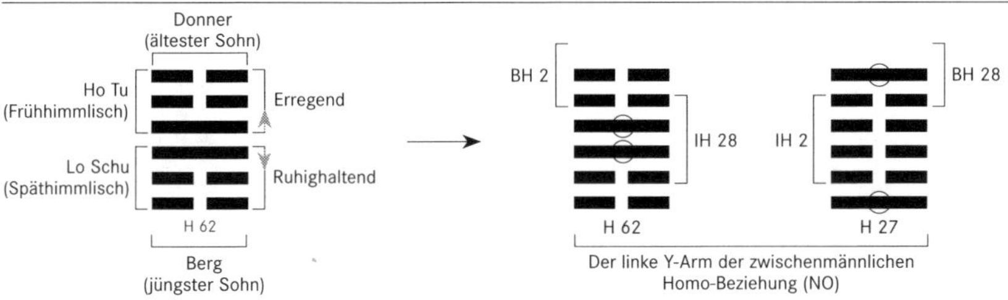

Die Bruderverbindung von Berg und Donner zeigt die autorisierten Akteure der gleichgeschlechtlichen Beziehung. Es kommt durch sie sehr deutlich das hierarchische Prinzip von dominantem Vordergrund und subdominantem Hintergrund zum Ausdruck, wie es in der Verbindung von Himmel/Berg als Bezugsebene der gleich gepolten Partnerschaft vorgegeben wird. Werfen wir also einen kurzen Blick auf diese Verbindung die uns in der Kombination von Donner, dem Männlichkeitsattribut des ältesten Sohnes und Berg, dem Männlichkeitsattribut des jüngsten Sohnes, begegnet. Zwei konträre aber dennoch spiegelgleiche Zeichen die durch das eine den explosiven Grundstoff (die Antriebskraft des Donnersohnes) und durch das andere, das manifeste Ergebnis vertreten (das Fahrzeug des Bergsohnes). Ein szenenreiches Paar, das sich jeweils im anderen deutlich widerspiegelt und ist es heute der eine, der sich ruhig und gelassen gegenüber der „Hysterie seine Brudertunte" gibt, so ist es morgen der andere. Ein „Ach und Huch", bei dem es um affektierte Inszenierungen geht, die so typisch „Tuntenhaft" sind. Immer dem Zerreisen nahe, so könnte man hier sagen und doch: für die kokette Natur, die das frivole Übertreiben liebt, wie eine Sucht, die das Überleben sichert.

Ganz sicher eine herausfordernde Verbindung, die sich zwischen Liebe und Hass, überbordender Wildheit und Sublimation der Menagerie der Wildheit bewegt, am Ende aber mit der psychischen Rundheit zweier Brüder endet die sich im Geiste einig sind. Setzt man nämlich die beiden Bausteine zusammen, dann entsteht daraus das Hexagramm 27 – Die Ernährung aber auch das thematisch nicht gerade einfache Hexagramm 62 – Des Kleinen Übergewicht, das von Sorgfalt, kleinlichen Mühen und Ausschweifungen spricht, die es zu vermeiden gilt.

1.3 Der hierarchische Aspekt der Ordnung auf weiblicher Seite – die Verbindung zwischen dem Empfangenden und dem Sanften

Lingua/Hex-Code 22: Die Konformität der gleichgeschlechtlichen Beziehung mit dem Schöpfungsgedanken II

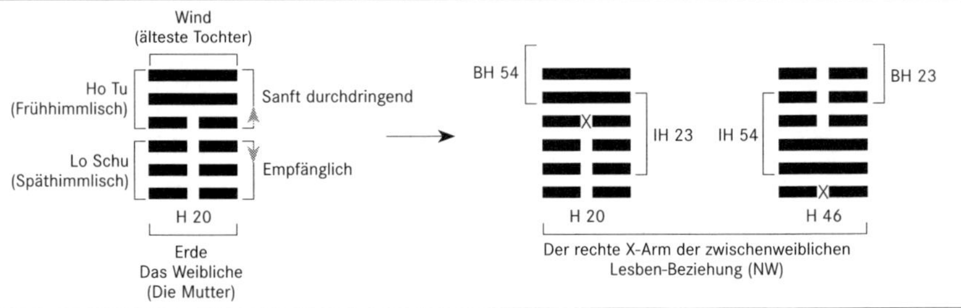

Betrachten wir das Konzept von SW-Weiblich und deren zwei bestimmende Trigramme, dann kommen wir zur gleichgeschlechtlichen Beziehung zwischen Frau/Frau auf der Ordnungsebene. Auch hier, wie bei der männlichen Ordnungsebene des NW-Fensters sind die Rollen klar verteilt. Auf der einen Seite die mütterlich weiche Lesbe, offen, in sich ruhend und versorgend, auf der anderen das luftige Windtöchterchen, hager, sensibel und von eifersüchtiger Hysterie *(das Wort lesbisch ist eine Ableitung des griechischen Inselnamens „Lesbos" und der antiken Dichterin „Sappho", die im 6. Jahrhundert v. Chr. auf Lesbos lebte und in ihren Gedichten die Liebe zwischen Frauen besungen hat).* In der Frau-Frau/Begegnung ist es die Handreichung zwischen zwei atmosphärisch verwandten, die gemeinsam Horizonte erschließen können. Genaugenommen ist es eine Schwängerung mit Weltenwerten, die der leiblichen Schwängerung entgegensteht und damit ein feines Kompensationsmittel für diese Unmöglichkeit ist.

Trotz aller Weichheit und Sensibilität keine „einfache Verbindung", denn das beherrschende Element ist ganz eindeutig die ein- und aufdringliche Windtochter Sun. Dies mag an der besonderen Rückbindung zum Männlichen und damit dem Vater herrühren, die bedeutend ist, denn immerhin ist die älteste Tochter eine Qi-Verwandte der Männlichkeit an sich und mit der Mutter verbindet sie ganz wesentlich der Wille, deren Platz einzunehmen *(Wind ist bewegte Energie und bewegte Energie dominiert den Raum).*

Anmerkung: Bis in die 70er Jahre war in der lesbischen Subkultur im angloamerikanischen Sprachraum die Unterteilung in Butches - im amerikanischen oft dyke, im deutschsprachigen Raum auch „kesser Vater" genannt - für betont maskulin auftretende Frauen, und Femmes für betont weiblich auftretende Frauen durchaus gängig. Dabei fühlten sich Butches eher zu Femmes hingezogen und umgekehrt, was die Codierung, auch in den homosexuellen Mann-Mann/Verbindungen, bestätigt.

Setzt man nämlich die beiden beteiligten Bausteine zusammen, so erhält man zum einen das Zeichen *H 20 – Die Betrachtung,* Wind über der Erde, und zum anderen das Zeichen *H 46 – Das Empordringen.* Der Wind, der die Erde von oben herab durchlüftet und für eine bewegte Atmosphäre sorgt und der Wind von unten, der symbolisch für eine Wurzel steht, aus der heraus Wachstum geschieht. Das nach oben, zum Luftigen hin Verbundene und das nach unten zum Boden der Realität hin Verwurzelte kommt zusammen – und die höhere Ordnung lesbischer Verbindungen aber auch die Verbindung unter Frauen allgemein ist definiert.

Frauenfreundschaften unter den Qualitäten von Erde und Wind beschrieben, bewegen sich zwischen „Bauch und Schenkel" denn dort ist ihre größte Gemeinsamkeit, auch wenn dies etwas chauvinistisch klingt. Es ist das Zentralgebiet aller Wesensentstehung und das Frauen dies, sowohl auf erotischer als auch auf zwischenmenschlicher Ebene, in ihrem ganzen sinnlichen Erfassungskonzept verbindet, ist selbstverständlich, denn es ergibt sich daraus das Prinzip der Weichheit, der Offenheit, der Sensibilität, und das Einfühlungsvermögen. Allerdings dürfen wir den herablassenden und schnippischen Charakter als ebenso definierten Haltungsaspekt nicht vergessen, denn das heiratende Mädchen (Brückenhexagramm von H 20) geizt in keine Richtung mit Menschlichem und Allzumenschlichem.

Überhaupt scheint mir die Homosexualität auf beiden Seiten, auch eine programmatische Schicksalsangelegenheit zweier Geschlechter zu sein, deren Abstammung und damit auch deren Rückbindung, eindeutig auf die mütterliche und väterliche Bezugsgröße verweist. Frauen als Schicksalsbindungen im Matriarchat und Männer als abhängige Y-Komponenten auf einer X-programmierten Bezugsmatrix. Da Raum und Bauch (die Erde) das Verlangen nach Ausfüllung gemeinsam haben und der einfühlsame Wind diesen Anspruch perfekt zu inszenieren versteht (Atmosphäre schaffen und für Wachstum sorgen), findet sich hier das verbindende Prinzip, wobei es auf der männlichen Seite die schöpferische Energie des Himmels ist, die durch den formellen Berg eine sichtbare Bestätigung erfährt (etwas erschaffen und manifestieren).

Es zeigen sich hier ganz natürliche Gesetzmäßigkeiten, die nicht nur auf der Ebene der gleichgeschlechtlichen Beziehungen ihre Gültigkeit haben, sondern allgemein die Ebene der Freundschaften unter Frauen und unter Männern beschreiben.

1.4 Die ausführenden Akteure von Wind und See oder ältester Tochter und jüngster Tochter

Lingua/Hex-Code 23: Die Konformität der gleichgeschlechtlichen Beziehung mit dem Schöpfungsgedanken II

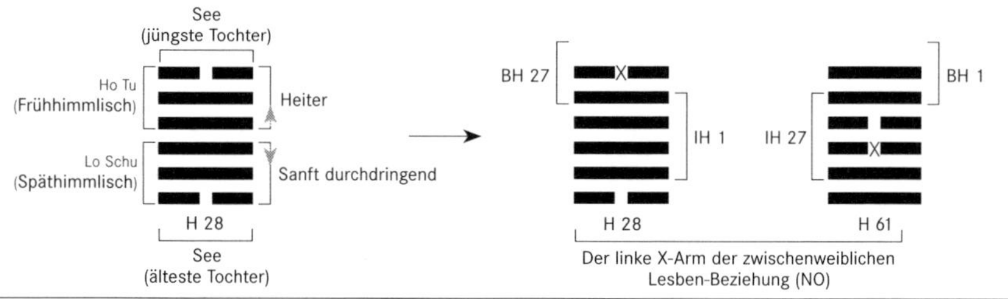

In gleichgeschlechtlichen Partnerbeziehungen wäre in der Verbindung von See und Wind, der Altersunterschied ein auffälliges Merkmal, wie er durch die älteste und die jüngste Tochter bereits in der Codierung vorgegeben ist. Genau diese beiden sind nämlich Spiegelpartner und nähren sich gegenseitig, allerdings auf eine Art und Weise, die auf Wechselhaftigkeit beruht. Dies bringt auf der einen Seite die von Überraschungen und stressigem Zuviel geprägte Thematik zum Vorschein auf der anderen Seite zeigt es aber auch das Verbindliche und Vertrauenswürdige innerer Wahrheit. Etwas viel Bewegung, dafür um so mehr Wertsteigerung in der persönlichen Entwicklung.

Lingua/Hex-Code 24: Die ergänzende Wechselhaftigkeit der Frau/Frau-Beziehung

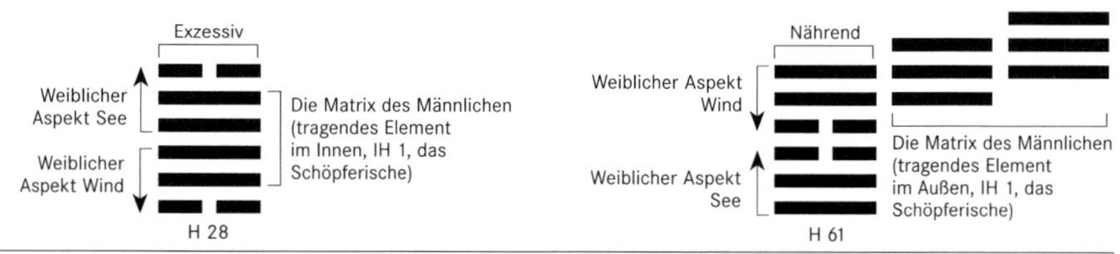

Interessanterweise ist der verbindende Kraftkern von männlicher Natur, was dann ersichtlich wird, wenn die beiden Trigramme zu zwei Hexagrammen verbunden werden. Das erste der beiden ist *H 28 – Des Großen Übergewicht* oder die Überlastung, das als inneres Hexagramm sechs männliche Yangstriche trägt, und auch das zweite Zeichen *H 61 – Die innere Wahrheit*, weist im Brückenhexagramm die gleiche Struktur auf. Es hebt die Ambivalenz einer solchen „Frau/Frau-Beziehung", also das „Bisexuelle" und gleichzeitig spiegelkomplizierte in den Vordergrund.

Gleiches sahen wir auch im linken Y-Arm der Mann-Mann/Beziehung von Berg und Donner, bei der sich die weibliche Erde ebenfalls als innere Struktur und rückverbindende Brücke in den beiden Zeichen von H 27 und H 62 zeigt. Die Bezugsmatrix des Weiblichen hin zum Männlichen und des Männlichen hin zum Weiblichen bleibt, weshalb in beiden Fällen die Rollenverteilungen ebenfalls diesen natürlichen Bedingungen folgen. Das dominante und das subdominante Weibchen auf der einen und das dominante und das subdominante Männchen auf der anderen Seite. Wer ist der mehr männliche und wer der mehr weibliche Pol, entspringen doch beide der gleichen Ursprungsmatrix? Dies klärt sich durch die archetypische Dynamik von ganz alleine, denn der Wind ist eindringend und der See ist entäußernd, der eine regt an, der andere spricht aus.

Wo aber bleibt der dritte Weiblichkeitsaspekt des haftenden Feuers? Er ist wie auf der männlichen Seite das Wasser, naturgemäß mit dem Gegengeschlechtlichen verbunden und bildet die horizontal-vertikal/Achse, was den Sechsstern komplettiert, denn beide finden sich auch an dessen Pole wieder. Feuertemperamente und das Gleichgeschlechtliche gleichwohl wie Wassernaturen und das Gleichgeschlechtliche, das ergibt Verbindungen von spezieller Art, die alle gewisse Ausnahme-Merkmale in sich tragen, was wir später noch sehen werden. Können wir das ganze Beziehungsszenario also einteilen in X-Verbindungen, Y-Verbindungen und XY-Verbindungen?

Die fundamentalen Regulative zwischenmenschlicher Beziehungen

„Liebe ist die Aufhebung der Trennung zwischen mir und dem Nächsten, ist also Akzeptanz im höchsten Sinne“

1. Die Liebe

Angesichts der vielen Muster auf denen menschliches Zusammenkommen und Zusammenwirken basiert, das ja von der Zweck- über die Nutz- bis zur dauergeplanten Bindungspartnerschaft reicht, müssen es einige „Berührungsinstanzen" im lebendigen Organismus sein, die in Schwingung versetzt werden, damit Annäherung und Aufeinandereinlassen geschieht. Ohne nun im Einzelnen zu unterscheiden, ist es die in der Natur der Lebewesen begründete Bindungsschwingung kollektiv Verwandter, die immer auf der Ebene der Zuneigung beginnt (der Gegenpol wäre die Abneigung). Neigungen sind das persönliche Gefühls- und Triebsublimat, auf dem sich Charakter begründet (*H 54 – Das heiratende Mädchen*). Es ist das in Handlung und Tat sich offenbarende Konzentrat der angeborenen Natur, das Grundgefühl zu sich selbst, in aktive Bewegung versetzt durch das Zugpferd der treibenden Lebenskraft, dem Taktgeber von Eros und Herzschlag, der den lebendigen Organismus bestimmt. Dieses Konzentrat oder anders gesagt, diese Essenz, die ich als chemische Substanz mütterlicher und väterlicher Stamminformationen bezeichnen möchte, ist die individuelle Quelle aller Reaktionsmuster in Bezug auf etwas oder jemanden.

Beziehung zu mir selbst, welche als Basis der Beziehung nach außen gilt, entsteht aus dem Grundsublimat einer „vom Himmel" gegebenen Antriebskraft, die zielorientiert wirkt, ohne das dieses Ziel als solches ein bewusstes oder bekanntes ist. Das Herz schlägt, die Lunge atmet, das Blut fließt, der Gedanke entsteht, der Mund spricht, Lust und Leidenschaft treiben an, der Mechanismus agiert. Diese ganze Interaktion, die keinesfalls willentliche Voraussetzungen benötigt, ist die Natur der Sache. Sie ist Energie der Bewegung, die bewegt, da sie dem Sinn entspricht und dieser heißt Leben. Liebe in ihrer höchsten Form muss also etwas sein, das ist, das nicht fragt, das nicht abwägt, das keine Bedingung stellt, also etwas, das den Kern der Sache bildet und gerade deshalb auch das ganze Spektrum verschiedener „Frequenzwallungen" im Ich mit einschließt, denn das Einzelne bildet in Summe wieder das Ganze. Da dieses Ganze jedoch die Bruchnaht der Vereinzelung aufweist, gleich den zusammengefügten Puzzleteilen eines Gesamtbildes, muss diese Bruchnaht dem Herz des Lebendigen entsprechen und dies bedeutet im Konkreten, dass die Liebe eine Instanz des Herzens ist, die gleich diesem, das Leben zusammenhält, wie immer es sich auch offenbart.

Das Kennzeichen der Liebe muss also die Aufhebung der Trennung zwischen mir und dem Nächsten sein, was erweitert gesagt Akzeptanz im höchsten Sinne bedeutet, denn die Naht der Trennung vom schöpferischen Urgrund, ist auch das Sinnbild für die individuelle Eigenart und so ist dann die Liebe eine Kraft, die das individuelle mit dem Ganzen wiedervereint. Liebe ist eine Bezugskraft, ein wirkendes Element, das sich durch das Andere, die Lebensteile eines Großen, im eigenen Inneren widerspiegelt, was uns zur Frage der Instanz zurückführt, der sie ihre interaktive Bezüglichkeit verdankt.

Im Yijing findet sich diese Instanz und damit die Berührung durch den Geist der Liebe im Bild des Zeichens *H 9 – Des Kleinen Zähmungskraft* und dessen Parallelum *H 16 - Die Begeisterung*, die beide als Symbole der Mitte im lebendigen System gesehen werden. Als Solche schon in die Tiefe berührend und klärend, wird das Zentrale ihrer Aussagen noch durch die damit in Erscheinung tretenden Wandlungen und die ergänzenden Hexagramme untermauert. Das Kleine des H 9, welches zähmend auf das Gerüst des Formellen wirkt, ist das weiche Yin am vierten Linienplatz, dem der Bereich des Herzens zugeordnet ist. Es ist der Schmelztiegel dreier „Weiblichkeitsaspekte“ von See (das Fühlen), Wind (das Empfinden) und Feuer (das Denken) umhüllt vom Schöpferischen des bestimmenden Himmels (OT und BH 1).

Lingua/Hex-Code 24: Die zähmende Kraft des Herzens oder der bewegende Geist

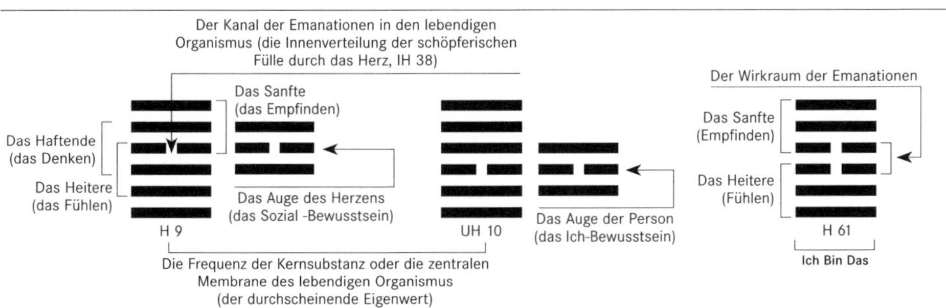

Diese Summierung oder das Zusammenfließen in einem Punkt bringt dann die Terminologie der Stimme des Herzens (See) oder das Auge des Herzens (Feuer) oder das Mitgefühl oder der Einfühlsamkeit hervor, die alle insgesamt Aspekte einer Sozialbezüglichkeit und damit einer tragenden Energie des Miteinander sind. Der Stoff dieser Regung die wir „Liebe“ nennen ist das Shen oder Geistfluidum, das sich als Mischpotenz unterschiedlicher Funktionskräfte des Bewusstseins zeigt und übersetzt als Herzgeist bezeichnet wird. Es ist der Feinstoff aus dem Samen der Elternschaft, das Elixier einer auszubildenden Wesenheit, die sich zum Zeitpunkt der Zeugung in der Verschmelzung von Same und Eizelle definiert. In der Chinesischen Medizin wird die Heimat der Essenz den Nieren zugeschrieben, dem Tor zum Leben und dem Verankerungspunkt des himmlischen Auftrags.

Der Herzgeist – und damit die tragende Kraft der Liebe – wird aus dieser Essenz herauskristallisiert. Er ist unmittelbarer Ausdruck der bewegenden Kraft des Schöpferischen, worauf auch die Berührung, als Widerhall einer Rührung im Pool der kollektiven Verbundenheit beruht. Die tragende, wahre Liebe, ist demnach frei von bloßer Objektbezogenheit im körperlichen Sinne aber auch im Sinne jeglicher Egoanhaftung. Sie ist gegründet im tiefsten Grunde, in der diese Begegnung als höchste Sinnerfüllung himmlischer Bestimmung begründet liegt.

Die Umkehrung des Zeichens H 9 führt zu einem weiteren Tiefenzusammenhang, der die Liebe des Herzens als eine Kausalursache der Liebe zu sich selbst definiert. Es ist das Zeichen H 10 - *Das Auftreten*, das vom gesunden Gefühl für den eigenen Selbstwert spricht und dies wiederum durch das weiche Yin allerdings am dritten Linienplatz erklärt. Auch hier sind es die drei Funktionsaspekte der schöpferischen Energie (das Empfinden, das Denken und das Fühlen), die dem Auftreten einen verpflichtenden, also rückbezüglichen Haltungswert verleihen. Die dritte Linie einer Hexagrammcodierung wird der Ebene der fühlenden Persönlichkeit zugeordnet, was in der Verbindung mit dem unteren Trigrammwert See, das Heitere, den Ichbezug zu Welt und Gegenüber definiert. Im Zusammenhang gesehen ist es der unten oder innen gesetzte Gefühlswert (UT See, der Charakter), sowie der von oben oder außen regierende und damit in Resonanz stehende Empfindungswert (OKT Wind, die religio), der den wahrnehmenden Bereich des Organismus bestimmt, jeweils eingebunden in das haftende Prinzip des Feuers (UKT Feuer, die ratio), das augenscheinlich deutlich, einen durchscheinenden Transparenzwert und damit auch das Verstehen durch bewusste Reflexion symbolisiert. Der Geist der Liebe und das respektvolle Auftreten bilden eine Symbiose, da sie beide eindeutige Merkmale der Rückverbundenheit mit dem Sinn des Himmels sind. „Des Himmels SINN ist fördern, ohne zu schaden, des Berufenen SINN ist wirken, ohne zu streiten“. (Laotse, Vers 81)

Lingua/Hex-Code 25: Die zähmende Kraft des Herzens oder der belebende Geist

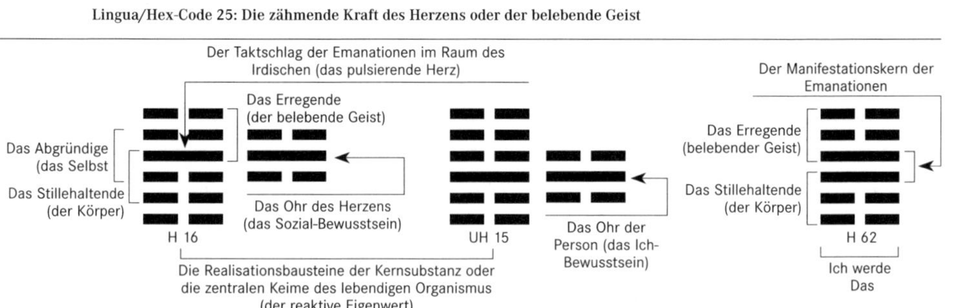

Damit aber nicht genug, denn der feinstofflichen Funktionsseite, muss der vitale und stofflich tragende Bereich der anderen Seite entgegengesetzt werden. Dieser findet sich in den beiden Parallelzeichen, die in erster Instanz die Begeisterung des H 16 zeigen. Wie im Ausgangszeichen des H 9, so vereinen sich auch hier drei tragende Aspekte am vierten Linienplatz, allerdings in einem Yangstrich, was auf einen Aktivwert verweist, der hier das Geschehen bestimmt. Sahen wir im dreifachen Yin den bewegenden Geist des Herzens, so finden wir im Zeichen der Begeisterung den Rhythmus des Herzschlages also das pumpende Herz und damit den belebenden Geist. Es sind die drei Materieaspekte Wasser (das Programmatische, OKT) Donner (der treibende Impuls, OT) und Berg (die materielle Form, UKT), die alle von männlicher Natur sind und dieses Kern-Yang bilden. Schauen wir uns nun noch die Kehrseite der Begeisterung an, dann zeigt sich uns der Parallelwert des Auftretens im Zeichen *H 15 – Die Bescheidenheit*, das als Codierung für den Weg der Mitte und der Ausgeglichenheit gilt. Auch hier wie im Zeichen des Auftretens auch, ist es die dritte Linie der Persönlichkeit und damit der „Vorhof des Herzens" der das Szenario beherrscht. Ergänzend zum Eingebundensein in das haftende Feuer der Gegenseite (UKT von H 10), ist es hier das UKT Wasser, das als Zusammenhalt schaffender Wert in den Vordergrund rückt.

Ganz eindeutig also ist das Herz der Kanal und der Eintrittspunkt des schöpferischen Einwirkens durch die sich die Emanationen (Ausprägungen der Quelle) in den geschaffenen Organismus ergießen und damit die Instanz der allumfassenden Liebe (was auch die zweifelnde Herzensstimme der „Lebensherzchen" erklärt und ebenso die Arbeit, die dadurch entsteht). Es ist sowohl das Symbol einer gespaltenen Wesenheit als auch das Symbol der Bestimmung, die sich in Zeit erfüllen wird, was uns wie selbstverständlich zum Begriff der Erfüllung führt, die eine Primärschwingung der Liebe ist. Müssten wir eine Unterscheidung treffen zwischen der „konzeptuellen und der wahren Liebe", dann müsste die Erstere auf die Ebene der Vorstellungen und Verhaltensmuster, also der Moral gehoben werden, während die Zweite jeglicher Zweckhaftigkeit entbehrt. Vorstellungen entspringen der Begriffswelt eines Ansprüche erhebenden Ich, dem Befriedigungswunsch des Körper/Verstand-Mechanismus der nur dann glücklich ist, wenn seine, ihrer Herkunft allerdings nicht bewussten Leidenschaften, ein genügendes Maß an Zuspruch oder Streicheleinheiten gefunden haben.

Liebe, bis sie sich als solche zeigt, nimmt ihren Anfang immer auf der Ebene der Verliebtheit oder der Zuneigung, ist also ein Automatismus, der im Trieb-Ich in Gang gesetzt wird, dann zum Gefühls- und Empfindungs-Ich aufsteigt und sich allmählich zum integralen Bewusstseinszustand verändert.

1.1 Neurobiologie der Verliebtheit

Schauen wir uns diesen Prozess bzw. das Phänomen des Verliebtseins einmal aus der neurobiologischen Perspektive, so ergeben sich weitere interessante Zusammenhänge zwischen dem Phänomen des Verliebtseins und dem Triebkomplex in H *54 – Das heiratende Mädchen*. So haben neuere Untersuchungen des Gehirnstroms ergeben, dass das Verliebtsein in denjenigen Bereichen des menschlichen Gehirns, die auch für die biologischen Triebe und Affekte zuständig sind, eine gesteigerte Form an Aktivität bewirkt. Daraus lässt sich schließen, dass der gemeinhin als „Liebe" bezeichnete Gefühlskomplex in seinem biochemischen Korrelat, einen irreduziblen Zusammenhang mit dem biologischen Trieb aufweist (siehe *H 54 – Das heiratende Mädchen*). Die sogenannte Limerenz, d. h.. die mitunter sehr lange anhaltende Wirkung des Verliebtseins deutet auf die dem Phänomen zugrunde liegenden neuroendokrinen Prozesse hin. Diese Ergebnisse lassen sich in die Entstehungsbedingungen der Liebe integrieren, die in der Sexualität des Menschen verankert sind, die ihrerseits der diencephalen neuroendokrinen Steuerung unterliegt. Nicht zuletzt spielen dabei auch die endogenen Opiate des sogenannten Hypophysenlappens eine eminente Rolle.

Während der Entwicklungsphase des Verliebstseins produziert der Organismus verschiedene Botenstoffe wie Dopamin, das die Euphorie bewirkt, Adrenalin, das für die Aufregung sorgt, Endorphin und Cortisol, die tiefes Wohlbefinden und Glückgefühle hervorbringen und schließlich das bei Männern sinkende, bei Frauen aber steigende Testosteron, das den Faktor der erhöhten sexuellen Lust bedingt. Dabei werden auch sogenannte Pheromone d. h. Sexualduftstoffe vermehrt produziert und abgegeben, hingegen der Serotoninspiegel deutlich sinkt, wodurch die Struktur des Phänomens des Verliebstseins eine Ähnlichkeit mit einigen psychischen Krankheiten aufweist, was dazu beitragen kann, dass verliebte Menschen sich mitunter in einem nicht zurechnungsfähigen Zustand bewegen und sich zu irrationalen Handlungen hinreißen lassen, innere Hemmschwellen und emotionale Barrieren abbauen. Sobald sich der Körper an die gesteigerte Dosis an Botenstoffen gewöhnt hat, stellt sich ein neues Gleichgewicht her d. h. das Gehirn beendet den sensorischen Rauschzustand allmählich (der WHO zufolge nach maximal 24-36 Monaten).

Dieses Absinken oder umgekehrt dieses neue Gleichgewicht des Körpers trägt der Erkenntnis Rechnung, wonach internationalen Statistiken zufolge, die Scheidungsrate bei Paaren nach etwa vier Jahren am höchsten ist. Nach dieser Phase sind Oxytocin sowie der männliche Gegenspieler Vasopressin, welche Vertrauen und Bindungskraft verstärken und Endorphine die maßgeblich beteiligten

Hormone. Anders gesprochen geht, sofern die berauschenden Hormone ab einem gewissen Stadium ihre Wirkung nicht mehr in derselben Intensität entfalten, das anfängliche Verliebtsein in andere Form der Liebe über, in der die Beziehungsmuster zwischen den Partnern mehr von freundschaftlichen und gemeinsamen Interessen geleitet sind. Schlussendlich stellt der Körper ihre Produktion gänzlich ein, was einerseits zu Phänomenen des Entzugs führen kann und andererseits vormals nicht störende Eigenschaften des Partners in Erscheinung treten, was zu Dissonanzen zwischen den Partnern führen kann. [23]

Hier nun genau scheint mir die Grenze zwischen der Ich-Bestimmten Gefühlsbindung und der „herzensbestimmten und integralen Liebe“ zu sein, die eben auch Zweifel mit einbezieht und daran wächst. Zweifel am Anderen sind begründet auf Selbstzweifel und diese benötigen Widerspiegelung durch Ding und Person, was die Liebe als Entwicklungspotenz definiert, die sich durch die Summe der Bewegungen als spezifische Kraft des Verstehens offenbart. Nicht mehr das triebhafte Gefühls-Ich und die rationalen Ansichten und Vorstellungen - die sich in Summe zu alles bestimmenden Emotionen auswachsen - bestimmen den Beziehungswert, sondern der Gleichklang zweier Herzen der vom Tiefen verstehenden Eigenwert getragen wird.

Liebe im umfassenden Sinne ist natürlich keine nur auf ein Objekt oder Gegenüber bezogene Kraft, sondern wird genährt aus der Quelle der Selbstbeziehung und damit der Weltbeziehung insgesamt, und doch lässt sie sich in unterschiedliche Bezüglichkeiten einteilen, die sich allerdings gegenseitig ergänzen und zeitabhängig mehr oder weniger an Wichtigkeit gewinnen.

2. Bezugsdifferenzierungen der Liebe

Eine grobe Klassifizierung für alle möglichen Formen der Liebe ist uns durch die Begriffe Eros, Philia und Agape an die Hand gegeben. Die wechselseitige Ergänzung und Abhängigkeit dieser drei Formen der Liebe wird klar, denn es ist Eros, der zwar mehr den Aspekt der sinnlich-erotischen Liebe und menschlichen Zeugungskraft betont, der aber auch – gemäß Platons Symposion – als ein Streben nach dem Ideal des Schönen verstanden werden muss und damit bereits über das bloß Sinnliche hinaus reicht. Die Philia hingegen ist ihrem Wesen nach Freundschaft, betont aber gerade den Aspekt der Liebe als einer Bewegung der gegenseitigen Anerkennung, der Treue und des Bündnisses: so geht etymologisch betrachtet „Freund“ (althochdeutsch: fruint) wie „Friede“ und „frei“ auf die indogermanische Wurzel „fri“, was lieben, hegen bedeutet, zurück. In der Agape kommt besonders der Aspekt der Selbstlosigkeit in der Freundschaft (zu einem bestimmten Gegenüber) und damit auch der Nächstenliebe (zu einem Gegenüber überhaupt) zum Ausdruck. Bereits die Kirchenväter haben einen unlöslichen Zusammenhang von Aufstieg und Abstieg, von suchendem Eros (dem Streben nach dem Schönen, der Unsterblichkeit und letztlich Gott) und der weiterschenkenden Agape, dem Dienst am Nächsten, d. h. der Gabe an den Anderen, erkannt. Diese basalen und bereits vielfach miteinander verbundenen Formen der Liebe finden sich in allen möglichen Beziehungsstrukturen wieder, in denen dann bestimmte Aspekte dominieren, miteinander eine Verbindung eingehen oder sich gar gegenseitig ausschließen bzw. in ihr Gegenteil umschlagen und sich verneinen: So ließe sich von Selbst- oder Eigenliebe sprechen, von Partnerliebe, familiärer Liebe, Nächstenliebe, Objekt- und Ideenliebe, Gottesliebe und bedingungsloser Liebe.

Die Selbstliebe kann als eine Voraussetzung zur Fähigkeit zum Lieben und zur Nächstenliebe angesehen werden, wobei sie auch zur egozentrischen Ichüberhöhung ausarten kann, was man Selbstsucht nennt und nach Erich Fromm dann das genaue Gegenteil, nämlich Selbsthass bedeutet. Nach Fromm äußert sich Selbstsucht in der Liebe durch ein besitzergreifendes Interesse. Dabei behauptet Fromm, dass eine zu starke Selbstlosigkeit nicht mehr Tugend genannt werden dürfte, sondern ein Symptom darstellt, durch das ein unbeabsichtigter Schaden entstehen kann. Diesem Mangel, der aus einem „Zuviel“ (oder auch Zuwenig) an Kraftaufwendung und Fixierung entsteht und daher verschiedene Extreme hervorbringt, begegnen wir auch im Phänomen des Narzissmus, welcher daher auch als eine pathologische (von griech. pathos, pathein: leiden, Leidenschaft, Sucht) Form der Selbstliebe bezeichnet werden kann.[24]

Die geschlechtliche d. h. auch sinnlich-erotische Liebe kann in gegengeschlechtliche (Heterosexualität) und gleichgeschlechtliche Liebe (Homosexualität) unterschieden werden und findet oft in Liebesbeziehungen Ausdruck, für die in heutigen europäischen Kulturen das Ideal der Partnerschaft, vermischt mit dem ehemals höfischen Ideal der romantischen Liebe, betont wird. Die Geschlechtsliebe hat zwar einen sexuellen Bedeutungsgehalt, im Sinne von Geschlechtstrieb als die „Begierde nach sinnlicher Lust, die auf die Fortpflanzung des Geschlechts abzielt“[25], jedoch ist damit auch eine Kategorie angesprochen, die körperliche und geistige Liebe unter einen Begriff zusammenbringt. So kann die Geschlechtsliebe ein „vollkommen menschliches Streben nach vollkommener, d. h. geistig-körperlicher Vereinigung“[26] sein und zur Leibesvereinigung derer führen, die „sich durch höhere Fügung gefunden haben.“[27] Die geschlechtliche Liebe als „sinnliches Begehren“ bildet dann auch die notwendige Voraussetzung und „Grundlage der sittlichen Ehe.“[28]

Eine besondere Rolle nimmt die eheliche Liebe in vielen Gesellschaften ein, die oftmals Exklusivität im Sinne der Monogamie für sich in Anspruch nimmt. Die Leidenschaft und das Extrem des „Zuviel" einer übergroßen Liebe weichen einer bestimmten Form der Rationalität oder Vernunft, welche der Ehe innewohnt. Das Vernünftige der Ehe ist das Dauerhafte in dieser Verbindung, welche die Einheit des vollständigen Menschen anstrebt, also ein Selbstverwirklichungsraum darstellt, dessen „Zweck" die „lebenslängliche und ungeteilte Gemeinschaft aller Lebensverhältnisse" bildet, deren Grundlage „Liebe, Achtung und gegenseitige Hingabe" sein „sollen". Jedoch spielen auch nicht auf exklusiven Zweierbeziehungen beruhende Liebesmodelle (Polygamie) in außereuropäischen Kulturen und in den letzten Jahrzehnten auch im Westen („Polyamory", Beziehung zu mehreren Liebespartnern) eine größere Rolle.

Neben der partnerschaftlichen Liebe und Ehe sind insbesondere die Liebe zwischen (engen) Verwandten (Vaterliebe, Mutterliebe, Kindesliebe) und die Freundesliebe in menschlichen Gemeinschaften von größter Bedeutung. Das „Familienband" stellt auch heute noch die „Grundlage der Gesellschaft" dar. Neben dieser durchaus funktionalen Komponente stellt die Liebe von Vater und Mutter zu ihren Kindern oder der Kinder zu Vater und Mutter, da sie im Wesentlichen von sinnlichem Begehren freigestellt ist, eine ganz natürliche und unverfälschte Form der Liebe dar. Sie basiert auf interaktiven Prozessen der Selbsterfahrung im geschützten Rahmen verwandtschaftlicher Beziehung, was allerdings eine große Herausforderung an das „Ich-Konzept" ist, aber genau dieses ist Verankerungspunkt aus dem heraus sich die verstehende Liebe des Herzens entwickelt.

Die Nächstenliebe (agape) gilt im Sinne von Religion und Ethik primär den Bedürftigen, während die Philanthropie sie zur allgemeinen Menschenliebe ausdehnt (Menschlichkeit). Die Feindesliebe ist eine im Neuen Testament auf „Feinde" bezogene Nächstenliebe, die oft als christliche Besonderheit gilt, aber in abgeschwächter Form auch in anderen Religionen vorkommt. „Liebe Deinen Nächsten wie Dich selbst" so die christliche Bezüglichkeit und so gesehen, ist diese Nächstenliebe eine konzeptualisierende Form der reinen Liebe, und zwar solange, bis die Liebe als uneingeschränkte Akzeptanz dessen was ich bin, die Oberhand gewinnt. Fehlt der Tiefenbezug zu mir selbst (zum Selbst der tatsächlichen Natur), fehlt auch der Bezug zum anderen oder anders gesagt: Zeigt er sich dementsprechend.

Insbesondere in jüngerer Zeit ins Zentrum gesellschaftlicher Begriffe gerückt sind auch die „Tierliebe" oder die „Liebe zur Natur" im weitesten Sinne. Ausschlaggebend für diesen Wandel sind vor allen Dingen ethische Erwägungen im Bereich Natur- und Tierethik. Darüber hinaus ist besonders die Liebe zur Natur eine primäre Form der Hingabe und Betrachtung des Kosmos, vor allen Dingen im antiken Griechenland, dem Kulturraum, dem die Philosophie als „Liebe zur Weisheit“ oder Streben nach allumfassender Erkenntnis entsprungen ist. Mit einiger Vorsicht ließe sich die „Liebe zur Natur“ als eine Voraussetzung bzw. Bedingung des Strebens nach Erkenntnis (der Natur) verstehen. Dass dieses Streben auch seine Kehrseite haben kann und damit potentiell auch in Gewalt umschlagen kann, hat sich nicht zuletzt in der Unterwerfung und Beherrschung der Natur im Zuge der rasanten Entwicklung der naturwissenschaftlich-technischen Methoden erwiesen. Neben dieser Form der Ideenliebe und ihrer Wucherungen, deren geistige Errungenschaften nicht in Abrede gestellt werden sollen, gibt es auch verschiedene Arten von Objektliebe. In der weitesten sprachlichen Auslegung „liebt“ man in etwa seine Hobbys oder auch Leidenschaften und kann diese dann auch als Liebhaberei oder Vorlieben bezeichnen. Auch Ideale können demnach geliebt werden, etwa durch den Begriff der „Freiheitsliebe“ dargestellt, aber auch Zugehörigkeiten wie „Vaterlandsliebe“ (Patriotismus). Diese Vorlieben können bis hin zu Fanatismus gehen, der Begriff Fan wird aber heutzutage auch für nichtfanatische Formen der Bewunderung, Verehrung bzw. Anhängerschaft verwendet.

Eine besondere Bedeutung kommt der Gottesliebe zu, die in ihrer allgemeinen Form die Liebe zu einem Gott oder mehreren Göttern bzw. einer spirituellen Entität verkörpert. Alle Liebe zwischen Menschen verschwindet gewissermaßen hinter dem Totalanspruch der Gottesliebe. Die Gottesliebe fällt in den Bereich der sogenannten Tugendliebe und dürfte aus einer religionsphilosophischen Warte betrachtet als die „Wurzel und Quelle aller Tugenden“[29] angesehen werden. Die Liebe kann aber nicht nur dem christlichen, sondern auch einem elementaren Grundgedanken vieler Religionen und Weltanschauungen folgend mit Gott als dem „Wesen aller Wesen“ selbst identifiziert werden. Sie ist die universale „Kraft, welche Welten verknüpft und zusammenhält.“[30]Gottesliebe im erweiterten Sinne widerspiegelt das tiefe Vertrauen in das Ungewisse und daraus resultierend die unumstößliche Gewissheit, dass alles einer kollektiven Quelle entspringt, und würde es nicht personifiziert werden, könnte es auch nicht zum religiösen Fanatismus entarten. Ich glaube sie ist also ein wankender Pfeiler, der nur durch die nicht unterscheidende Gewissheit im Herzen eine Stabilisierung erhält.

Liebe bedarf für den christlichen Mystiker Meister Eckhart keines entgegenstehenden Objektes. Sie wird vielmehr als eine Bewegung des sich bedingungslos Öffnens, als eine Entgrenzung verstanden: die Offenheit für das ganz Andere, das sich unserem Blick entzieht und daher kein unmittelbares Objekt des Sehens mehr sein kann.

Der Philosoph und Metaphysiker Jean Emile Charon bezeichnet diese Form der universalen Liebe als eine „Finalität der Evolution“ und Selbsttranszendenz des Universums. Diese Finalität und Selbsttranszendenz begegnet uns in der Bezugsgröße des Empfangenden, durch das sich Absichtslosigkeit als Leerraum der Möglichkeiten widerspiegelt, denn nur durch das absolute Nichtseiende kristallisiert sich das Seiende in Vollendung. Bedingungslose Liebe lässt demnach alles offen und schließt gleichzeitig alles ein, basiert also auf der Aufhebung aller Gegensätze und damit dem erwachten Verstehen, dass ausnahmslos alles ein Ausdruck der Bewegung des Schöpferischen im Raumgefüge des Empfangenden ist. Dieses „Verstehen" ist dann die Widerspiegelung der Liebe durch die geöffneten Tore des Herzens.

3. Moral und Ethik

Der Begriff Ethos bezeichnet etymologisch betrachtet eine sittliche Handlung bzw. die Gesamtheit moralischer Lebensgrundsätze. Das Fremdwort ist aus griech. ethos „Gewohnheit, Gesittung, Charakter“, aber auch „Sitte, Brauch“ entlehnt. Die Ethik stellt als eine Philosophische Disziplin eine Form des Theoretisierens über das Praktische dar, welches die Erkenntnis des Guten anstrebt. Als praktische Erkenntnis strebt die Ethik aber nicht nur eine Erkenntnis des Guten an, sondern auch die Verwirklichung des Guten durch das Handeln. In Bezug auf die personale Praxis heißt die Ethik daher vielfach Moral- oder Tugendlehre, während sie bezüglich der sozialen Praxis als Rechts- oder Staatslehre definiert wird.[31] Nach Platon stellt die Ethik die Frage nach den allgemeinen Kriterien eines guten Lebens: „Es geht nicht um eine belanglose Frage; worüber wir sprechen, ist, wie man leben soll.“[32]

Nach Platon ist diese Frage, wie man leben soll, nicht nur keine belanglose Frage, sie ist vielmehr die erste und letzte Frage der Philosophie. Sie steht am Beginn jeder philosophischen Reflexion und ihre Beantwortung ist das Ziel, dem alle philosophischen Anstrengungen dienen. Von der Frage nach dem guten Leben bestimmt, ist die Philosophie mit der konkreten Lebenspraxis eng verbunden. Denn jeder Mensch steht vor der ausgesprochenen oder unausgesprochenen Frage, wie er sein Leben führen soll.[33] Platon hebt also ausdrücklich hervor, dass diese Frage nicht nur den Philosophen zu eigen sei, sondern wie keine andere Frage jeden Menschen angehe: „Denn Du siehst“, sagt Sokrates, „dass wir über das sprechen, worauf wohl auch ein Mensch mit ganz bescheidenem Verstand größeren Ernst verwenden wird als auf irgendetwas anderes: nämlich über die Frage, wie man leben soll.“[34]

3.1 Sitte und Sittlichkeit im sprachwissenschaftlichen Sinne erklärt:

Die Sitte oder die Sittlichkeit bezeichnet ursprünglich die Gewohnheit, den Brauch, die Art und Weise des Lebens und damit die geschichtlich entstandene, im positiven Recht enthaltene Ordnung des Lebens in der Gemeinschaft bzw. der allgemein gewordene Stil des Handelns und des Verhaltens - das Schickliche - der in einer Stammes- oder Volksgemeinschaft, in einem Stand herrscht und dessen Einhaltung vom Einzelnen wie von der Gemeinschaft mehr oder weniger streng gefordert und beobachtet wird. Sitten erreichen wie viele andere Verhaltensnormen und Vereinbarungen „Gewohnheitscharakter“ (eine Belegung mit erdachten Forderungen).

Die Sittlichkeit oder der Inbegriff des Sittlichen bedeutet zugleich das Sittsame, d. h. die Summe dessen, was für „gut" oder schicklich gehalten wird (ahd. situsam bedeutete „geschickt"). Diese Bedeutungsschicht des Sittlichen bezieht sich überwiegend auf gesellschaftliche Normen, die wir oft als Zwänge und Konventionen empfinden und die zumeist auch unhinterfragt übernommen werden. Philosophisch betrachtet hat der Begriff des sittlich Guten sowie des Moralischen noch eine konkretere Bedeutung. Kant zufolge stellt das sittliche Gefühl die empfundene Abhängigkeit des Privatwillens vom allgemeinen Willen dar. Die moralische Bildung des Menschen hängt aber nicht von der bloßen Besserung der Sitten ab, sondern von der Umwandlung seiner Denkungsart und von der Gründung seines Charakters durch eine Revolution der Gesinnung.[35] Diese Revolution der Gesinnung ist notwendig um den von Kant diagnostizierten Hang des Menschen zum Bösen zu überwinden.

Die Gefahr der Instrumentalisierung der „Moral" bzw. der „Pflicht" wird deutlich in ihrem Bezug zur „Schuld" bzw. zur Konstruktion eines Schuldbewusstseins, das je nach Interessenshorizont (politisch, sozial, religiös und weltanschaulich) zu einem Konzept der Macht und Beherrschung werden kann. Die Ethik im Sinne eines Ethos bezeichnet hingegen einen bestimmten (geronnenen) Haltungswert einer Person und ist insofern von der Moral im Sinne einer Instrumentalisierung abzugrenzen, als sie den faktischen Individuationsprozess des Menschen voraussetzt, der das Leiden und damit auch die so genannte ‚Verfehlung' als ein notwendiges Strukturmoment der Entwicklung deutlich werden lässt. Ein Ethos zu verwirklichen besagt in diesem Zusammenhang nichts anderes als eine bestimmte Form der Reife und der Selbsterkenntnis, die immer auch Welterkenntnis ist, erreicht zu haben. Das Durchlaufen der verschiedenen Lebensstadien als einem Prozess des Zu-sich-selbst-Werdens, der zunächst auch immer Selbstentfremdung bedeutet, erfordert eine stete Wachsamkeit konzeptualisierten Entwürfen und Vorstellungen (besonders moralisch-ethischer Art) gegenüber, jedoch vor allen Dingen Vertrauen in die Bewegung des Seins als solchem, der schöpferischen Kraft, die den (moralisch-ethischen) Vervollkommungsprozess des Menschen auf eine natürliche Art und Weise vorantreibt. „Der Mensch mag sich wenden, wohin er will, er mag unternehmen, was es auch sei, stets wird er auf jenen Weg wieder zurückkehren, den ihm die Natur einmal vorgezeichnet hat."

3.2 Die Moral und das Konzept Leben an sich

Moral ist ein ausnahmslos von Menschen erdachtes Konzept durch das sich diese Spezies in ihren Innenbewegungen und Handlungen zu veredeln versucht. Sie scheint eine Niederschrift analog zunehmender Intellektualisierung zu sein, eine Etikette gedachter Menschlichkeit, durch die sich eine solche vom Animalischschlechten und unbeherrschten unterscheidet. Gehen wir ihrer Geschichte auf den Grund, dann ist der Grund ihres Auftauchens eigentlich das Konzept Leben an sich, das als ein Ausfließen aus dem Grundstoff des Einen, Allerhöchsten, dem Dao und höchsten Sinn zu verstehen ist. Das Konzept der Moral als ethischer Wert, begründet sich ganz konkret auf die Nahtstelle der Abtrennung als dem Verlust der Einheit und der Werdung der Vielheit, denn diese Vielheit ist Irrung, ist Entfremdung und Missklang, der Beginn der Tragödie einer mit Vernunft begabten Wesenheit, die sich selbst durch Andere reflektiert und damit dem Netz der Verfehlungen durch Vergleich anheimzufallen scheint.

Genau darauf ist die Moral gebaut und das ethische Konzept, denn diese „reflexive Vernunftinstanz“ ist doch das Menschliche schlechthin. Vernunft jedoch baut auf die Gegenseite der Unvernunft und so kann nur in der Mitte dieser beiden ein relativer Vernunftaspekt im Sinne der individuellen Eigennatur gefunden werden. Vernunft ist damit das, was der Einzelne als vernünftig erachtet, wiederum entsprechend dem, was er achtet. Sie ist eine Erkenntnissumme, die aus der innen angeregten Entwicklungsnotwendigkeit gebildet wird und damit ein wandelbarer Aspekt des Verstandes. Das Vernünftige ist also eine bloße Momentaufnahme, immer in Bezug gesetzt zu etwas, das jemand als das jetzt Passende erachtet. Der natürlichste Vernunftaspekt ist deshalb das bloße Mitfließen in den Bewegungen des Bewusstseins, was sowieso geschieht. Wir können nicht unvernünftig handeln im Sinne dieser Bewegung, denn wir haben keine Kontrolle darüber. Wir können aber auch nicht willentlich „nicht darüber nachdenken“, denn dieses Nachdenken eröffnet die Erkenntnisebene in Bezug auf die persönliche Eigenart und das Eingebundensein. Lediglich der Vorgang, als solcher steht im Vordergrund. Er ist das, was ich bin. Die Entscheidung, die fällt, ist eine folgerichtige in Bezug auf das, was uns ausmacht (und auch anmacht). Sie ist schon gefällt, wie eine Frage nur gestellt werden kann, weil es die Antwort dazu bereits gibt.

Der daoistische Gelehrte und Philosoph Laotse schreibt in seinem Tao te king zu diesen Ausführungen:

„Geht der große Sinn zugrunde, so gibt es Sittlichkeit und Pflicht. Kommen Klugheit und Wissen auf, so gibt es die großen Lügen. Werden die Verwandten uneins, so gibt es Kindespflicht und Liebe. Geraten die Staaten in Verwirrung, so gibt es die treuen Beamten.“

Mit anderen Worten gesagt: Geht das alles verbindende Urwissen um die gemeinsame Quelle der Abstammung verloren, muss ein irdischer Ersatz gefunden werden. Da Verlust auch eine Entfernung von der belebenden Quelle bedeutet, könnte man durchaus vom Instinktverlust gegenüber dem sprechen, was naturgemäß oder ursprünglich gut und richtig ist. Die Erkenntnis, die dem folgen müsste, würde lauten: Das, was ist, ist naturgemäß sonst wäre es nicht, denn ist der Himmel die Ursache aller Bewegungen, dann kann etwas nur „unmoralisch“ im Sinne der Bewertungen sein. Die Wurzel der Moral scheint mir ganz eindeutig im Gefühl der Schuld zu liegen, die ihren Nährsaft wiederum aus einer Ur-Verletzung zieht und dies führt zum Resümee, das sie eine Schutzmaßnahme vor vermeintlichen Übergriffen darstellt, die eben solche Punkte berührt. Klugheit und Wissen sind die Mechanismen, aus denen solche Schutzwälle geboren werden. Alle Lügen haben hier ihren Ursprung, denn es handelt sich ja nicht um das Natürliche, dem man als solches nicht vertraut, da es entfernt und damit ungreifbar ist, sondern um ein von „klugen Einzelnen“ für das Wohl der Gemeinschaft vorgegebenes Gut-Sein und Verantwortlich-Sein, also Menschengedachtes- und gemachtes, was sich später dann als Glaubens- und Erziehungsideal noch „nützlich“ macht.

Das Prinzip des Allerhöchsten, das Dao oder der Himmel wird hier als „Gutsein an sich“ unter Ausschluss des Dunklen bewertet, was ihm weiter gedacht, die allumfassende Kompetenz einer Primärkraft entzieht, der alles entstammt. Dem Menschen wird ein freier Wille zugesprochen, der jedoch durch Regeln und Pflichten, an das als ethischer Wert definierte Gute angebunden werden muss (was dann in Folge zu den klerikalen Vertretern des Himmels auf Erden geführt hat, die Gutsein mit Folter und Mord herbeizwingen wollten, aber auch die treuen Staatsdiener dürfen wir hier nicht vergessen, die das Gutsein beflissentlich zum Zwecke der eigenen Bereicherung betreiben). Es scheint ganz offensichtlich, dass sich durch das Deckmäntelchen der Moral, das Abgründige des Menschseins verbergen will, aber alles, was sich verdecken muss, wird wie magisch in das Licht der Aufmerksamkeit gezogen und da hilft dann scheinbar die Kompensation durch Machtausübung und Zensur.

Ziehen wir diesen einen Gelehrten der antiken Zeit heran, dann müssen wir ihm den anderen gegenüberstellen, den großen ethischen Meister Konfuzius und Begründer des Konfuzianismus, der sich kulturell zu den Zhou bekennt. Deren Weltbild ist getragen von der Religion des „Himmels“ als einer ethisch konzipierten Ganzheit. Über Eingriffe in die Politik, das persönliche Schicksal und in die Natur verfolgt der Himmel sein Ziel, die Guten zu belohnen und die Schlechten zu bestrafen, und zwar nicht in einem Jenseits, sondern in der hier und jetzt erfahrbaren Welt. Moral könnte demnach als „Gewissen des Menschen“

gegenüber der natürlichen Gutheit des Himmels verstanden werden, seine Vertreter als verlängerte Arme einer Gottheit des Guten. Menschsein unterscheidet sich also vom tierischen Dasein, insofern als es vom Bewusstsein seiner selbst in einer Welt getragen wird, die einen rückbezüglichen Sinn haben muss, den er durch sein Bewusstsein reflektieren kann.

Lesen wir was Konfuzius im Buch der Riten schreibt:
Ein Edler hat drei Tabus: In der Jugend, wenn die Lebenskraft noch nicht gefestigt ist, liegt das Tabu im Geschlechtstrieb.
Wenn er dann erwachsen ist und die Lebenskraft sich stabilisiert hat,
liegt das Tabu im Kampf (Machttrieb).
Und im Alter, wenn die Lebenskraft schon zerfallen ist,
liegt das Tabu in der Habgier" (Lunyu 16.7)

Der Mensch braucht also vom Beginn seines Lebens an ein Grundgerüst von Regeln und Verhaltensweisen zur Orientierung. Sie ordnen das gesamte soziale Dasein, unterschieden nach Rang und Rolle, Alter und Geschlecht, von der Geburt bis zum Tode. Diese Regelmechanismen des menschlichen Zusammenwirkens und Handelns bezeichnet Konfuzius als „Riten" die wie Halteseile, die Menschenwelt begehbar machen. Aus diesem Kontext heraus entwickelt sich dann der Begriff der Tugend, welche die Fähigkeit und innere Haltung widerspiegelt, das Gute mit innerer Neigung (d. h. leicht und mit Freude) zu tun. Der tugendhafte Mensch hat sich das Gute gleichsam zur zweiten Natur gemacht.

Genaugenommen gründet sich der Bewertungsmaßstab der Ethik auf Tabus, einem Ausschluss der als unmoralisch oder unsittlich definierten Andersheiten und binden wir diese Tabus (aus dem Polynesischen tapu, unantastbar, geheiligt) einmal an die Beziehungsgegebenheiten des Menschen an, dann kommen wir zum Zwang, der Geheimniskrämerei und dem Verstecken, denn diese Tabus scheinen doch sehr dem Beschreibungskontext des Menschen anzugehören. Wir haben es also genaugenommen nicht mit Liebe, sondern mit einem Konzept der „Menschlichkeit" zu tun und dieses bedient sich der Vorstellung von Gutsein, die nicht wenig mit einer personifizierten Allmacht zu tun hat, die im Himmel thront und alles überwacht. Der Maßstab der Tugend wäre dann die gekonnte Unterwerfung unter die Regeln dieser Allmacht, doch wo sind diese Regeln und durch wen niedergeschrieben? Der schöpferische Himmel kann sich nicht selber reglementieren, denn er wäre nur noch bedingt schöpferisch. Das, was aus ihm hervorgeht, ist die Vielheit der Manifestationen und diese sind in Summe gut.

Das Menschliche ist nicht das Göttliche an sich, sondern sein Ausdrucksinstrument in allen Facetten, ist also im Ganzen die Widerspiegelung der Abläufe zwischen jenseitiger und diesseitiger Weltenwirklichkeit. Fallen die Halteseile der Riten oder Regeln also weg, wankt auch die Tugend, denn sie ist doch in weiten Teilen nur ein Konzept des Gutseins. Tugend muss also etwas sein, was im eigenen Inneren zu finden ist. Eine Wertigkeit spezifischer Wahrheit, zu der nur durch Selbstdurchdringung vorgedrungen werden kann. Was am Ende einer solchen Selbstdurchdringung steht, ist die leuchtende Erkenntnis, dass Menschsein im Ganzen eine Sinnbezeugung des Göttlichen ist; dies anzuerkennen nenne ich wahre Tugend.

Was genau soll nun das ethisch-sittliche Gerüst des Menschseins sein? Wir stoßen auf mehrere Attribute, wie sie z. B. in den sogenannten Kardinaltugenden des Platon, oder den zwölf Tugenden des Heinrich von Mügeln (um 1355), den Bürgertugenden, den fünf Silas des Buddhismus und natürlich den Zehn Geboten zum Ausdruck kommen.

Die vier Kardinaltugenden:
Weisheit, Gerechtigkeit, Tapferkeit und Mäßigung

Die zwölf Tugenden des Heinrich von Mügeln:
Weisheit, Wahrheit, Gerechtigkeit, Barmherzigkeit, Friedfertigkeit, Stärke, Glaube, Mäßigkeit, Güte, Demut, Hoffnung und Liebe

Die Bürgertugenden:
Ordnungsliebe, Sparsamkeit, Fleiß, Reinlichkeit und Pünktlichkeit. Die bürgerlichen Tugenden sind in ihrer sozialen Funktion auf die praktische Bewältigung des Alltags gerichtet. Ihre soziale Funktion besteht im Aufbau und der Sicherung einer wirtschaftlichen Existenz.

Die fünf Silas des Buddhismus:
Kein Lebewesen töten oder verletzen, nichts zu nehmen, was nicht freiwillig gegeben wird, sich keinen anstößigen sexuellen Freuden hinzugeben, nicht zu lügen und wohlwollend zu sprechen, keine berauschenden Substanzen zu konsumieren, die den Geist verwirren und das Bewusstsein trüben. Des Weiteren die Ehrlichkeit, die Aufrichtigkeit, der Sinn für Gerechtigkeit, die Toleranz, die Hilfsbereitschaft und die Menschenwürde

Auf einen Nenner gebracht findet sich in all diesen Begrifflichkeiten die Idee der „Kultivierung des Ich“ und damit der Zugewinn an Bewusstheit über das eigene

Menschsein, in der natürlich das Gegenüber entsprechend schwingt. Eine weitere Erkenntnis folgt diesem Zusammenhang. Moral überbrückt oder überdeckt das Unbewusste, die Reaktionen aus dem nebulösen der tiefenregierten Abgründe heraus, das demgemäß Schaden anrichtet oder verletzt. Ist da kein Vertrauen zu sich selbst, ist da Misstrauen und diesem begegnet der dramaturgisch infizierte Lebenskörper mit Maßregeln und Sitten, wobei das wirklich Aufregende ist, diese zu durchbrechen und dabei festzustellen, dass dahinter ein individuelles Menschlein schlummert, das so ist, wie es ist. Jedes nennbare Attribut der einen Seite, erhält seine Gewichtung vom gleichwertigen Gegenstück und je mehr das eine in moralischer Fixierung nach vorne gehoben wird, desto stärker und gemeiner, da im geleugneten Hintergrund sich verdichtend, wird seine Kraft. Keines dieser Attribute besteht an sich, ist also relativ in Bezug auf das Erkenntnismaß des Einzelwesens und dieses ist geronnene Natur der Möglichkeiten. Die Moral der Geschichte sollte also Ehrlichkeit heißen, und zwar in Bezug auf die „innere Wahrheit" (H 61), der Teilwahrheit der großen Wahrheit, zu der es allerdings durchzudringen und hinzuwachsen gilt.

4. Selbstkultivierung als Fundament der ethischen Stimmigkeit

Alle bindenden Normen entspringen dem Selbst, das Ausdruck individueller Möglichkeiten ist. Sie sind also Teil des Lebendigen und damit natürlicher Regelmechanismus, der dem geordneten Fortbestand des Geschaffenen dient. Die darin verborgene Moral der Natur ist die Sozialität, das Empfinden der eigenen Wesenheit in Bezug auf das Gegenüber, das einzig dem Gesetz der Resonanzen folgt. Sozialität als „Naturmoral" braucht nicht anerzogen werden, sie ist ein Ausdruck kollektiver Verbundenheit, gleich dem schlagenden Herzen der den Organismus am Leben erhält. Selbstkultivierung ist korrekter gesagt Ich-Kultivierung, die Verfeinerung der Kontaktfront mit der Außenwelt durch Achtsamkeit, was zu einer zunehmenden Stärkung der Selbstachtung und einer stabilen Lebenshaltung führt. Dadurch macht sich der Mensch unabhängig von Erfolg, Misserfolg und vom Verkanntwerden seitens seiner Mitmenschen. Nicht das betrachtet Konfuzius als Übel, von dem Anderen verkannt zu werden, sondern wenn man selbst die Anderen verkennt. Verkannt zu werden allerdings resultiert wiederum aus dem Umstand des Verkennens der eigenen Wirklichkeit, der Achtung vor sich selbst und dies ist das Fundament aller Moral und allen sozialen Handelns und gleichzeitig der Gegenpol zur blinden Anpassung.

4.1 Drei Hexagrammbilder zur Resonanz zwischen ethischem Verhalten und Introspektion

a) Hexagramm 41 - Die Minderung oder die Zurückhaltung

Was sagt das Yijing zur Thematik der Selbstkultivierung? Einige der Zeichen wie z. B. die Minderung, die Ernährung, des Großen Zähmungskraft, die Beschränkung, die Anmut, die innere Wahrheit, die Unschuld und die Bescheidenheit bieten sich an, wobei ich mich zur Verdeutlichung der Verbindung zwischen ethischem Verhalten und Introspektion, auf die drei grundlegenden Persönlichkeitszeichen H 41 - Die Minderung, H 26 - Des Großen Zähmungskraft und H 61 - Die innere Wahrheit beschränken möchte.

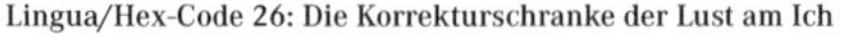

Lingua/Hex-Code 26: Die Korrekturschranke der Lust am Ich

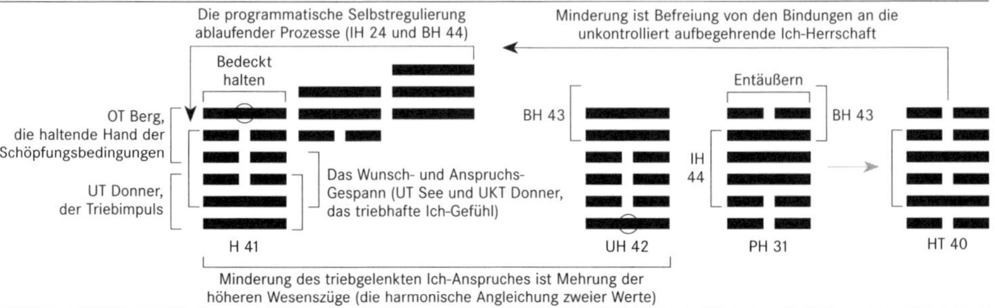

Betrachten wir den Lingua-Hex-Code© der Minderung oder Mäßigung, der aus den beiden tragenden Elementen von unterem Trigramm See und oberem Trigramm Berg besteht, so sehen wir zugleich ein hervorsprudelndes und ein gegenhaltendes Element oder eine extrovertierte und eine introvertierte Bewegungsrichtung. Es ist der Lust- und Leidenschaft betonte Triebaspekt des UKT Donner inhärent dem See der Ich-Gefühle, dieses „Wunsch und Anspruchsgespann" das nach oben und außen drängt und dabei vergessen könnte, das es nicht um die alleinige Ego-Geltung geht, sondern um das harmonische Gesamtbild der Erscheinung im Ganzen (LH 19 von Linie 6). Diesem nach außen drängenden und schlichtweg gesagt vorlauten Ich, ist nun das Regulativum einer mäßigenden Hand mit höherer Ermächtigung entgegengesetzt, was sich aus der Kombination von OT Berg und dessen Verschmelzung mit UBT Wind und OBT Himmel herauslesen lässt. Es ist die regulierende Hand der Schöpfungsbedingungen, die ihren Tribut vom „freiheitlich" organisierten Lebensstoff fordert (*HT 40 – Die Befreiung*).

Wieder taucht hier das Bild der programmatischen Selbstregulierung ablaufender Prozesse auf, und zwar insofern, als das es doch offensichtlich der alles bestimmende Ursprung an sich ist, der das Erhebungs- und Handlungsmaß der aus seinem „Stoff" realisierten Lebensprojekte kontrolliert. Darauf verweisen sehr konkret die beiden Primärzeichen der Werdung, *BH 44 – Das Entgegenkommen* und *IH 24 – Die Wiederkehr*, die als Paarungszeichen der Raum-Zeit/Begegnung gelten und denen die beiden Einzelsegmente von See und Berg als thematische Projektionsfläche der Minderung zur Seite gestellt sind. Das Unmoralische könnte dann eher das Ichfixierte und damit das einer bestimmenden Natur entfremdete Trägerkonzept sein, das sich turnusmäßig für eigenständig hält (LH 19 der Linie sechs). Bewusstheit über das, was ich tatsächlich bin, ist die Korrekturschranke der „Lust am Ich" und diese ist gesetzt, denn das was werden soll, wird bestimmt von dem, was das Werden bestimmt (OBT Himmel).

Eine interessante Vertiefung zur hier sichtbar werdenden Tatsache der Selbstregulierung ablaufender Prozesse bietet sich an. Das Brückenhexagramm H 44 – Das Entgegenkommen, unten der Wind und oben der Himmel, steht für die von „außen oder oben“ kommende Energie in Bewegung und seine beginnende Materialisation auf feinstofflicher Ebene, ausgedrückt durch die Yinlinie an unterer Stelle. Sie ist ein Sinnbild für das energiegeladene Elementarteilchen, aus dem sich alle Formen bilden. Man könnte es auch als den virtuellen Geburtsfaktor der zehntausend Dinge oder die Luftzeichnung des großen Architekten bezeichnen, die nicht sichtbar ist, aber mit sanftem Nachdruck wirkt. Das innere Hexagramm *H 24 – Die Wiederkehr*, unten der Donner und oben die Erde, ist das polare Zeichen dazu. In Ergänzung zum Yinstrich von H 44, ist es hier ein Yangstrich, dessen Kraft nach oben drängt, den Bauch der Erde schwängernd. Er ist der Same der Verwirklichung dieser virtuellen „Luftzeichnung“. Die Eingabe von oben – der Atem des Himmels – und die Anregung von unten – der Same des Lebens – bringt den Kreislauf der Manifestationen in Gang. Die frühe Himmelsenergie und der Same der Elternschaft bilden die Essenz der Bestimmung, der alle Bewegungen durch die Form unterliegen. Der Anfang von allem, doch wessen Anfang?

Nehmen wir jetzt noch das mäßigende Element der Yanglinie am sechsten Linienplatz hinzu, die beherrschendes Teilstück des Berges aber auch Teil des Windes von H 44 ist und wandeln sie in einen Yinstrich, dann wird das Bild der regulierenden Hand des Himmels (Berg gleich Hand), als weise Führung der von ihm geschaffenen Wesen, mehr als deutlich. Es erscheint nämlich dann das Zeichen H 19 – *Die Annäherung*, das im inneren Kreislauf der Kraft, dem Mingmen oder dem Tor zum Leben zugeordnet ist, in dem der Auftrag des Himmels verankert liegt. Sein Sitz ist in den Nieren, die als Speicher der Essenz betrachtet werden.

Lingua/Hex-Code 27: Die Selbstregulierung ablaufender Prozesse

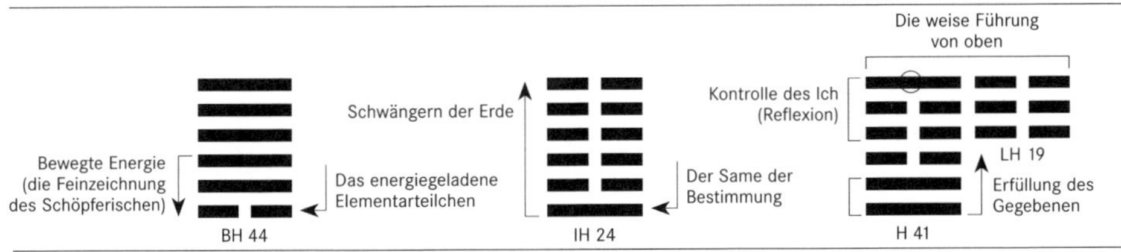

Es geht also keinesfalls um das Lust- und Launeprinzip des Interpretierenden und rationalisierenden Ich, sondern um die Erfüllung dieser, in der Wurzel der Ichheit eingeschriebenen Bestimmung. Insofern ist die Mäßigung ein natürliches Werkzeug, das der Erfüllung eines übergeordneten Auftrages dient. Wir bezeichnen diesen sehr gerne als „Selbstverwirklichung", zu der wir antreten, die wir in Angriff nehmen. Doch welches „wir" ist hier gemeint? Der ethische Wert der Person definiert sich selbst, durch das Selbst und ohne ein gnädig gestimmtes Ich das sich diesem annimmt. Das Ich ist nur das Werkzeug des Selbst, es ist Teil des Selbst. Wird dies erkannt, sind wir frei, sind wir im Fluss mit den natürlichen Bedingungen. Minderung der aufbegehrenden Charakterelemente ist also Mehrung im besten Sinne. Was dadurch in zunehmendem Maße das Jetzt-Bewusstsein erfasst, ist die Freiheit des Soseins, wie ich bin, das Gewahrwerden der Wirklichkeit, die in uns selber wohnt (homologes *Hexagramm 40 – Die Befreiung*).

Die Lust des Lebenden am Leben und damit der persönliche Geltungsdrang, die Hab- und Besitzgier (OT Berg ist Hand), basiert ganz eindeutig wieder auf dem Konzept der Spaltung und Abtrennung, dem Verlustgehen der Einheit und dem Eingehen und Aufgehen in der Vielheit einer Welt, in der scheinbar das Leben apriori regiert. Es kann also tatsächlich nur dieser Spalt der Trennung von dem Sinn gebenden Urgrund alles Lebendigen sein, die Entfremdung die durch die Summe der gezeugten Vielheit und der dadurch zunehmenden Verzerrung des Natürlichen entstanden ist, an dem sich Moral und ethisches Konzept als Halteseile durch das hemmende Lebenslabyrinth anknüpfen können. Der Mensch ist die Summe aller Möglichkeiten und diese Möglichkeiten offenbaren sich durch das Fahrzeug seiner Person und der treibenden und lenkenden Natur. Minderung des vom Duftgrund des Irdischen erregten und bewegten Ich ist Wertsteigerung der höheren Wesenszüge (*UH 42 – Die Mehrung*) und wieder sehen wir Erstaunliches: Minderung und Mehrung sind zwei Gesichter einer einzigen Medaille. Geben und Nehmen scheinen das tragende Konzept der Lebensbewegungen zu sein und so gesehen ist doch Vorsorge getragen, das sich das Leben nicht zu einer alles vernichtenden „Unmoralität" der Einseitigkeit aufschaukeln kann. Wie dramatisch sich allerdings ein solches „Natur-Regulativum" im Trieb-Ich entäußern kann, das sehen wir dann, wenn es zu Beziehungsszenen kommt, in denen das persönliche Recht auf Geltung pocht. Minderung ist eben im Ganzen gesehen eine Befreiung von dem ewig aufbegehrenden Ich-Anspruch (*HT 40 – Die Befreiung*), eine Beschneidung des Unwesentlichen zugunsten des Wesentlichen.

Hand vor den Mund, oder sich mit vorlauten Reden hinter dem Berg und bedeckt zu halten, das erhöht die eigene Glaubwürdigkeit, wie die Symmetrie von Minderung H 41 und Einwirkung H 31 deutlich macht (Anmerkung: dem See ist auch der Mund zugeordnet, dem Berg die Hand). Während nämlich der Minderung die Parole „Reden ist Silber, Schweigen ist Gold" entspricht, stehen die Zeichen in der Einwirkung auf Einfluss nehmen und werben. Nicht zuletzt ist auch die Steuerabgabe ein Symbol des Verzichtes, dessen Umfang und Leistungspflicht durch eine ermächtigte Instanz festgelegt wird. Ob uns dies nun gefällt oder nicht: Es deckt den Finanzbedarf des Staatswesens und ist damit ein Symbol der sozialen Verbundenheit untereinander, des Wohlstandes und der Gerechtigkeit. Ein bedeutender Umstand in der Struktur der Minderung und seiner Umkehrung, der Mehrung, verweist nämlich auf das zu wahrende Gleichgewicht als gesetzte Norm der Energie/Materie-Komponente von Himmel und Erde.

Ersetzen wir die Yin-Lücke des redelustigen Sees in H 41 mit dem nach oben gestiegen Kraftaspekt der sechsten Linie Berg, erhalten wir den Frieden des H 11 und lassen wir das gespendete Schöpfungs-Yang des Donners am untersten Linienplatz von H 42 zurückkehren zum Heimatplatz der vierten Linie, ergibt sich das Zeichen der Stockung. Minderung ist also Mehrung im höchsten Sinne, denn was dadurch zum Vorschein kommt, ist der „Goldaspekt" des Selbst, und diesem Aufscheinen der Wesensnatur steht der innere Friede zur Seite. Wird dem Anspruch nach Mehrung der individuellen Natur mit allzu leidenschaftlichen Ich-Gebärden entgegengewirkt, stellt sich die Stockung ein. Das eine bedingt jedoch das andere und immer steht nur das eine Ziel im Vordergrund, die Verwirklichung des Selbst durch das Selbst. So disharmonisch sich die Stockung zunächst anhören mag, sie setzt die Überprüfung der tieferen Motivation durch das Herz in Bewegung. Fronten sind wie blank geputzte Spiegelflächen, in denen die Ich-Ansprüche zur Kapitulation gezwungen werden.

Da der Mensch ein Konstrukt der beiden Bezugsgrößen von Energie und Materie ist, konstruiert er auch die Systeme des Miteinander anlog zur organisierten Struktur des Lebens, trennt sie aber durch sein Interpretationsvermögen in moralisch und gut, wenn sie zweckdienlich sind und in unmoralisch und schlecht, wenn sie dem als allgemein dienlich bestimmten Bild widersprechen. Inhalt und tragende Substanz können jedoch nicht voneinander getrennt werden und so kommt das zum Vorschein, was da zur Entfaltung angelegt ist. Minderung des Übermäßigen zugunsten der Harmonie des Ganzen, das ist ein programmatischer Regelprozess und deshalb: Immer wenn das Mäntelchen der Besitzgier seine Erhebungsarie in all zu unabhängiger Manier anzustimmen beginnt, wird ihm der Lustmund verboten, durch welchen Umstand und durch welche Seite auch immer (vielleicht schickt ihm der Himmel einen liebenswürdigen Partner der helfend zur Seite steht).

b) Hexagramm 26 - Des Großen Zähmungskraft oder die Charakterfestigung

Lingua/Hex-Code 28: Das Zurechtformen des Rohdiamanten zum hochkarätigen Einzelwert

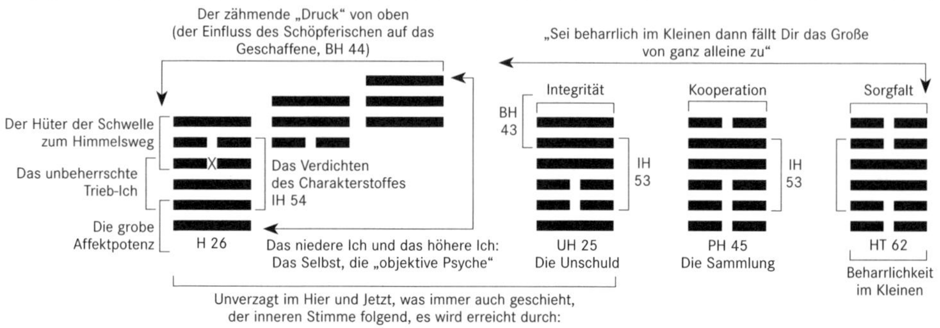

Waren es im Zeichen des *H 41 – Die Minderung* die triebgesteuerten Reaktionsmuster des Gefühls-Ich (Wünsche und Ansprüche, Nehmen und Geben, die Verhaltens- und Ausdrucksweisen), die der Mäßigung durch die haltende Hand der Zeit bedurften, so ist es in H *62 – Des Großen Zähmungskraft das* Trächtigwerden, das Verdichten des Charakterstoffes zu einem stabilen Haltungswert, das gleichsam durch die Hand der Zeit geschieht. Konkret lässt sich dies aus der Trigrammkonstellation der beiden Zeichen und den mit ihnen verbundenen inneren Hexagrammen ablesen. Während das eine auf das mit Entfaltungslust besamte Ackerfeld der Wiederkehr verweist (IH 24, der expansive Lebenskeim in H 41) zeigt das andere den bereits geronnen Stoff der Personalität im Sinnbild des heiratenden Mädchens IH 54. Ein weiterer Zusammenhang soll uns die Thematik der Zähmung des Ungestümen verdeutlichen. Qian, der Himmel und Gen, der Berg sind zwei Entsprechungspartner insofern, als das sie das Nordwestfenster der beiden Ordnungswelten von Lo Schu und Ho Tu belegen und somit als das primäre Regelwerk der Lebensabläufe gelten. Der schöpferische Himmel und der stillhaltende Berg bilden das Symbol der manifestierten Energie durch die Form, und da der Berg dem Himmel entgegen wächst, gilt er zugleich als schmaler und nicht einfach begehbarer Weg, der nach dorthin, also zum weisen Gipfel des Menschseins führt. Der Weg ist gleichsam die richtungweisende Hand und dies in Bezug auf den gezielten Einsatz vorhandener Kraft.

Der Festigkeit seiner Struktur entsprechend wird Qian, der Himmel dem „Element“ Metall zugeordnet, was in Verbindung mit seinem homologen Wert des Berges (das Ruhighaltende) einen Edelstein mit hohem Härtegrad ergibt oder aber Sinnbild für die edlen Metalle ist. Himmel unter dem Berg steht damit auch für das Zurechtformen des Rohdiamanten zum hochkarätigen „Einzelwert", was durch den Einfluss von Druck geschieht (BH 44–Das Entgegenkommen und UBT Wind). So gesehen könnten dann alle von der Schöpferkraft belebten Mechanismen als „Rohdiamanten" bezeichnet werden, die in verschiedenen Entwicklungsstufen zur Vollendung kristallisieren.

Wahrscheinlich ist das Zeichen H 26 das Kernbild, aus dem die Thematik der Sitte und der Sittlichkeit am ehesten eine menschliche Ableitung finden könnte. Der hier ausgeübte Druck lässt auf ein höchstes Einwirken schließen und fast wäre man geneigt zu sagen, dass es sich um eine Art von Domestizierung der wilden Kraft im Formkleid irdischer Bindungswesen dreht. Man kennt die Beschneidung der wilden Seitentriebe einer Pflanze, wodurch die aufsteigende Kraft sich in das Wesentliche von Blüte und Frucht ergießt, anstatt sich im Nebensächlichen zu verlieren. Das Schwierige der Situation ist das Heraustreten aus der primitiv-wilden Trieb-Ebene des Ich, dem im zweiten Schritt das Überqueren der Neigungsbrücke der Anhaftungen (WL 4 ist Feuer) und dem darauf folgenden Betreten des Pfades der Selbstfindung folgt (LH von L 4 ist H 14–*Der Besitz von Großem*). Profanes und Weltliches so Offermann, bleiben hier unweigerlich auf der Strecke. In der Tat handelt es sich im Zeichen H 26 um die allmähliche Kultivierung grober Affektaspekte durch Abschleifen der verletzenden Hörner ungestümer Kraft. Die Forderung ist hoch, denn sie verweist auf das unverzagte und unbekümmerte Dahinschreiten, einzig der inneren Stimme folgend (*UH 25 – Die Unschuld oder die Natürlichkeit*).

Dies also ist der Weg des Guten und Richtigen, doch wo nimmt dieser seinen Anfang? Ganz eindeutig im Quantenkern der Entstehung, dort wo Welt und Leben in die Dimensionalität des Räumlichen explodiert (*HT 62 – Des Kleinen Übergewicht*), wo also ethisches Konzept und moralischer Wert auf die Entstehung also solche reduziert werden könnten. Das Unmoralische des Weges sind die Versuchungen unlautere Abkürzungen zu nehmen, allerdings sind diese das Merkmal der Auseinandersetzung mit dem Weg. In Wirklichkeit aber gibt es keine Abweichungen von einem „guten" auf einen „schlechten" Weg, denn kann man die Bewegung verhindern? Natürlich gibt es ein in die Schranken verweisen, entsteht die Situation, aus der heraus disziplinarische Maßnahmen in Gang gesetzt werden, dies gilt aber für jeden Abschnitt auf diesem Weg zum Gipfel der Ich-Überwindung und hin zur Selbstbestimmung, die am obersten Linienplatz mit dem Erreichen des Himmelsplatzes und dem Lichtthron höchster Erkenntnis endet (LH von L 4 ist H 14). Dieser Gipfelplatz allerhöchster Läuterung, der Gewinnung des alchimistischen Goldes geistiger Unsterblichkeit, ist jedoch nur für die „Auserwählten des Himmels" vorgesehen und nehmen wir diesen Weg als Sinnbezug der Gutheit, so würde der Begriff der Tugend hier geboren.

Ein Weg ist für alles Lebende vorgesehen, dieser allerdings ist im Ganzen in das Selbst der psychischen Natur gebrannt und welche Offenbarungsebenen der Selbstherrschaft das Einzelindividuum betreten wird, das unterliegt der programmatischen Essenz, der die Einzelnatur unterliegt. Das Ringen mit den Wildheiten der Person (IH 54) ist auf den Anspruch des Entgegenkommens nach „oben“, der Rückbindung an die Gestaden des Himmels zurückzuführen und so gesehen ist der hemmende Druck eine Notwendigkeit zur Entwicklung des Eingewickelten. Dazu gehören, wie es das homologe Zeichen H 62 bestätigt, die Mühen der Detailarbeit, denn auch das bewegte Leben ist die Summe vieler Einzeldinge, die das Absolute gebar. Die irdische Brücke, die uns geboten wird, die Gestaden „himmlischer Winde“ in uns selbst zu erfahren, ist das Licht der Bewusstheit, das sich im Herzen entzündet (L4, LT Feuer), denn der Weg vom ungestümen Gewalt-Ich zur Gegenseite höchster Geistesherrschaft ist sehr dornenreich und erfordert standhaftes Verweilen und Ausharren, bedeutet härteste Schulung und langwierige Einweihung in die Gesetze, und bis dahin hinterlässt man manche Spuren und Eindrücke nicht nur in der Erinnerung, sondern auch beim Gegenüber. Vieles, so scheint es uns, scheitert oder endet an eben diesem Haftpunkt der Herzensgesinnung, denn genau hier beginnt, was wir die Sublimierung der Ich-Person zugunsten der sozialen Ganzheit oder dem kultivierte Auftreten nennen *(Umwandlung oder Umlenkung von Triebwünschen in eine geistige Leistung oder kulturell anerkannte Verhaltensweise).* Das Yijing bezeichnet dies als „Schutzbrett eines jungen Stieres“ das an seiner Stirn angebracht vorsorgt, dass die wachsenden Hörner nicht verletzen können. Ein solches Schutzbrett könnten natürlich all die ethischen Konzepte sein, die aber nur dann tragend wirksam werden, wenn sie im Herzen geboren werden. Dem allerdings steht die Auflösung der Gegensätze von Gut und Böse, richtig und falsch zur Seite denn, was den Geist-Himmel mit dem Ich-Himmel verbindet, ist der Same der Bewegungen, die dem Quantenkern des Anfangs aller Dinge entspringen (HT 62). Das Natürliche ist das Gute, das Böse entsteht durch das vergleichende Ich, das alles auf sich bezieht.

Wilhelm schreibt im Bild des Yijing dazu:

Der Himmel inmitten des Berges:
das Bild von des Großen Zähmungskraft.
So lernt der Edle viele Worte der Vorzeit
und Taten der Vergangenheit kennen,
um dadurch seinen Charakter zu festigen.

Der Himmel inmitten des Berges deutet auf verborgene Schätze. So liegt in den Worten und Taten der Vergangenheit ein Schatz verborgen, der zur Festigung und Steigerung des eigenen Charakters verwendet werden kann. Das ist die rechte Art des Studiums, sich nicht auf historisches Wissen zu beschränken, sondern das Historische durch Anwendung immer wieder gegenwärtig zu machen.

Im Yijing – Das Buch vom Leben habe ich folgende Linienkommentare zum Thema geschrieben:

Linie 1: *An seinem Platz zu verweilen ist weise, sich bedrängen zu lassen führt ins Unglück.*

Auch wenn man sich durch seine angesammelten Kräfte ermutigt und stark genug fühlt, um mächtig voranzuschreiten, sollte man unbedingt auf seinem Platz verweilen. Man könnte durch Mächte, die außerhalb des Einflussbereiches liegen, abrupt zurückgehalten werden. Auch wenn es einen drängt, etwas zu tun, das Wirkungsfeld ist zum jetzigen Zeitpunkt nicht zu erweitern. Durch diese Zähmung hektischer und rücksichtsloser Aktivität erfährt das Wesen eine charakterliche Verfeinerung, die einem später zugutekommen wird.

Linie 2: *Selbstbeherrschung üben und keine Wagnisse eingehen, das ist der richtige Weg zum Erfolg.*

Wer voranschreiten will, muss beweglich sein. Die hier gezeigte Situation gleicht einem Fortbewegungsmittel, das auseinandergefallen ist oder Beinen, die den Dienst versagen. Unter diesen Umständen ist ein weiteres Vorankommen nicht mehr möglich. Um unnötige Konflikte zu vermeiden, sollte man sich diesen Tatsachen fügen und im Hintergrund bleiben. Durch diese Selbstbeschränkung wächst die Kraft, die man für späteren energischen Fortschritt benötigt. Ein bloßer Einsatz der Willenskräfte würde das angesammelte Energiepotenzial frühzeitig erschöpfen. Und außerdem: Nach außen so zu tun, als wäre man stark, wem soll das nützen?

Linie 4: *Angesammelte Energien müssen weiter verfeinert werden.*

Um unnötigen Konfrontationen auszuweichen, muss man starke und vorwärtsdrängende Triebkräfte hemmen. Diese disziplinarischen Maßnahmen dienen letztendlich dem verfeinerten Auftreten und verhindern einen fehlgeleiteten Krafteinsatz, der erheblichen Schaden anrichten könnte. Auch die Verantwortungen, die im äußeren Wirkungsbereich auf einem liegen, erfordern solche Maßnahmen, damit jegliche intriganten Machtbestrebungen unterbunden werden können (einen Riegel vorschieben, bevor die gewaltigen Hörner verletzen können).

***Linie 5**: Wer beharrlich bemüht ist, ungestüme Kräfte in eine positive Richtung zu lenken, wird sein Ziel erreichen.*

Wenn man die Ursachen des ungestümen Vorandrängens an der Wurzel beseitigen will, muss man äußerst gewissenhaft und umsichtig vorgehen und alle gewaltsamen Unterdrückungsmaßnahmen vermeiden. Es sind die niederen Instinkte und Triebe, die ihre Machtansprüche geltend machen. Diese gilt es zu beschneiden, um ihre Wildheit unter Kontrolle zu bringen. Wer den Himmelsweg erlangen will, dessen Persönlichkeitsdschungel muss kultiviert und urbar gemacht machen werden (er muss lernen den vielen lustvollen Neigungen Einhalt zu gebieten).

***Linie 6**: Der Meister des Himmelsweges gestaltet die Welt.*

Der Meister des Himmelsweges, wie er durch den oberen starken Yang-Strich dargestellt wird, hat alle Hemmnisse überwunden. Er ist den Weg der Läuterung gegangen, und durch seine große angesammelte Kraft ist er imstande, selbst den „Sternen zu befehlen“. Ein Charakter mit hoher und edler Gesinnung, geformt und entwickelt durch jahrelange Schulung, wird nun in die Welt hinaus entlassen, um an ihrer Gestaltung mitzuwirken. Sein dynamischer Mut ist das Ergebnis konzentrierter und hoch entwickelter Geisteskräfte, die ihm den Weg in alle Himmelsrichtungen öffnen.

c) Die Innere Wahrheit oder die ethische Reife

Lingua/Hex-Code 29: Der Hohlraum des Entstehens und das Quant des Möglichen

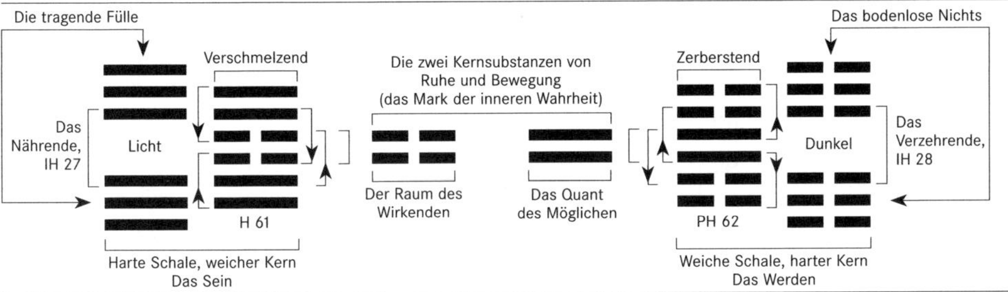

Hier sind wir angekommen beim Bild der unanfechtbaren ethischen Reife, dem Gleichklang zwischen dem Gewordenen und dem Konstruierenden, dem Inhalt und dem Wertgebenden (UT See und OT Wind). Hier also ist die Quelle des Verantwortungsbewusstseins und der vorurteilslosen Haltung, durch die natürlich auch die Gegenattribute von leerem Glauben machen oder Labilität thematisiert werden können. Wie bei all den anderen Zeichen, so ist es auch hier, im Zeichen *H 61 – Die innere Wahrheit*, die Linienstruktur, die uns zum Kern des Verständnisses eines solchen Reifewertes bringen kann.

Das auffallende daran ist die „Röhre der zwei Yin", inmitten von zwei Yang, die sich durch das Zusammentreffen von Dui an unterer und Sun an oberer Position ergeben (Linien drei und vier). Das Feinstoffliche des Ursprungs, der Wind und sein kristalliner Inhalt, der See, treten zusammen und bringen den Leerraum eines alles verbindenden Zentrums hervor, das man als liebendes Herz der Sache Leben bezeichnen kann. Innere Wahrheit ist nämlich genaugenommen der nährende Kern im Gewordenen und diese kritische Masse der Existenzerzeugung zeigt sich uns im polaren Zeichen des *H 62 – Des Kleinen Übergewicht* in den zwei aktiven Yang. Es sind dies der Berg und der Donner, der Same des Schöpferischen und sein manifestes Resultat. Das Nährende ist die im Hohlraum des Lebendigen wirkende Kraft der schöpferischen Liebe und was aus dieser Mitte sich offenbart ist gänzlich unverfälscht. In Ergänzung gesagt: „Innere Wahrheit ist Teilwahrheit der ganzen Wahrheit", denn diese individuelle Wahrheit zeigt sich uns vollkommen eingebettet oder bebrütet von den Klauen des Schöpferischen (das Brückenhexagramm ist *H 1 – Das Schöpferische*). In seinem vertikalen Strichgewebe erkennen wir den Hohlraum der inneren Wahrheit das „Lebens-Ei" das sich, vom wärmenden Körper des brütenden Phönix (der Himmel) umgeben, aus der Mitte heraus entfaltet. Der Hohlraum des Entstehens ist natürlich vom Quant des Möglichen –dargestellt durch das polare Hexagramm H 62 mit seinem Brückenhexagramm H 2 – Die Erde und seinem Lichtkern, der zwei Yang – bereits besamt. Wie medizinisch bekannt, ist es das Herz welches sich als Zentralinstanz als erstes pulsierend entfaltet.

Der Begriff der Gesinnung wird zum Thema und damit die Aufrichtigkeit, und beides sind Faktoren die vom manipulativen Ich so gerne besetzt werden und dies bedeutet, das der Anspruchshöhe innerer Wahrheit (Vertrauenswürdigkeit und Ehrlichkeit), das einbruchgefährdete Ich-Zentrum entgegensteht (die schauspielernde Maske), das sich gerne anpasst, um den anderen auf seiner Seite zu haben (dieses Bluff-Werkzeug falscher Anteilnahme). Ganz aus dem inneren Kern des eigenen Wesens heraus auf den Pfaden des Lebens zu wandeln, das führt an vielen Prüfsteinen vorbei die jedoch immerzu Antworten parat halten, auf deren Gehalt sich Verantwortlichkeit stützen kann. Verantwortung im Sinne höchster Sozialwerte kann nur derjenige übernehmen, der in sich selbst die Antworten gefunden hat und diese resonieren aus dem Leerraum des offenen Herzens stiller Unvoreingenommenheit.

Ganz konkret also erkennen wir in der Struktur des Zeichens den vom Licht der Wahrheit umgebenen „Leerraum des Herzens“ (BH 1, im Gegensatz zur bodenlosen Dunkelheit des Ungewissen in H 62 und dem BH 2), ein ausgehöhltes Boot, mit dem man das „große Wasser“ des Lebens befahren kann (es hat Raum und ist nicht vom waghalsigen und überhebungswütigen „Ego-Gernegroß“ besetzt) oder wie Offermann sagt: Eine solche Leere ist ungetrübt klar wie ein Bergquell und sogar das Widerspenstige und Arglistige lässt sich beeinflussen und umwandeln in förderliche Sozialwerte. Auf den Punkt gebracht ist es die wirkende Kraft der Liebe, das Mark des Lebens als nährender Hohlraum der Offenheit und Unvoreingenommenheit (nicht der Ego-Hunger des Übermäßigen, sondern die Ehrlichkeit, die sich stützt auf das, was im Kern natürlich vorhanden ist). Vergleichen wir es etwas genauer mit dem Partnerzeichen *H 62 - Des Kleinen Übergewicht*, dann sehen wir einen leichten und unbeschwerten Rumpf (er ist resonant, weil er ist, was er ist) mit stabilen Flügeln (die Tragflächen der heiteren Leichtigkeit die jedem Lebenssturm standhalten können), also kein unfertiger Vogel Gernegroß bei dem die Einzelteile noch nicht ineinandergreifen (PH 62), sondern ein flugtüchtiges Elterntier mit gereiftem Erfahrungswert (die beteiligten Einzelteile greifen harmonische ineinander, was es vertrauensvoll macht).

Innere Wahrheit erhebt sich also aus dem Leergrund der Person und ist deshalb ein Resultat der erschöpfenden Auseinandersetzung mit dem drängenden Ich-Gefühl. Dem Verlust der Maske steht der Gewinn der Rückbezüglichkeit zur tragenden

Mitte ausgleichend gegenüber und trotzdem: Der Kern der Sache nährte auch das Masken-Ich, denn nur durch dieses kann es sich als Kraft der Liebe entäußern (Liebe trägt, weil sie nicht fragt). So gesehen ist dann die ethische Reife der Gleichklang von Person und rückbezüglicher Kraft, geeint im Symbol des leeren Herzens. Wie sollte es dafür ein notiertes Konzept von allgemeingültiger Wirksamkeit geben? Man muss es ganz in sich selbst erfahren, es muss sozusagen herausgebrütet werden mit dem Ergebnis das sich da eine spezifische Wahrheit entäußert, die nur deshalb also solche Wirkung erzielt, weil sie das einzig wirksame ist. Wie der Begriff schon sagt: „Es ist der Wirk-Same des Schöpferischen im Irdischen."

Wilhelm schreibt im Yijing dazu:

Das Urteil
Innere Wahrheit. Schweine und Fische. Heil!
Fördernd ist es, das große Wasser zu durchqueren.
Fördernd ist Beharrlichkeit.

Schweine und Fische sind die ungeistigsten und daher am schwersten zu beeinflussenden Tiere. Die Kraft der inneren Wahrheit muss einen hohen Grad erreicht haben, ehe sich ihr Einfluss auch auf solche Wesen erstreckt. Wenn man solchen widerspenstigen, schwer zu beeinflussenden Menschen gegenübersteht, beruht das ganze Geheimnis des Erfolgs darauf, dass man den richtigen Weg findet, um Zugang zu ihnen zu finden. Man muss sich erst innerlich ganz frei machen von seinen Voreingenommenheiten. Man muss sozusagen die Psyche des andern ganz unbefangen auf sich wirken lassen; dann kommt man ihm innerlich nah, versteht ihn und bekommt Macht über ihn, sodass die Kraft der eigenen Person durch die geöffnete Pforte Einfluss auf den andern gewinnt. Wenn man so keine Hindernisse unüberwindlich findet, dann mag man auch die gefährlichsten Dinge unternehmen – wie das Durchqueren des großen Wassers – und es wird gelingen. Nur ist es wichtig, dass man versteht, worauf die Kraft innerer Wahrheit beruht. Sie ist nicht identisch mit einfacher Intimität oder geheimem Zusammenhalten. Solch intimes Zusammenhalten kann auch unter Räubern stattfinden. Auch in diesem Fall bedeutet es freilich eine Kraft. Aber sie gereicht nicht zum Heil, weil sie nicht unüberwindlich ist. Alles Zusammengehen aufgrund von Interessengemeinschaft geht nur bis an einen gewissen Punkt. Wo die Interessengemeinschaft aufhört, hört auch das Zusammenhalten auf, und intimste Freundschaft schlägt oft in Hass um. Nur wo die Grundlage das Rechte, die Beständigkeit ist, bleibt die Verbindung so fest, dass sie alles überwindet.

Das Bild
Über dem See ist der Wind:
das Bild der inneren Wahrheit.
So bespricht der Edle die Strafsachen,
um Hinrichtungen aufzuhalten.

Der Wind bewegt das Wasser, weil er in seine Zwischenräume einzudringen vermag. So sucht der Edle, wo er Fehler der Menschen abzuurteilen hat, in ihr Inneres verständnisvoll einzudringen und dadurch eine liebevolle Beurteilung der Umstände zu gewinnen. Die ganze antike Rechtsprechung der Chinesen war von diesem Grundsatz geleitet. Höchstes Verständnis, das zu verzeihen versteht, galt als höchste Gerechtigkeit. Eine solche Rechtsprechung war nicht erfolglos; denn der moralische Eindruck sollte so stark sein, dass ein Missbrauch solcher Milde nicht zu befürchten war. Denn sie entsprang nicht der Schwäche, sondern überlegener Klarheit.

Anfangs eine Neun bedeutet:
Bereit sein bringt Heil.
Sind Hintergedanken da, so ist das beunruhigend.

Die Hauptsache für die Kraft innerer Wahrheit ist, dass man in sich gefestigt und bereit ist. Aus dieser inneren Haltung entspringt das richtige Verhalten zur Außenwelt. Wenn man dagegen geheime Beziehungen besonderer Art pflegen wollte, so würde einen das um die innere Selbstständigkeit bringen, und je mehr man sich gesichert fühlte in dem Bewusstsein, in andern seinen Rückhalt zu finden, desto mehr käme man in Unruhe und Sorgen, ob nun auch diese geheimen Verbindungen wirklich haltbar sind. Dadurch verliert man den inneren Frieden und die Kraft innerer Wahrheit.

Neun auf zweitem Platz bedeutet:
Ein rufender Kranich im Schatten.
Sein Junges antwortet ihm.
Ich habe einen guten Becher. Ich will ihn mit dir teilen.

Hier ist von unwillkürlichem Einfluss des inneren Wesens auf gleich gestimmte Menschen die Rede. Der Kranich braucht sich nicht auf hohem Hügel zu zeigen. Wenn er auch ganz im Verborgenen seinen Ruf ertönen lässt, sein Junges hört seine Stimme und kennt sie und gibt ihm Antwort. Wo eine fröhliche Stimmung ist, da findet sich auch ein Genosse ein, der einen Becher Wein mit einem teilt.

So zeigt sich das Echo, das durch Sympathie im Menschen erweckt wird. Wo eine Stimmung sich wahr und rein ausspricht, wo eine Tat der klare Ausdruck der Gesinnung ist, da wirken sie geheimnisvoll in die Ferne, zunächst auf solche, die innerlich aufnahmebereit sind. Aber diese Kreise erweitern sich. Die Wurzel aller Wirkung liegt im eignen Innern. Wenn das sich ganz wahr und stark in Wort und Tat äußert, dann ist die Wirkung groß. Die Wirkung ist nur das Spiegelbild dessen, was aus der eigenen Brust hervorgeht. Jede Absicht auf Wirkung würde diese Wirkung nur zerstören.

Kungtse sagt darüber:

„Der Edle weilt in seinem Zimmer. Äußert er seine Worte gut, so findet er Zustimmung aus einer Entfernung von über tausend Meilen. Wie viel mehr aus der Nähe. Weilt der Edle in seinem Zimmer und äußert seine Worte nicht gut, so findet er Widerspruch aus einer Entfernung von über tausend Meilen. Wieviel mehr noch aus der Nähe! Die Worte gehen von der eigenen Person aus und wirken auf die Menschen. Die Werke entstehen in der Nähe und werden sichtbar in der Ferne. Worte und Werke sind des Edlen Türangel und Armbrustfeder. Indem sich diese Angel und Feder bewegen, bringen sie Ehre oder Schande. Durch Worte und Werke bewegt der Edle Himmel und Erde. Muß man da nicht vorsichtig sein?“

4.2 Die Eifersucht

Lingua/Hex-Code 29: Stufen der Verzerrung der Wirklichkeit

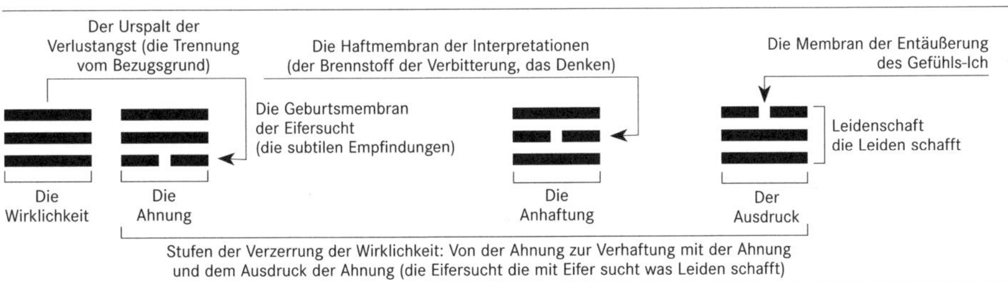

Eifersucht ist diejenige Sucht, die mit Eifer sucht, bis sie gefunden hat, was ihre Gedanken, Gefühle und Emotionen so einnehmend bedrängt. Ich möchte sie mit dem haftenden Feuer (dem Feuereifer), dem eindringenden Wind und dem leidenschaftlichen See vergleichen. Tatsächlich entstammt der Begriff aus dem

Althochdeutschen „eiver“ was soviel bedeutet wie: das Herbe, das Bittere und in Folge das verbittert sein. Ihr Kennzeichen ist ganz offensichtlich die Angst etwas zu verlieren was sie glaubt uneingeschränkt zu besitzen. Es spricht aus ihr ein gewisser Minderwert und natürlich das egoistische Motiv der Kontrolle. In Summe ist es die Verlustangst, die sie gänzlich bestimmt und damit die Thematik der Sicherheit, die absolut sein muss.

Wie es im Begriff der „Sucht“ verborgen bereits angedeutet wird: Es sucht, und zwar nach Halt und Geborgenheit, einem verlässlichen Boden in einer Welt des Ungewissen und genau als solche dürfte sie das „noch Unbestimmte“ des Eifersüchtigen, ganz unbewusst erleben. Wind, Feuer und See sind insgesamt energiespezifische Elemente, entbehren also des Konkreten, Realen und Greifbaren, genau, wie dies auch die „Luft-Feuer-Leidenschafts-Energie“ der Eifersucht ist. Aber genau, wie sich aus diesen bewegenden Kräften das ganze Materiegebäude transformiert, genau so können daraus auch zornige Reaktionen und Handlungen werden.

„Eifersucht verkörpert also einen ausschließlichen Besitzanspruch auf eine andere Person, zu der eine emotionale Bindung vorhanden ist. Sie entsteht, wenn dieser Besitzanspruch vermeintlich oder real durch den Partner infrage gestellt wird und somit eine starke Verlustangst ausgelöst wird. Dies kann sehr drastische, auch gewalttätige eifersüchtige Handlungen nach sich ziehen. So kann ein Kind eifersüchtig werden, wenn seine Eltern den Geschwistern mehr Zuwendung geben. Bei erwachsenen Personen kann Eifersucht etwa auftreten, wenn der Partner mit einem anderen Menschen flirtet oder Vertraulichkeiten austauscht und der Beobachter dies als Gefährdung der eigenen Beziehung wahrnimmt. Während die Eifersucht des Kindes in der Regel verschwindet, wenn es von seinen Eltern ebenfalls die gleiche Zuwendung erfährt, verlangt ein eifersüchtiger Partner meist darüber hinaus nach einer uneingeschränkten, ausschließlich ihm geltenden Aufmerksamkeit“.[2]

Wie tief muss das Muster der Verletzungen, der Abweisungen und des Liebesentzuges sein, damit solche Szenen der zwischenmenschlichen Interaktion hervorgerufen werden können. In der Tat so scheint es mir, beruht deren affektives Aufbegehren auf der versagten Sehnsucht nach Angenommen- und aufgenommen sein und lässt sich demnach auf das frühkindliche und natürlich das pubertäre Stadium zurückführen. Eifersucht ist ein Vergleichswert, generiert zwischen mindestens drei Beteiligten, der die Ichbezogene „Wertschätzung“ und das Anspruchsdenken in den Mittelpunkt stellt. Eifersucht setzt ein Subjekt, aber zwei Objekte voraus: das Objekt des Besitzanspruches, bzw. der Verlustangst (den Partner) und das Objekt der Eifersucht, die Bedrohung (den Eindringling in die

Zweierbeziehung). Objekt der Verlustangst ist immer eine Person (bzw. alles dem man einen Personenstatus zubilligt, z. B. auch ein Haustier). Objekt der Eifersucht ist meist ebenfalls eine Person, kann allerdings theoretisch alles sein, durch das jemand seinen Besitzanspruch oder seine besondere Position im Leben eines anderen gefährdet sieht, wie zum Beispiel ein zeitraubendes berufliches Projekt."[3]

Wie dramatisch und zugleich erkenntnisreich, denn diesem Gefühl der Verlustangst und dem damit einhergehenden Bedürfnis nach uneingeschränkter Aufmerksamkeit und Sicherheit, liegt das Ur-Szenario der „Auftrennung des Einen in den Stoff des Vielen" zu Grunde, was in Folge zum hemmenden Labyrinth der Gegensätze und der haftenden Gebundenheit darin führte. Der Wunschgedanke der absoluten Übereinstimmung und Verlässlichkeit wirkt dem höheren Lebenssinn entgegen, denn dieser ist dreiwertig gepolt, bezieht also die Komponente der weiteren Möglichkeit mit ein. Die Sucht nach Sicherheit ist ein dem Menschen angeborenes Verlangen, nach der er sucht, gleichgültig ob dies nun seine Partnerbeziehungen oder seine Beziehung zu Beruf und Weltanschauung betrifft. Sucht ist dem Dynamikprinzip des Windes zugeordnet (dem, was in der Luft liegt, der Ahnung), ihr Ausdruck dem offenbarenden See (dem fühlenden Ich) und ihre Betätigung dem haftenden Feuer, das sich immerzu vor der Unsicherheit ängstigt, vom Brennstoff verlassen zu werden.

Verlassen wurden und werden wir alle immerzu. Das Leben ist Bewegung in Dauer, weshalb die Bewusstseinsübung des „Lassens" und des Tiefenvertrauens in den Fluss des Natürlichen, das Mittel zur Befreiung von der Sucht des Eifers ist, mit der man nach Sicherheit durch den Anderen verlangt. So gesehen ist Eifersucht dann der eindeutige Hinweis der inneren Unsicherheit über das eigene Eingebundensein, eine zur Sucht gewordene Ungewissheit, der nur die Gewissheit ein Ende bereiten kann. Diese allerdings ist nicht im Treueversprechen eines Objektes zu finden, das selbst nichts anderes zu erfüllen hat, als sich selbst treu zu sein.

4.3 Das Gewissen

Gewissen ist das Wissen über einen Umstand, der vor dem anderen verheimlicht wird oder der entgegen der vorherrschenden moralethischen Haltung steht. Gewissen ist also etwas, das sich im Zwischenraum zweier erdachter oder festgesetzter Bedingungen bewegt, ein Aspekt der Verantwortung der zwei Antworten kennt, aber einer Sache gerecht werden muss. So gesehen ist Gewissen entweder ein Geheimnis über eine Abweichung entgegen der Norm (schlechtes Gewissen) oder aber ein bejahender Aspekt, der sich im Glauben der Richtigkeit in Bezug auf ein Gegenüber, eine Sache oder eine Situation und der Moralität der eigenen Person befindet. Gewissenhaftigkeit ist treue Verbundenheit mit einer als lohnend und als gut erkannten Sache. Man haftet mit Gewissheit daran, ist sich seiner Sache also sicher. Es drängt sich uns der Gegenpol der Gewissenlosigkeit auf, der definiert werden will. Da Gewissen als solches ein Ersatz für das große Wissen darstellt, also eigentlich den Ur-Spalt der Trennung mit moralischen Anschauungen zu überbrücken versucht, kann es nur ein ebenso künstliches Konzept sein, das auf dieser Tatsache beruht. Wider besseren Wissen, das gilt für das gute und das schlechte Gewissen und hat man das moralische Gewissen los, was bedeutet in der inneren Wahrheit zu stehen, wäre man nur sich selbst verpflichtet. Dies käme dann der reinen Unschuld der Natur gleich, die kein Ersatzwissen kennt, weil sie sich selber nicht als Ich selbst zwischen anderen Ich selbst definiert. Sie ist natürlich und unverfälscht und auch hier sind es die beiden Begriffe die eine höhere Wahrheit enthüllen: Es ist die geöffnete Tür des Schöpferischen, der alles entspringt und nur dieser ist alles Lebende verpflichtet. Verfälscht wird es nur durch die Vorstellung.

Wir finden den Begriff des Gewissens bei Luther mit der Umschreibung des Mitwissens einer höheren Instanz über das eigene Handeln, Tun und Sprechen. Hier haben wir die Bestätigung der Zweiheit in der Person, die wir als subjektivem Ich und objektivem Selbst kennen. Das eine, das sich als autonome Kraft in den Vordergrund stellt und das andere, das die „wahre Seite" der vordergründigen Person vertritt, bilden eine Interaktion in dessen Zwischenraum gutes oder schlechtes Gewissen entsteht. In Bezug auf das Miteinander ist Gewissen eine Instanz, die das Wissen um das Wesen des Anderen und das Wissen über die Aspekte der eigenen Ichheit in Gleichklang zu bringen versucht. Das gute Gewissen entsteht demnach im Wissen um die verbindende Stimmigkeit der eigenen Verhaltensweisen und der Charakternorm des Gegenübers, dem dann das schlechte Gewissen, wie ein begangenes Unrecht entgegen der Ordnung, zur Seite steht. Mitwissen um das Wesensspezifische des Gegenübers oder dem wahren Umstand einer Situation ist eine Vertrauensbrücke die zwei Faktoren und einen Abgrund überbrückt, den man ‚Tal der Ungewissheit' nennt. Solange die scheinbare Gewissheit herrscht, so lange herrscht das Gewissen, löst sich diese aber, aus welchen Gründen auch immer auf, entsteht daraus sehr leicht die Skrupellosigkeit.

Gibt es also ein natürliches Gewissen, ein kollektives Wissen durch einen höheren Rückbezug außerhalb der Objektbezogenheit, auf das sich das „persönliche Gewissen" bezieht? Dies ist ganz bestimmt der Fall, ob es sich allerdings auf das Trennen in ein Gut- oder Böse, bezieht, dies hängt vom Tiefenverstehen der mit Gewissen bedachten Wesenheit ab. Die Natur der Sache ist eine Sache mit zwei sich ergänzenden Seiten, das Dazwischen ist eine subjektive Wahrheit einer mit objektiver Kraft beseelten Lebensinstanz. Das gute und das schlechte Gewissen sind zwei, auf menschliche Begegnungen abgestimmte Interaktionskräfte, die auf dem Gesamtkonzept menschlicher Wahrnehmung und der Interpretation dieser Wahrnehmung basieren. Zum Abschluss gesagt: Das Gesetz des Menschen ist das Gesetz der Bewegung von Kraft durch eine bewusstseinsbegabte Form und dies sieht auch die Auseinandersetzung mit dem Dazwischen vor, denn erst in diesem Dazwischen liegt der Schlüssel der Erkenntnis begraben. Das Konzept, das diese Kluft zu überbrücken versucht, ist die Moral und das Gewissen.

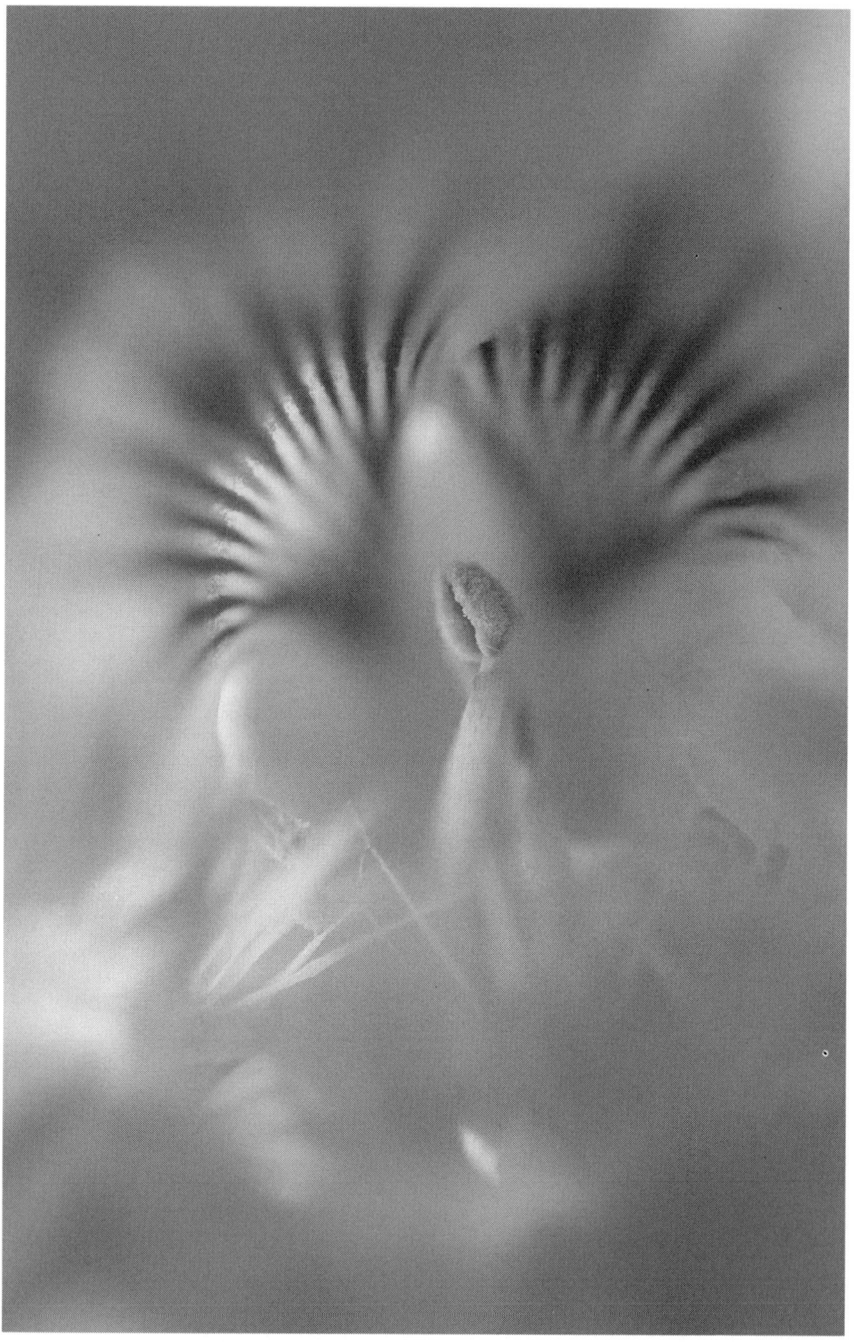

Regulative Sonder- und Extremformen der zwischenmenschlichen Begegnung

*„Echtes Mitgefühl beruht auf der ethischen Reife der Person,
dem ungeschminkten Verbundensein mit dem Mark der tragenden Wahrheit
im Kern und dieser Kern ist das liebende Herz,
das durch sich selbst das andere liebt."*

1. Mitleid und Mitgefühl

Entsprechend dem Begriff bezieht sich das Mitgefühl auf mitfühlen und nicht auf mitleiden. Mitleid ist eine emotionale Äußerung, die aus einer eigenen Leidensquelle genährt wird, etwas was man von sich selber kennt, an was man selbst leidet oder wie der Volksmund sagt: „Geteiltes Leid ist halbes Leid". Wie egoistisch, denn eigentlich wird ja das Leid des Anderen zum Reduktionsfaktor des eigenen Leides, was zumindest den Neid über das scheinbar Bessergestellte des Gegenübers verhindert und damit auch eine Art von Tugend ist. Mitleid zieht jedoch mit in das Leid des Anderen hinein, unbewusst um das eigene Leiden zu überdecken, allerdings mit der Hoffnung, durch diese Hinwendung selbst getragen zu werden. Was dann folgt, ist die Aufopferung, der Verlust des Eigenbezuges zugunsten eines erhofften Ergebnisses, das meistens Anerkennung heißt. Wie aber soll diese durch ein Gegenüber gegeben werden, das die eigene Hilflosigkeit durch die mitleidende Hilfe eines Leidensgenossen zu kompensieren versucht? Wie nahe kommt man dann der Sucht, der Sucht nach Harmonie für die alles (auf)-gegeben wird oder die Sucht nach einem anderen Stoff, der diese Leiden vergessen macht. Leid ist eine reduzierende Kraft, die das Herz belegt, sozusagen ein Frustrations-, Enttäuschungs- und Verletzungswert, den ich einfach als färbende Stimmung bezeichnen möchte, durch die emotionale Bewegungen und natürlich Affekthandlungen entstehen. Entzieht sich z. B. das mitleidende Gegenüber plötzlich oder werden die Erwartungen und Hoffnungen des Leidenden nicht erfüllt, entsteht daraus Enttäuschung und/oder Wut und üble Nachrede.

Wenden wir uns aber zunächst einmal einer Begriffsdefinition von beteiligten Einzelkomponenten zu, um das Prinzip des Mitleidens und des Mitfühlens und der Unterscheidung besser zu verstehen. Eine Emotion (v. lat.: ex „heraus" und motio „Bewegung, Erregung") ist ein psycho-physiologischer Prozess, der durch die bewusste und/oder unbewusste Wahrnehmung und Interpretation eines Objekts oder einer Situation ausgelöst wird und mit physiologischen Veränderungen, spezifischen Kognitionen, subjektivem Gefühlserleben und einer Veränderung der Verhaltensbereitschaft einhergeht.

Emotionen sind also spezifische Mischwerte, die aus unterschiedlichen Quellen genährt, zu spezifischen Stimmungen gerinnen und einen Bereitschaftsdienst im Herzen einrichten. Sie haben einen kognitiven, also die Aufmerksamkeit, die Orientierung und das Argumentieren betreffenden Charakter und sind damit subjektiver Natur. Die Quelle ihrer Entstehung kann nur das persönliche Erleben des Individuums sein und dieses Individuum definiert sich als Ich durch seinen Neigungs- oder Triebkomplex, der das Fühlen und damit den angelegten

Charakterwert betrifft. So gesehen sind Emotionen das Produkt vergleichender Prozesse und damit ein Handlungswert, der sich auf rein interpretativer Ebene generiert. Was entsteht ist ein Erinnerungswerkzeug zur Analyse bestimmter Gefühle und hier sehen wir das Einflussnehmende. Die Musik, der Geruch, die Farben, das Gegenüber, die Welt: Alles wird zu einer eingefärbten Erfahrung, zu einer Art Leidenschaft die, weil sie der färbenden Emotion angehört, in deren Abhängigkeit steht. Mitleid entsteht eben genau auf dieser Ebene, derjenigen Ebene, die in Mitleidenschaft zieht, da sie auf undefinierte Stimmungen als Halteseile gegründet ist.

Die Basis aller Unterscheidungen im wahrnehmenden und im interpretierenden Haushalt der vernunftbegabten Wesenheit, bildet die psychische Essenz, der Keim des Individuellen, dem das Subjektive eines Gefühls-Verstand/Mechanismus entspringt. Fühlen ist das Verbundensein mit dem Bewegenden, der Personalität und dem Charakterwert einer individuellen Wesenheit. Die Codierung des Yijing verdeutlicht dies durch die See-Donner/Komponente im Zeichen H 54, dem angeborenen Triebkomplex und Stammmaterial, durch das sich Natur als spezifischer Einzelwert offenbart. Das Fühlen ist nicht vom Denken und dem Empfinden zu trennen und ist somit ein einzigartiges Ausdrucksmerkmal des Ich.

Mitgefühl ist demnach ein Beziehungswert, der das Verstehen des Anderen auf der menschlichsten Ebene, nämlich seinem Ichsein und dem Eingebundensein in Welt und Leben, betont. Mitgefühl setzt aber die Kenntnis und tiefste Eigenerfahrung der begrenzten Ichheit und deren gleichzeitige Aufhebung voraus. Mitgefühl ist nicht gebunden an den gefärbten Aspekt einer Emotion, die an Eigenleid erinnert, sondern ist diesem Bewertungsmaßstab entbunden, sieht also das Ganze aus höherer Sicht, ohne allerdings das eigene Eingebundensein in das kollektive Miteinander verloren zu haben. Ganz im Gegenteil. Erst durch die Entbindung von emotional gefärbten Diskrepanzen und damit wertenden Komponenten die den Bezugs- und damit das Sozialvermögen verstimmen, ist Mitgefühl ohne rückbezogene Leidenschaft möglich. Mitgefühl setzt die geöffneten Tore des Herzens voraus, was leere Betrachtung ohne hinderliche Bewertung bedeutet (H 20) und wiederum auf eine zentrierte Gewichtung der drei Prägekräfte von Körper-Seele-Geist und Empfinden-Denken-Fühlen verweist, wie sie uns in den beiden Zeichen *H 15 – Die Bescheidenheit* und *H 9 – Des Kleinen Zähmungskraft* begegnet. Eine solche zentrierte Gewichtung ist die reife und vollständige Bejahung der angelegten Natur im Herzen und dies führt uns dann zum Zeichen der inneren Wahrheit H 61. Echtes Mitgefühl beruht auf der ethischen Reife der Person, dem ungeschminkten Verbundensein mit dem Mark der tragenden Wahrheit im Kern und dieser Kern ist das liebende Herz, das durch sich selbst das andere liebt.

Lesen wir in kurzen Worten, was Friedrich Kirchner zum Aspekt des Mitleids und des Mitgefühls schreibt:
„Mitleid heißt die Teilnahme am Unglück anderer und die hieraus entspringende Bereitwilligkeit, den Leidenden zu helfen. Diese Art des Mitgefühls ist viel verbreiteter als die Mitfreude, weil die Mitfreude schwer ist, und weil sich im Mitleide zu der Unlust des Leidens auch eine Art von Lust nämlich die Steigerung des Selbstgefühls, die aus dem Bewusstsein, anderen helfen zu können, entspringt, und das Bewusstsein, augenblicklich selbst nicht zu leiden, hinzugesellt; Mitleid schmeichelt dem Selbstgefühl und geht, wo es werktätig und bleibend wird, leicht in Liebe über, Mitfreude dagegen hat die Liebe schon zur Voraussetzung."[4]

Mitgefühl und Freude oder sagen wir besser Begeisterung für die Sache ‚Leben als solches', scheinen eine untrennbare Einheit zu bilden und nicht umsonst ist mit dem Trigramm See, das Heitere und das fühlende Ich verbunden. Freude muss aus dem eigenen Innern kommen und dies bedeutet Loslösung von trennenden Unterscheidungen, herauskommen aus dem „Leidsingen des emotionsgefärbten Ich", das sich nur als Opfer oder Abhängiger von Umständen sieht oder wie der Dalai Lama bemerkt: „Der Mensch, der voller Stress, Angst und Ichbezogenheit lebt, hat große Schwierigkeiten Mitgefühl zu zeigen. Freiwilliges Mitgefühl benötigt ein starkes Selbstvertrauen. Wer sich selbst nicht schätzt, tut sich schwer, aktives Mitgefühl auszuüben."[5]

Lingua/Hex-Code 30: Der Weg von der Lust am Leid zum Mitgefühl

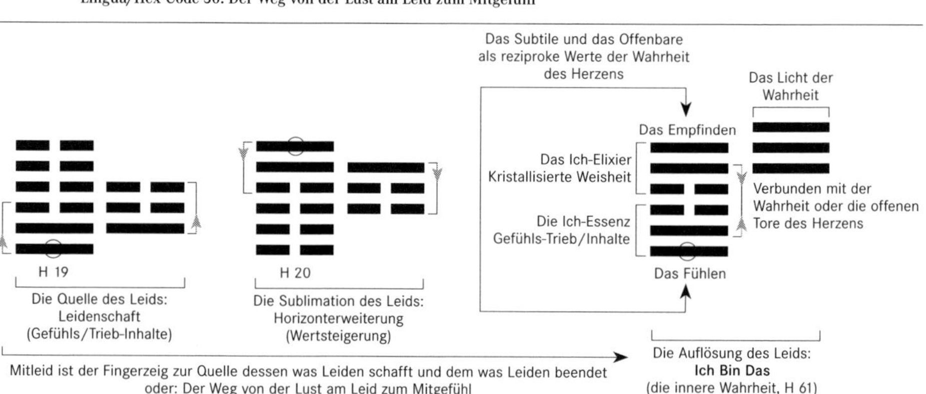

'Sich selbst schätzen' ist also der Weg zur Einfühlsamkeit in das Wesen des Anderen und dieses sich selbst schätzen heißt durchdringen des Gefühlssublimats bis zum Grund, der Quelle die diesen Ich-See mit Inhalten füllt. Das Spiel mit

den Trigrammen und Hexagrammen des Yijing bringt dazu einige tragende Zusammenhänge zum Vorschein.

Nicht zu vergessen Friedrich Nietzsche, der größte Denker und Philosoph der neuen Zeit:
„Man beobachte Kinder, welche weinen und Schreien, damit sie bemitleidet werden, und deshalb den Augenblick abwarten, wo ihr Zustand in die Augen fallen kann; man lebe im Verkehr mit Kranken und Geistig-Gedrückten und frage sich, ob nicht das beredte Klagen und Wimmern, das Zur-Schau-tragen des Unglücks im Grunde das Ziel verfolgt, den Anwesenden wehzutun: das Mitleiden, welches jene dann äußern, ist insofern eine Tröstung für die Schwachen und Leidenden, als sie daran erkennen, doch wenigstens noch eine Macht zu haben, trotz aller ihrer Schwäche: die Macht, wehe zu tun. Der Unglückliche gewinnt eine Art von Lust in diesem Gefühl der Überlegenheit, welches das Bezeugen des Mitleides ihm zum Bewusstsein bringt; seine Einbildung erhebt sich, er ist immer noch wichtig genug, um der Welt Schmerzen zu machen. Somit ist der Durst nach Mitleid ein Durst nach Selbstgenuss, und zwar auf Unkosten der Mitmenschen; es zeigt den Menschen in der ganzen Rücksichtslosigkeit seines eigensten lieben Selbst (....).

Im Zwiegespräch der Gesellschaft werden Dreiviertel aller Fragen gestellt, aller Antworten gegeben, um dem Unterredner ein klein wenig weh zu tun; deshalb dürsten viele Menschen so nach Gesellschaft: Sie gibt ihnen das Gefühl ihrer Kraft. In solchen unzähligen, aber sehr kleinen Dosen, in welchen die Bosheit sich geltend macht, ist sie ein mächtiges Reizmittel des Lebens: ebenso wie das Wohlwollen, in gleicher Form durch die Menschenwelt hin verbreitet, das allezeit bereite Heilmittel ist. – Aber wird es viele Ehrliche geben, welche zugestehen, dass es Vergnügen macht, wehe zu tun? Dass man sich nicht selten damit unterhält – und gut unterhält –, anderen Menschen wenigstens in Gedanken Kränkungen zuzufügen und die Schrotkörner der kleinen Bosheit nach ihnen zu schießen?“ [8]

2. Macht, Gewalt und Missbrauch

Gewalt in Beziehungen ist von Missbrauch, ob körperlicher oder geistiger Natur, nicht zu trennen. Wahrscheinlich lässt sie sich sehr gut als Lust an der Dominanz über Andere, und damit als Machtdemonstration beschreiben, die allerdings einiges an Dramatik zum Hintergrund hat und das Thema der Resonanz zwischen Täter und Opfer, erfordert eine große Flexibilität im Verstehen. Gewalt (althochdeutsch verwalten, bzw. w*altan* – stark sein, beherrschen) wird angewandt, um mit Zwang etwas durchzusetzen oder zu erreichen. Man denke z. B. an den Begriff der Staatsgewalt die sich besonders in totalitären Systemen in der Regierungsform und damit natürlich auch im Umgang mit dem Einzelnen in Kontrolle und Unterdrückung äußert. Schnell kommen wir zum Gedanken der Abhängigkeit, zum abhängig und gefügig machen und damit zum benutzt werden für eigene Trieb- Denk- und Gefühlsmuster und damit natürlich zum Gedanken der Verletzung und deren Kompensation auf der Aggressionsbühne des Zwischenmenschlichen.

Lingua/Hex-Code 31: Die typischen Machtspiele der Geschlechter

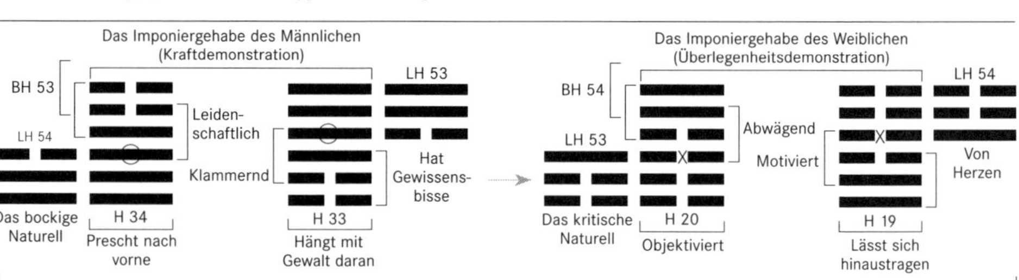

Nutzen wir zur Tiefenschau in diese Thematik zwei der Hexagrammzeichen des Yijing, dann kommen wir zunächst zum Muster *H 34 - Die große Macht*, das im eigentlichen Sinne den natürlichen Prozess der durchbrechenden Natur im Frühling zeigt, die kein Aufhalten kennt. Auch die etymologische Wurzel bestätigt dies, denn diese erklärt die Gewalt als das „Verfügen-können über das innerweltliche Sein“.[6] Der Begriff bezeichnet ursprünglich und gelegentlich auch noch heute lediglich das Vermögen zur Durchführung einer Handlung und beinhaltet kein Urteil über deren Rechtmäßigkeit. Man muss allerdings unterscheiden zwischen dem Naturprozess der Durchsetzung des Notwendigen, was Wachstum und Veränderung im Sinne der Zeitverläufe bedeutet und gegen niemanden gerichtet ist und den triebhaft motivierten Neigungen (OKT See und OT Donner) einer in verschiedenen Gefühlsmustern gefangenen Ich-Person, die Absichten verfolgt, da sie sich unbewusst selbst als ein „Opfer von Absichten“ fühlt. Aus der Sicht des Lebens an sich betrachtet, sind wir alle Opfer von Absichten, allerdings sind diese völlig wertungsfrei zu verstehen, die Bewertung entsteht im System des Lebendigen, dass sein eigenes Dasein als eine Summe von Verpflichtungen, Kümmernissen, Wunschverweigerungen und Zwängen, also nicht gewollten Übergriffen betrachtet, gegen die man sich wehren muss, notfalls mit Gewalt.

Lebenskraft ist expansive Kraft, ist Kraft der Offenbarung der angelegten Natur doch wo beginnt die „Entgleisung", die Umwandlung zur persönlichen Aggression, zum Rausch- und Dominanzfaktor über Andere und gegen Dinge? Der Ursprung ist immer in dem Triebkomplex zu finden und dies bestätigt das Zeichen H 34 durch das dreifache, von unten, der Wurzel aufsteigende Yang, das sich als „phallische Potenz" im Donner-Yang der vierten Linie äußert. Diese steht dann symbolisch für die „Stoßhörner" eines Widders, der wie ein Rammbock nach vorne prescht und Grenzüberschreitung probt, die dann an oberer Stelle eine massive Korrektur erfahren.

Die Thematik der Machtausübung offenbart im umgekehrten Zeichen des *H 33 - Der Rückzug* einen bedeutenden Tiefenzusammenhang, zeigt es doch eine Art von Dualunion zwischen einem aktiven Aggressor und dem passiven Betroffenen, ein Aneinanderklammern und im kausalen Sinne ein aufeinander Angewiesen-Sein. Das phallische Zugsymbol des OT Donner in der großen Macht wird zum Haltegriff eines Abhängigen (UT Berg), der selbst von einer machtvollen Gewalt an die Hand genommen wurde. Beide Zeichen sind nämlich männliche Zeichen und zeigen das Verhältnis von Vater und ältestem Sohn, wobei dieser als die Hörner der Vaterpotenz gezeigt wird (Donner), die den sozialen Schlagtakt bestimmen (Linie 4, die Linie des Herzens). Die zwei Yin wiederum verweisen auf die weibliche Erde, die erobert und in Beschlag genommen wird (H 34 ist dem Monat März zugeordnet). Umgekehrt zeigt sich uns im Bild des Rückzugs die Abwendung des Vaters (die Yang-Kraft des Schöpferischen) vom Sohn und damit die Situation des sich alleine Zurechtfindens und des Zurückbleibens in dieser Welt. Der Sohn ist nur ein Aspekt des Vaters geboren auf dem Leerfeld der mütterlichen Erde, auf der er sein „Reproduktionsvermögen" proben muss. Raum genug zur kompensatorischen Machtdemonstration oder aber der Sinnoffenbarung in Ordnung und Gerechtigkeit, wobei der Sinn für Gerechtigkeit und Ordnung ein sehr persönlicher sein kann.

Machtausübung, die Andere durch Zwangsmaßnamen und Übergriffe zu kontrollieren und klein zuhalten versucht, ist aus der Sicht des Einfühlsamen in der Tat ein zu verurteilendes Unterfangen und doch liegen dieser Tat vorhandene Resonanzmuster zugrunde, denn wie der Volksmund auch hier so klug formuliert: „Es gehören immer zwei dazu." Dieser Aspekt der zu Übergriffen und Nötigung tendierenden Gewalt finden wir in *H 36 – Die Verfinsterung des Lichts*. Missbrauch ist das Thema und dies auf körperlicher und seelisch-geistiger Ebene und führt zur Wortverwandtschaft der Vergewaltigung und der Deprivation (von lat. de-privare = berauben), die den Zustand der Entbehrung, eines Entzuges oder der Isolation von etwas Vertrautem, eines Verlustes, eines Mangels oder das Gefühl einer (sozialen) Benachteiligung bedeutet. Bereits im Althochdeutschen begegnet uns das Verb

„missbrauchen" als „falsch oder böse gebrauchen" notiert und wir kennen es im Zusammenhang mit Amtsmissbrauch, Drogenmissbrauch, Machtmissbrauch, Rechtsmissbrauch oder sexuellem und geistigem Missbrauch.

Psychologisch wird als Missbrauch verstanden, wenn eine Handlung das Opfer in seiner sexuellen Integrität verletzt und ihm psychischen Schaden zufügt, was dann zum Begriff der sexuellen Gewalt und der Nötigung führt. Missbrauch ist das Ausnützen von Vertrauen zum Zwecke eigener Triebansprüche, ein sich Befriedigen am Unterlegenen, wahrscheinlich um die eigene Unzulänglichkeit in Dominanz zu kompensieren.

Lingua/Hex-Code 32: Das sexualerotische Resonanzgesetz der Geschlechter

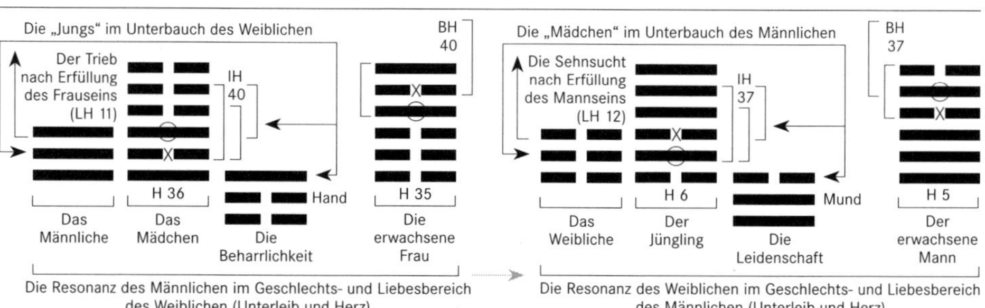

Die Struktur des Zeichens H 36, zeigt die Erde über dem Feuer und damit die Situation der Verdunklung oder Reduktion des Hellen. Das kleine Flämmchen (UT Feuer) wird durch Bedeckung vom Auspusten oder im Sinne einer auszubildenden Blüte, vom vorzeitigen Pflücken bewahrt. Zwei Faktoren verbergen sich hinter der Symbolik. Zum einen das inneralchimistische Prozedere der „Stärkung des Geistfeuers des Verstehens" und damit die freiwillige Zensur und zum anderen der Übergriff auf das Schöne, Leuchtende und das zum Licht des Gesehenwerdens strebende „Tochterflämmchen", das damit eine gewaltsame Verwundung und gleichzeitige Befreiung von der Sekundärrolle eines noch unreifen Weiblichkeitsaspektes in Abhängigkeit zur Mutter erfährt. Das übergeordnete Thema der Verfinsterung oder der Verletzung sind die hemmenden Unzulänglichkeiten - im Verstehen und der Rolle des noch unerfahrenen Mädchens - von denen durch Zurückhaltung und nicht durch Nötigung, Befreiung erlangt werden soll (*IH 40 – Die Befreiung*). Sich zurückhalten um nicht in das Gewaltlicht der Übergriffe zu gelangen (UBT Berg) so die Anforderung, aber was strahlt, das möchte auch gesehen werden und dies ruft den strittigen Täter auf den Plan, der diesem „Deflorationstrieb" entgegenkommt (*PH 6 – Der Streit*). In resonante Kombination gebracht bedeutet dies: Der „verdeckte Liebreiz des Weiblichen" (LH 22 von L 6, die Anmut) fordert den „starken männlichen Eroberer" heraus, der das Hemmnis der Bedeckung beendet (einen Bewusstseinspartner der sie entdeckt, den Passenden der ihren „Ausstrahlungszweifeln" ein Ende bereitet, vielleicht könnte man es als „Unbewusstes besiegt werden" bezeichnen). Auf der anderen Seite die männliche Triebrichtung (die hervortretende Kraft, die vom Hemmnis der „jungfräulichen Kleinheit" befreien kann), die abwarten muss, bis das liebreizend Bedeckte und geheimnisvoll Herausfordernde seinen Verführungsversuchen nachzugeben bereit ist (was je nach Grad der Bewusstseinsentfremdung, auch gewaltsame Übergriffe möglich macht, in der Natur sind es eindeutige Signale die dem Triebszenario ein Ja signalisieren).

Sowohl das Opfer als auch der Täter stehen in Bedrängnis. Der eine in innerem Widerstreit mit seinem Vaterbild und der eigenen Rolle als männlicher Eroberer (das Konfliktpotential der Gegensätze, BH 38), das andere im Schatten der Mutter, aus dem es sich vom Mädchen zur Frau erheben will (das Konfliktpotential der hemmenden Kleinheit). Beide sind Werkzeuge einer übergeordneten Macht (das Schöpferische im Zeichen H 6 und das Empfangende im Zeichen H 36) und schauen wir mit den Augen der Natur, dann finden wir das natürliche Zusammenspiel von Wasser und Feuer im Bild der programmatisch orientierten Wurzel und der Blüte, die eine Synergie der Abläufe bilden (die Wurzel nötigt die Blüte, die jedoch in sich selbst das Programm „Aufblühen" trägt). Da die Blüte aber selbst einmal Wurzel war und deshalb den Zwang des gewaltsamen Austreibens kennt, besteht zwischen beiden eine ergänzende Resonanz. Dieses programmatische Muster findet sich in der Struktur der beiden Zeichen bestätigt.

Das Wasser als UKT des Musters H 36, umgibt das „liebliche Licht" des jungmädchenhaften Feuers, das Feuer wiederum umschließt die „streitbaren Abgründe" des Männlichkeitsaspektes von Wasser im Muster H 6. Aus diesem Zusammenhang ergeben sich die ganzen „unbewussten" Reaktionsmuster und genau diese zu durchbrechen - von Opfer und von Täterseite - ist wahre Befreiung, was aber Verstärkung des Feuers des Verstehens bedeutet und diese Anforderung scheint auch gewalttätige Übergriffen mit einzubeziehen.

Gewalt in der Beziehung basiert genau auf diesem Muster, in dem das Opfer sich selbst reduziert (die unbewusste Übernahme des Schattendaseins an der Seite der Mutter, eine Hemmung der Eigenständigkeit), der Täter indes den inneren Widerstreit mit seiner Rolle als männlicher Eroberer, auf das Entfaltungsgehemmte überträgt.

Verlangen wird mit Gewalt oder Tyrannei gestillt und auch wenn es uns noch so tief berührt und entrüstet: Es scheint im Programm des Miteinander ebenso eine Möglichkeit zu sein, durch die gewisse Aspekte resonanter Bedingungen in der Natur der Beseelten verdeutlicht werden. Gibt es einen Magneten, gibt es auch ein Eisen, das an diesem Magneten haftet oder anders gesagt: „Wo ein Anspruch da ein Widerhall" (wenn auch gänzlich unbewusst).

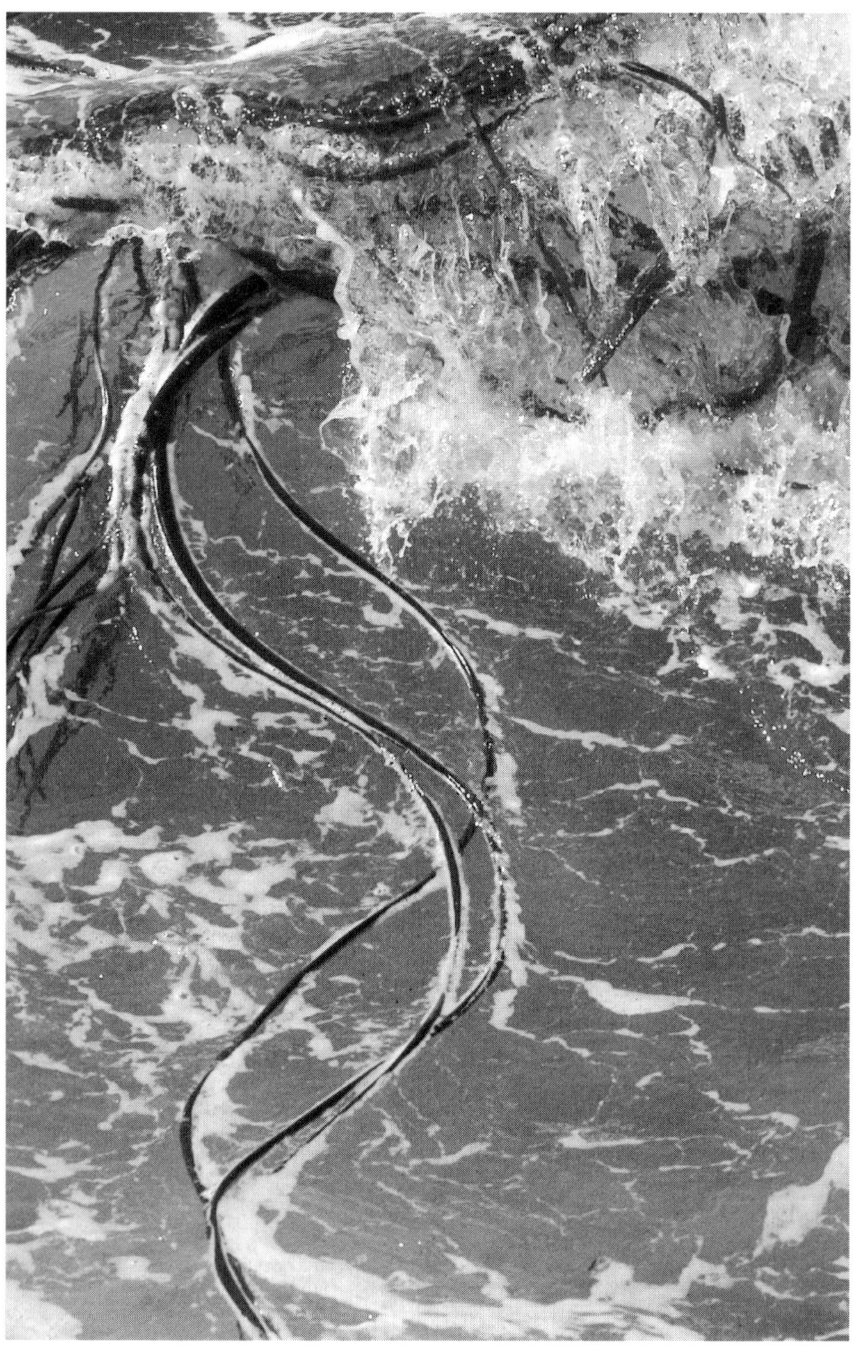

Allgemeines zu den beiden Ur-Geschlechtern

„Das eine bedingt das andere oder anders gesagt, trägt es als Konsequenz des eigenen Seins, bereits in sich selbst."

Im Strichmuster des Yijing, das als allgemeingültige Beschreibungsformel der Lebensäußerungen gelten kann, wird das Urbild des Männlichen mit dem drei- und sechsfachen Yangprinzip des Schöpferischen gleichgesetzt. Physikalisch betrachtet entspricht ihm die Energie, aus deren Bewegung sich die potentiellen Massekörper der Lebensformen bilden. Das Schöpferische in unbewegter Form ist die Summe aller Gestalt-Möglichkeiten einer Kraft, die durch den Aspekt des Raumes als potentielle Kraft in Erscheinung tritt. Erschaffen ist Bewegung in Zeit! Das eine bedingt das andere oder anders gesagt, trägt es als Konsequenz des eigenen Seins, bereits in sich selbst. Bewegung von erschaffender Kraft bedingt den „empfänglichen Raum“, was beide als untrennbare Grundbedingung einer „Sache Leben“ zeigt. So gesehen ist die Idee einer Erstbedingung „Gott“, einer Idee Leben vor dem Leben, eine aus menschlicher Sicht verständliche Komponente, denn der Perfektion der folgerichtigen Abläufe, muss eine systemische Überlegung vorausgegangen sein. Die Idee selber aber ist bereits eine Bewegung, die Raum voraussetzt. Gibt es einen singulären Impuls des Lebensstromes und wenn, wäre er dann mit „männlich“ gleichzusetzen? Bezieht sich die Idee der Rippe Adams, aus der das Weibliche geschnitzt wurde, auf einen solchen “singulären“ Schöpfungsimpuls? So gesehen wäre der belebende Strom von „männlicher“ (energetischer) Natur, die Raumformen, die ja Leben als sichtbaren Ausdruck des Unsichtbaren definieren, von weiblicher Natur. Leben als formelles Ereignis ist also weiblich (empfangend), das was dem Formellen seine Bewegung gibt, ist männlich (schöpferisch). Die Gefahr der Personifizierung göttlicher Werte wird deutlich. Bleiben wir also oder besser gesagt: Kommen wir zurück auf den Boden des Menschlichen und versuchen, die beiden Bezugsgrößen von „Das Männliche und Das Weibliche“ so wertneutral wie möglich zu beschreiben.

Wir werden selbstverständlich daran scheitern, denn ein Ding an sich gibt es nicht, ist also auch nicht beschreibbar und schon gar nicht von einem Subjekt des Objektiven, einer Unterinstanz des alles Gebärenden. Das Männliche und das Weibliche lassen sich nur durch ihre ihnen inhärenten Resonanzmuster an Ausdrucksmöglichkeiten erklären und diese müssen jeweils der Natur des anderen entsprechen. Zeit ist ein Bewegungsaspekt im Raum, und wenn die Zeit dem Schöpferischen und der Raum dem Empfangenden entspricht, dann muss sich der Aspekt „Zeit-Raum-Bewegung“ inhärent dem Schöpferischen befinden, denn dies wäre sein Sinn. Und genau dies finden wir in den Wandlungen des Schöpferischen und ergänzend dazu des Empfangenden. Das Schöpferische trägt in sich all diejenigen Attribute, die Leben als Bewegung von Kraft beschreiben, das Weibliche all diejenigen Attribute, die diesem Kraftgemisch eine Ausdrucksform geben. Daran erkennen wir das Wunderbare: Da die schöpferische Kraft nur durch die stabile Form zum Ausdruck gelangt, wird diese als Ausdrucksmerkmal des Männlichen bezeichnet, während die sie belebende Kraft nun zum weiblichen Ausdrucksmerkmal wird. „Das Gegengeschlechtliche im jeweils anderen Geschlecht" ist geboren, und somit auch eine Beschreibungsklausel, die da lautet: Das Männliche (die Zeit, die Energie) ist nur durch seinen ihm innewohnenden „Sinnbezug" des Weiblichen (der Raum, die Materie), bildhaft zu benennen und umgekehrt. Energie in Bewegung transformiert Materie, weshalb sie die Information zur Ausbildung von Materie bereits in sich tragen muss.

Lingua/Hex-Code 34: Der Sinnbezug des Männlichen und sein primäres Ausdrucksmerkmal

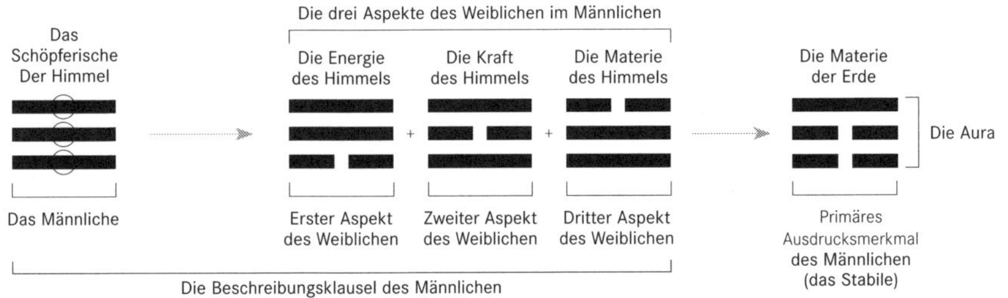

Lingua/Hex-Code 35: Der Sinnbezug des Weiblichen und sein primäres Ausdrucksmerkmal

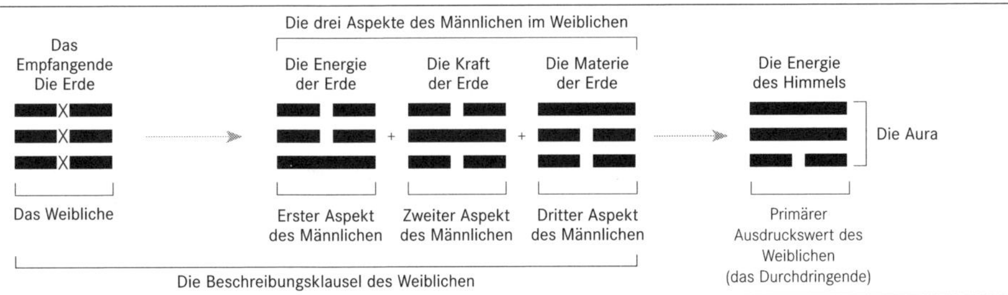

1. Das Urbild des Männlichen

Wie in den Ausführungen zuvor erläutert, lässt sich kein Ding ohne beschreibende Attribute erklären und diese müssen different zu dem Beschreibenden sein. Das Männliche wie auch das Weibliche lassen sich nur durch den „Sinn" eines so genannten Männlichen oder Weiblichen beschreiben und dieser muss in resonanten Teilen von gegenpoliger, also jeweils männlicher oder weiblicher Ergänzung sein. Das Männliche kann nur durch das Weibliche als solches definiert werden oder anders gesagt: Energie ist nur durch das Fahrzeug einer Form als belebende und bewegende Kraft erkennbar. Sie ist ihr potentielles Ausdruckswerkzeug was noch einmal ganz konkret gesagt bedeutet, dass es immer eines andersartigen Gegenstückes bedarf, um das was benannt werden soll, benennen zu können. Das, was sich nach Außen offenbart, ist das Ergebnis dessen was sich im Innen bewegt. Gäbe es das Männliche und das Weibliche an sich, es wäre ohne Sinn und deshalb der augenblicklichen Selbstzerstörung anheimgestellt.

Selbstverständlich sind da Geschlechtsmerkmale, die das eine vom andern unterscheiden. Es sind dies die spezifische Triebstruktur und der Körperbau. Das elektrische, also sensorische Muster allerdings, ist im Ganzen auf das ihm einen Sinn gebende, gegengeschlechtliche Gegenüber eingestellt, was auch in Bezug auf die gleichgeschlechtliche Beziehung stimmt, denn auch dort sind es die gegenpoligen Aspekte im anderen, allerdings auf gleichgeschlechtlicher Ebene. Starten wir nun den Versuch die wesentlichen Urmerkmale des Männlichen zu beschreiben, dann stehen uns dafür wie gesagt, lediglich die geschlechtsspezifischen Erkennungszeichen und damit die Körperstatur zur Verfügung. Schon ein Verhaltensmuster ist, wie der Begriff bereits sagt, ein Zweckverhalten, aber vielleicht könnten wir ja spezielle territoriale und arterhaltende Muster dazu heranziehen, die allerdings wiederum im Wesentlichen auf das Gegenstück des Weiblichen ausgerichtet sind. Ein programmatisches Muster urmännlichen Verhaltens, das dem Grundmuster des Schöpferischen zugrunde liegt, ist der triebbetonte Neigungsüberhang zum Weiblichen, der Wille zur Eroberung, der sicherlich als allgemeingültiger Definitionsaspekt des Männlichen gesehen werden kann.

Werfen wir deshalb einen kurzen Blick in die uns sehr verwandte Tierwelt, dann sehen wir diesen Eroberungsdrang und den territorialen Anspruch in natürlicher Art und Weise bestätigt, die Führungsansprüche des stärksten Männchens gegenüber seinem Rudel an Weibchen, das Balzgebaren und die Kampfeslust, dem allerdings der Trieb zur Fortpflanzung als primärer „Wille der Lebenserhaltung“, zugrunde liegt. Der Eroberer und das zu Erobernde „territoriale Refugium“ sind gleich einer Idee und deren Verwirklichung (die Idee ist bereits das Bild des zu Verwirklichenden) und bilden eine Einheit. Vereinnahmt werden kann nur das, was als zu Vereinnahmendes existiert, die Idee Leben geht dem Leben voraus und diese Idee setzt den vereinnahmenden Impuls und den zu vereinnahmenden territorialen Raum auf die gleiche Ebene, gleichwohl sie differente Qualitäten aufweisen.

2. Genverankerte Aktions- und Reaktionsmuster des Männlichen

a) Die Aspektkombinationen von Qian, Dschen, Kan und Gen

Lingua/Hex-Code 36: Primäre Attribute der Männlichkeit

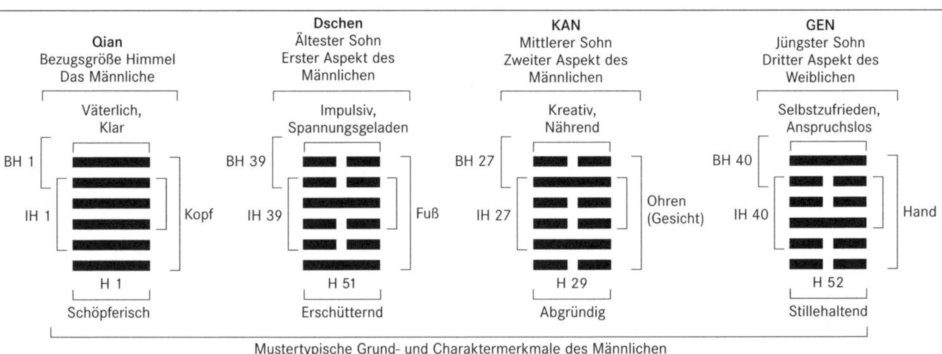

Genverankerte Merkmale und typische Verhaltensweisen der beiden Geschlechter lassen sich natürlich aus den Doppelungen der je vier männlichen und weiblichen Grundbausteine zum Doppelhexagramm ablesen. Dabei stellt die Doppelkombination des Schöpferischen und des Empfangenden, eine Art Urmatrix beider Geschlechter dar, während die je drei weiteren auf beiden Seiten, die Einzelaspekte der Söhne und Töchter beschreiben. Schauen wir uns nur einmal die Körperaspekte der drei plus eins Männlichkeitsmuster an, dann sehen wir das Kopfbetonte, die Füße (gelten als sexuelle Potenzmerkmale), die Ohren und das Gesicht (große und etwas abstehende Ohren sind ebenfalls Anziehungsmerkmale) und natürlich die Hände, die insgesamt spezifische Primärfaktoren der Männlichkeit sind. In einem nächsten Schritt könnten wir eine Kombination der männlichen und der weiblichen Einzelkomponenten vornehmen und sollten damit sogenannte Reaktions- und Aktionsmuster erhalten, die typisch männlich und typisch weiblich sind. Gleichzeitig zeigen sich uns die spezifischen Qualitäten der Freundschaften auf gleichgeschlechtlicher Ebene. Ein unglaubliches, miteinander verflochtenes und gleichzeitig programmatisch organisiertes Resonanzmuster, lässt sich erkennen. Beginnen wir also mit den „drei plus eins“ geschlechtsspezifischen Grundmerkmalen der männlichen und der weiblichen Seite in den Doppelzeichen, die ich nur in den Kernaspekten aufzeigen will.

b) Der fundamentale Aspekt männlicher Ausdrucks- und Bindekraft

Lingua/Hex-Code 37: Die früh- und späthimmlische Überlagerung von Qian und Gen

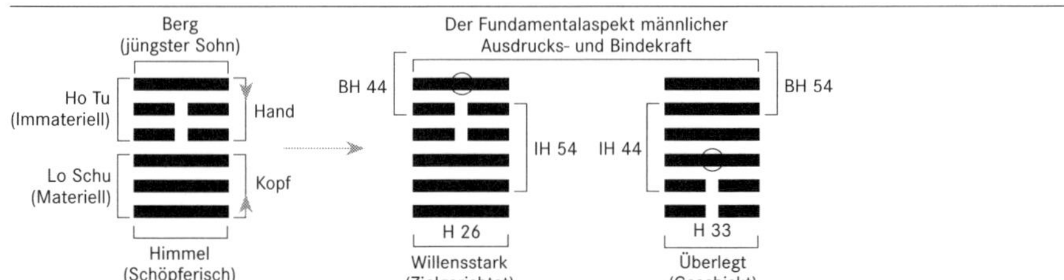

Zwei fundamentale Fixpunkte der Offenbarung männlicher und weiblicher Kernattribute lassen sich in der früh- und späthimmlischen Überlagerung ausmachen. Es ist dies der Nordwestpunkt in der Kombination von Himmel und Berg sowie auf der weiblichen Bezugsseite, die Kombination von Erde und Wind im Südwestfenster. Sie sind die beiden Beschreibungswerte von Raum und Bewegung im Raum (Erde/Wind) und Energie und resonante Form. Die Form ist das Sinnbild potenzierter Energie, der Raum die Tanzfläche der Energie in Bewegung, Erde und Wind sind die beiden Primärkennzeichen weiblicher Intention, Himmel und Berg diejenigen der Männlichen.

Die sich ergebenden Zeichen sind klar. Das Kernszenario männlicher Ausdrucks- und gleichgeschlechtlicher Bindekraft wird bestimmt durch die druckvolle Situation der beiden NW-Komponenten von Kien, dem Schöpferischen und Gen, dem Berg im Zeichen von *H 26 – Des Großen Zähmungskraft* und *H 33 – Der Rückzug*. Was dabei im Vordergrund steht, ist das Herausformen der Dinge durch Druck, das Sublimieren von etwas Minderwertigem zu einem hochwertigen Endprodukt und die analoge Distanzierung, was als Lernaufgabe gesehen schwierig ist, denn das davon ablassen, erfordert eine reife Haltung die zu erlangen, einen Prozess dauernder Wiederholungen bedeutet. Das Grundmuster männlicher Ausdruckskraft wird also bestimmt durch das Wechselspiel zwischen druckvoller Einwirkung und handelbarem Umgang mit dem so Geschaffenen. Es in die Hand nehmen, domestizieren und trächtig machen, daran aber nicht klammernd festzuhalten, sondern sich immer wieder abzusetzen und Gegendruck zu leisten, (die Handhabung des eigenen schöpferischen Seins, das Triebband der Fesselungen abwerfen, die Freiheit der Wegentscheidung), das ist ein wesentlicher Grundaspekt männlicher Weltbeziehung.

Was die ebenfalls an dieser Stelle zu beschreibende Männerfreundschaft betrifft, so sind es wieder die beiden Faktoren von Kopf und Hand (Himmel und Berg), also Umsetzung oder Formgebung schöpferischer Ideen bis zum brillanten Ergebnis, mit denen das Szenario kurz und bündig erklärt werden kann. Und dies ist es, was Männer lieben: Dinge unter ihre Kontrolle zu bringen, ihnen eine Form geben und sie danach stolz zu präsentieren, Gegendruck leisten. Großartig muss es sein, ein Ausdruck der Beherrschung der Materie und dafür rotten sie sich gerne zusammen, denn am Ende so steht es geschrieben (Linie sechs von H 26), kann man selbst den Sternen ihre Bahn befehlen (wir nennen es dann die großen Tiere, die so manches kontrollieren). Männerfreundschaften wirken wie Kopf und Hand im Sinne von Druck und Gegendruck zusammen, was eine Symbiose der besonderen Art ergibt, weil sie eben auf aktiv bestimmenden und passiv beherrschenden Faktoren beruht.

c) Die Dynamik männlicher Ausdrucks- und Bindekraft in der gleichgeschlechtlichen Begegnung

Wie bereits erwähnt, bieten die jeweils gleichgeschlechtlich sortierten Mischzeichen das weitaus größere Beschreibungsfeld, denn sie zeigen uns nicht nur das Begegnungsmuster der gleichen Art miteinander, sondern auch die genverankerten Aktions- und Reaktionsmuster der männlichen und der weiblichen Einzelkomponenten, und hier kommt Bewegung ins Spiel. Das Schöpferische und das Empfangende offenbaren sich in je sechs bewegten Varianten, deren Beziehung zueinander, in Summe wieder das Schöpferische und das Empfangende ergeben.

Der Rückbezug des Schöpferischen und des Empfangenden mit den sie selbst beschreibenden Einzelkomponenten im Sinne der Eltern/Kinder-Beziehung findet dann zum Abschluss der nun folgenden Ausführungen eine Erklärung. Ein geniales und in sich geschlossenes resonanzgesteuertes Lebensprogramm der Begegnungsmöglichkeiten bietet sich uns an. Ich möchte mich aber auf eine Kurzerklärung und die Darstellung der inneren Zusammenhänge im Lingua-Hex/Code beschränken, aus dem sich alles Wesentliche ablesen lässt.

Der Lingua-Hex/Code des Männlichkeitsaspektes Donner zeigt uns in den Kombinationszeichen das aktivistische Prinzip des Männlichen durch *H 3 - Die Anfangsschwierigkeit, H 27 – Die Ernährung* und dem Kernzeichen *H 51 – Die Erschütterung*. Erzeugend, nährend und revolutionierend, so die drei Dynamikwerte des Donnersohnes Dschen. Der Lingua/Hex-Code des zweiten Männlichkeitsaspektes Wasser offenbart uns in den Kombinationszeichen das Muster des Tief- und Abgründigen in der Thematik *H 40 – Die Befreiung, H 4 – Die Jugendtorheit* und

H 29 – Das Abgründige. Rebellisch, kindlich naiv und uneins so die drei Attribute der Wassermännlichkeit, wobei das Doppelzeichen immer das Kernattribut definiert, wie wir ja bereits gesehen haben. Treffen richtungsäquivalente Charaktere aufeinander, wie dies im Doppelzeichen angezeigt ist, ergeben sich „Duo-Potentiale", die entsprechend der Grunddynamik als Potenzierung wirken. Zwei tiefgründige und undurchsichtige Wassercharaktere als Duo, werden die Potenzierung „Uneins mal zwei" hervorbringen, was aber äußerst fruchtbar, im kreativ-nährenden Sinne ist. Dagegen zeigt sich eine Wasser-Donner/Verbindung als äußerst locker und befreiend, während eine Wasser-Berg/Verbindung eher kindisch und blauäugig wirkt. Kommen wir zum dritten Lingua/Hex-Code des Bergsohnes, dann treffen wir auf Attribute wie ambitiös, gehemmt und besonnen, womit die „sechs plus drei" Merkmale männlicher Ausdrucks- und Bindekraft definiert sind (drei Doppelzeichen und sechs Mischwerte).

Lingua/Hex-Code 38: Die dynamischen Attribute der Donner-Männlichkeit

Primärer Beziehungsaspekt: Richtungsdifferente Charaktere
Sekundärer Beziehungsaspekt: Richtungsäquivalente Charaktere
Erster Aspekt des Männlichen
Dschen (ältester Sohn)
BH 63
IH 23
Wasser (mittlerer Sohn)
Kreativ
Triebmotiviert
H 3
Erzeugend
BH 28
IH 2
Berg (jüngster Sohn)
Geistmotiviert
Triebmotiviert
H 27
Nährend
BH 39
IH 39
Donner (ältester Sohn)
Herzensmotiviert
Triebmotiviert
H 51
Revolutionierend
Erster beschreibender Wert männlicher Ausdrucks- und Bindekraft in der Begegnung mit dem gleichgeschlechtlichen Gegenüber – **Dschen, der älteste Sohn**

Lingua/Hex-Code 39: Die dynamischen Attribute der Wasser-Männlichkeit

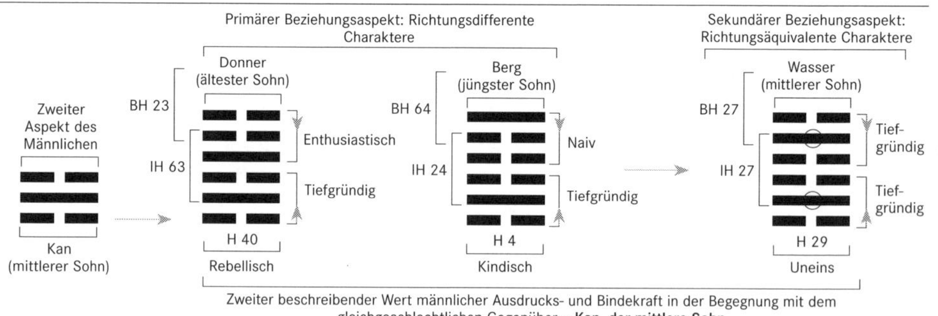

Lingua/Hex-Code 40: Die dynamischen Attribute der Berg-Männlichkeit

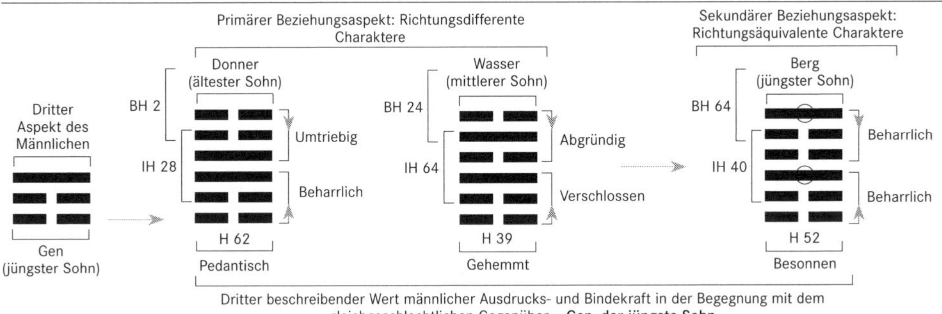

Zum tieferen Verständnis und zur Erinnerung sei hier noch gesagt, dass die jeweiligen Aspekte des Männlichen, also Donner, Wasser und Berg, sich selbst immer gegenseitig inhärent sind. Donner lässt sich als wirkende Kraft nur deshalb beschreiben, weil er in sich selbst die beiden anderen gleichgeschlechtlichen Werte von Berg und Wasser trägt. Zählt man den Donner in seiner Linienstruktur aus, so beginnt auf Linie zwei das Trigramm Berg (Yin, Yin, Yang) und auf Linie drei dann das Trigramm Wasser (Yin, Yang, Yin). Der jeweilige Aspekt lässt also immer drei Beschreibungswerte seiner Ausdruckskraft zu. Diese zeigen sich nicht nur in der Begegnung mit dem gleichgeschlechtlichen Gegenüber. Sie sind fest gefügte Charakteranteile, die den jeweiligen, vordergründigen Männlichkeits-Aspekt beherrschen. Diese innere Gesetzmäßigkeit gilt natürlich auch für die weibliche Seite, wie später zu sehen sein wird.

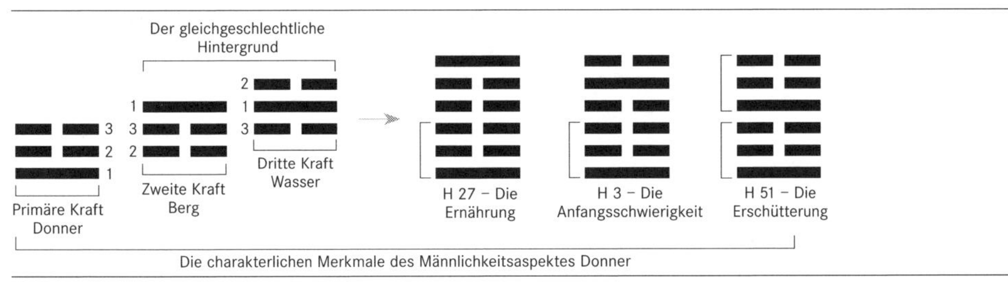

3. Das Resonanzmuster des Männlichen - Der Animus und Vateraspekt

Wenn, wie C. G. Jung dies formuliert, der Animus oder die Anima das jeweils gegengeschlechtliche Passstück im Anderen ist, dann sind das Schöpferische und das Empfangende die beiden Urprinzipien des Wechselspiels der Anziehung. In diesem Sinne sind sie natürlich ursprünglich männlich oder ursprünglich weiblich. In Wandlung gebracht, zeigen sich dann aber die drei weiblichen Resonanzkräfte des Sanften, des Haftenden und des Heiteren, im dreifach stabilen Geistprinzip des Urmännlichen und die drei männlichen Resonanzkräfte des Erschütternden, des Abgründigen und des Ruhighaltenden, im dreifach weichen Yinprinzip des Weiblichen.

Lingua/Hex-Code 40: Animus und Anima oder das gegengeschlechtliche Passstück im anderen

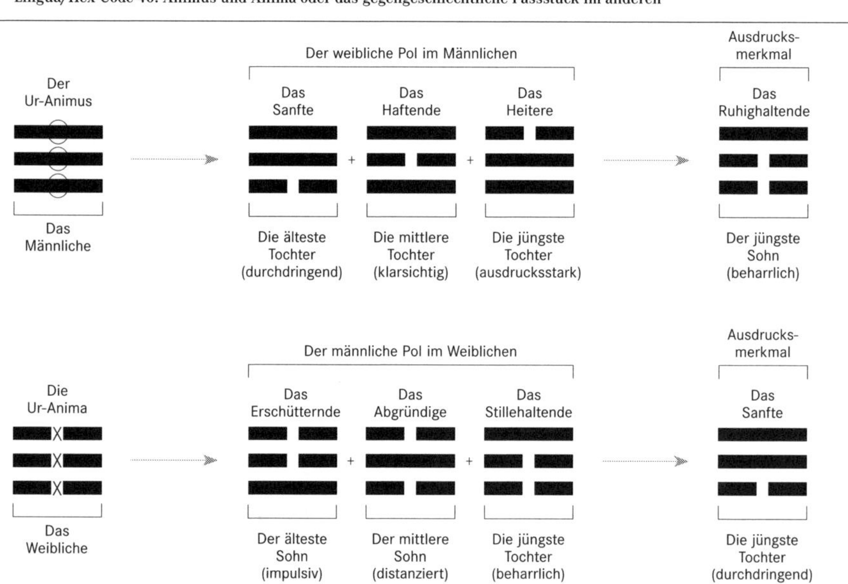

Die Töchter zeigen einen Bezugsüberhang zum Vater (die jeweils zwei Yangstriche), die Söhne zur Mutter (die jeweils zwei Yinstriche). Die Neigungstendenz des Männlichen zum Weiblichen und umgekehrt liegt in der Natur der Spaltung oder Trennung und der gegenläufig orientierten Rückschwingung zur Wiedervereinigung. Animus in seiner Wirkung ist also nur zu beschreiben durch seinen Niederschlag auf der resonanten Gegenseite des Weiblichen, ebenso wie Anima nur durch den resonanten Niederschlag auf der männlichen Seite in ihrer Wirksamkeit erklärbar wird. Anima ist der Sinn des Männlichen, Animus der Sinn des Weiblichen, oder anders gesagt: Donner, Wasser und Berg sind der Sinn der Erde (ihre Beziehungswerte); Wind, Feuer und See sind der Sinn des Himmels (seine Beziehungswerte).

Das Schöpferische wird erst durch das Empfangende zum Schöpferischen, das Empfangende nur durch das Schöpferische zum Empfangenden. Die nicht auf ein äußeres Frauenbild projizierte Trieb-Anima ist das Führungsprinzip zur inneren Entwicklung des Mannes, anders gesagt, die Botschafterin zwischen Ich-Person des Männlichen und wahrer Natur. Umgekehrt ist der nicht projizierte Animus der Frau das wirksame Potential zur Herauskristallisierung ihres tatsächlichen Eigenwertes. Dieses gegengeschlechtliche Resonanzbild der Anima im Männlichen und des Animus im Weiblichen gleicht einem voreingestellten Wechselspiel zwischen Sender und Empfänger, wobei beide jeweils das eine und das andere sind. Dass dies eine Allgemeingültigkeit besitzt, sehen wir am Beispiel der Wandlung der beiden Bezugskräfte von Himmel und Erde.

Lingua/Hex-Code 41: Das ursächliche Spiel der Wandlung oder Paarung und Offenbarung

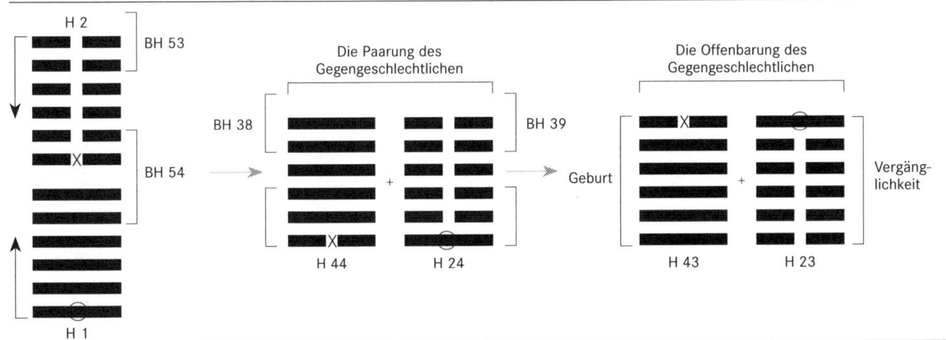

Starten wir das Spiel der Wandlung mit dem ursächlichen Signal des schöpferischen Himmels, dann sehen wir das dieser im tiefsten Grunde seiner Potentialität (Linie 1), die Frequenz eines gegenpoligen Empfängers (eine spezifische Eroberungssequenz von Raum) in sich trägt (*H 44 – Das Entgegenkommen*). Der Empfangende ist andererseits genau auf diese Frequenz im psychischen Empfangssystem voreingestellt (*H 24 – Die Wiederkehr*), was dann im Folgenden das Spiel der Gegensätze und Hemmnisse (BH 38 und BH 39) in Bewegung setzt. Im Feld des Schöpferischen erscheint der Stempel des Empfangenden und umgekehrt. Der Triebkomplex des „heiratenden Mädchens“ (BH 54 von H 1 zu H 2) als das spezifische Freien um den Geist des Anderen und das damit einhergehende Entwicklungs- und Wandlungsgeschehen BH 53, (H 2 zu H 1) von Geburt (polares Hexagramm 43) und Vergänglichkeit (polares Hexagramm 23) beginnt.

Diese Sende/Empfangs-Frequenz kann nicht verändert werden. Sie ist angeborene Natur und offenbart sich in ihrer Bandbreite der individuellen Neigungen mit zunehmenden Wachstumsschritten. Das Eine trägt in sich das Andere zur Reife aus und umgekehrt. Der Erfüllung durch das Gegenüber ist die Selbsterfüllung resonant zur Seite gestellt. Einmal vorweg an dieser Stelle gefragt: „Wo bleibt das Ich? Die Antwortet lautet: „Das Ich ist die Folge der Bewegung von Bewusstseinsenergie (der schöpferische Strom) in der zeitgebundenen Form."

4. Das sexual-erotische Prinzip des Männlichen

Männer definieren sich in männerdominierten Kulturen durch Abwertung des „schwachen" Geschlechts, das sie gleichzeitig begehren. Dadurch gewinnt die Frau Macht über den Mann, was seinem Selbstbild widerspricht. „Es ist das eigene sexuelle Begehren, das dem Mann die Kontrolle nimmt; dafür wird die Frau verantwortlich gemacht und bestraft"[7], schreibt Rolf Pohl, Professor für Sozialpsychologie an der Uni Hannover. Das Männlichkeitsdilemma liegt in der Abhängigkeit vom Objekt der Begierde, das er als treibende Resonanzkraft in sich trägt – und genau dieses Objekt entscheidet über Befriedigung und Enttäuschung.

Das Eingeständnis einer solchen Abhängigkeit (Wandlungseinheit Feuer, das Haftende) aber liegt völlig konträr zur Vorstellung von männlicher Stärke oder Autonomie. „Die durch Frauen ausgelöste sexuelle Erregung bestätigt die Abhängigkeit des Mannes und entlarvt die im männlichen Autonomiewunsch enthaltene Idee vollkommener Beherrschung und Kontrolle als wahnhafte Illusion"[8] (Rolf Pohl).

Das sexualerotische Antriebsmoment des Männlichen liegt in der Befriedigung der „weiblichen Ansprüche" begründet. Diese jedoch erheben sich in ihm selbst als ihn gänzlich einnehmende Einflüsse, denn sie sind ja nicht nur Anregung zur Fortpflanzung, sondern vor allem auch Wegweiser zu tieferen Schichten seiner ihn bewegenden Natur. Die Bestätigung der Männlichkeit durch das Weibliche ist gleichbedeutend mit der Abhängigkeit vom Weiblichen, und dies setzt verschiedene Besitz-, Verlust-, Angst- und Aggressionsmomente frei, die jedoch Widerhall der eigenen Anima-Natur sind.

Die urspezifische Triebstruktur des Männlichen gleicht der tendenziösen Anfangsbewegung des Schöpferischen hin zum Empfangenden, also der Ausdehnung von Energie in den Raum geometrischer Möglichkeiten. Ein solcher Neigungsüberhang des Zeugenden zum Aufnehmenden – und damit natürlich auch die analoge Resonanz – zeigt sich jeweils durch die beiden „Bezugsbausteine" See und Donner (das Männliche führt das Weibliche) und Berg und Wind (das Weibliche führt das Männliche). Im ersten Falle führt dies zum Zeichen *H 54 – Das heiratende Mädchen*, in der Rückwirkung dann zum Zeichen *H 53 – Die allmähliche Entwicklung.* Beide sind elementare Codierungen der Resonanzbeziehung zwischen dem Ur-Männlichen und dem Ur-Weiblichen, wobei das heiratende Mädchen die dominante Triebstruktur des Männlichen symbolisiert.

Lingua/Hex-Code 42: Die elementare Codierung des männlichen und des weiblichen Triebkomplexes

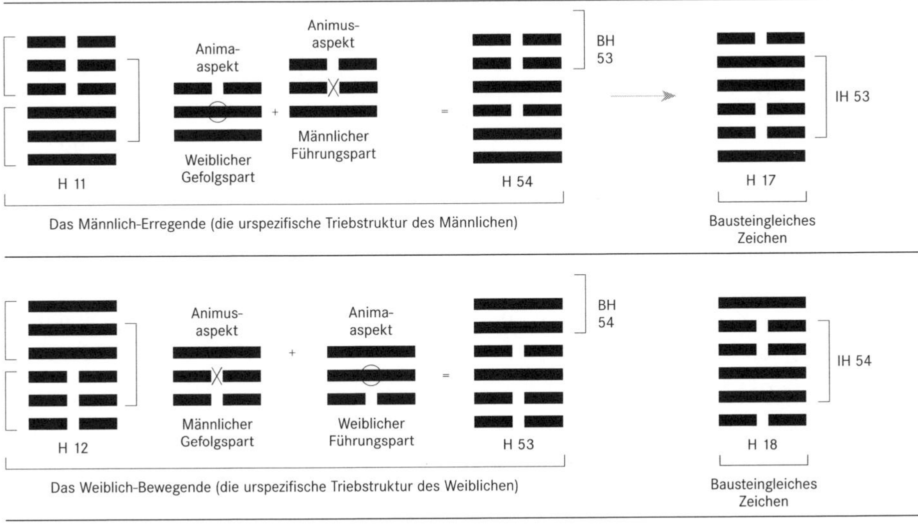

Dass nun gleichfalls beide dem Gegenüber inhärent sind, lässt sich durch die Wandlung der beiden Bausteine erkennen, die bei Dui, dem heiteren See, zu Dschen, dem erregenden Donner, führt und umgekehrt. Trotz des drängenden Musters männlicher Begierde entsteht ein Gleichklang zwischen den Beteiligten, denn der Lustbefriedigung des männlichen Verlangens (nach Besitz durch Eroberung) folgt dann als umgekehrte Medaille die allmähliche Entwicklung auf den Fuß. Diese umgekehrte Medaille des Zeichens *H 53 – Die allmähliche Entwicklung* entspricht der urspezifischen Triebstruktur des Weiblichen und ist gekennzeichnet durch allmähliches Hinwachsen, zeigt also ein sich schrittweises Einlassen sowie auch „Formalitäten“, die es zu beachten gibt. Da jedoch beide das jeweilige Triebprinzip des Anderen spiegelverkehrt in sich tragen (H 54 wird überbrückt von H 53, H 53 wird überbrückt von H 54), ist der Gemeinsamkeit im Begegnungsmuster vollkommen Genüge getan, wie immer sich dieses auch darstellen mag. Vertauscht man nämlich die Bausteine der beiden Zeichen, dann kommt die ganze Palette der Übertragungs- und Gefolgschaftsmuster zum Vorschein, von denen C. G. Jungs kompensatorische Ausflüge in das Mann/Frau- und Eltern/Kind-Gefüge handeln: Hexagramm 17 – *Die Nachfolge* und Hexagramm 18 – *Die Arbeit am Verdorbenen.*

Partnerschaften zwischen den Geschlechtern und Beziehungen allgemein, wurzeln ja nicht auf einem Boden der Neutralität, sondern sind bestimmt von angeborenen Triebstrukturen und Charaktermustern, zu denen zwar eine gegenseitige Resonanz besteht, die sich aber dennoch zunächst der integrativen Verstehensebene oder dem Bewusstsein darüber, entziehen. Dies ist ganz im Sinne der bewegten Natur des Lebendigen, denn nur so offenbart sich Leben als eine Spirale der Entwicklung vom Wurzelhaften bis zur Blüte der Vollendung. Das Problem ist die Identifikation des Bewusstseins mit seinem „Fahrzeug“ und dessen Bewegung, die durch es selber ausgelöst wird. Das Bewusstsein wird sich seiner selbst bewusst und beginnt zu denken, was anhaften an den Ereignisablauf bedeutet und damit ein persönliches Ich produziert, das Schwierigkeiten hat und Dramatisches erfährt. Dieses Dramatische aber ist die Widerspiegelung der Ereignisabläufe durch die eigene Natur, es ist der Film, dessen Produzent in mir selber wohnt.

Übertragungsmuster und das blinde Nachfolgen, wie es thematisch in den beiden Zeichen H 18 und H 17 abgebildet wird, sind keine Schuldpakete von elterlichen Versäumnissen oder manipulativem Zwang und Druck, auch wenn sie durch die Personen von Vater und Mutter, und später vielleicht durch andere, so erfahren werden. Die drückende Last der „übernommenen Ratiobilder“, aus denen sich die scheinbaren Blickwinkelverzerrungen in das Leben hinein oder die Muster der Anpassungen, des Strebens nach Harmonie und Übereinstimmung ergeben, sind der sicht- und spürbare Ausdruck des ablaufenden Individuationsprozesses der Natur, der sich in völliger Unschuld eines Jemand vollzieht. Der Prozess des Einen ist das Resonanzmuster des Anderen. Und doch: Dieses Vakuum zwischen Warum und Verstehen ist ein Elend des Ich, denn es entsteht darin die autonom geglaubte Persona, die dies alles als „persönlich“ erlebt.

Man kann nicht frei sein von etwas, man ist nur frei, wenn man dieses etwas, das einen besitzt, vollständig akzeptiert. Was aber ist es, das einen besitzt? Es ist der Strom der fließenden Natur, zwischen dessen Quell- und Versickerungspunkt sich ein Stück Leben erhebt, das wir als das unsrige bezeichnen. Wir kommen also nicht umhin uns um die Sache „Leben“ und damit die Sache „Idee von Leben“ zu kümmern, denn das ist unser Kümmernis: „Wer sind wir, wer ist der andere und warum ist dies alles so“. Das Los des Bewusstseinsbegabten ist seine Bewusstseinsbegabung und diese setzt eine „Umwelt“ voraus, durch die er sich seiner selbst bewusst werden kann.

3. Das Urbild des Weiblichen

Das Empfangende, als Sinnbild des urweiblichen Prinzips, ist das Symbol einer austragenden und gebärenden Möglichkeit, das Reaktionsfeld eines Bewegungsimpulses das sich entsprechend dessen Radius aufzuspannen beginnt. Allerdings: Der Impuls setzt bereits den Ausbreitungsraum seiner Entwicklung voraus. So gesehen ist das Empfangende die Vorlage jeglicher Entwicklung, ja ist mit dieser gleichzusetzen. Das Weibliche an sich ist aber so wenig existent wie das Männliche an sich, kann also nur durch Differenzierung und Aufspaltung in Einzelattribute beschrieben werden. Empfängliches beinhaltet die Vorstellung von Raum, in dem Zeitbewegung sich vollzieht und aus dieser Perspektive betrachtet, ist es das Schwangerwerden, das Gebären der Dinge, durch das sich das Weibliche in den Grundzügen definiert. Das Schöpferische regt an, das Empfangende trägt aus. Beschreibbar aber ist auch das Weibliche nur durch die Summe ihrer bewegenden Einzelaspekte und natürlich durch ihren Sinnbezug, der als Resonanzmuster durchweg männliche Werte aufweist.

Die gegengeschlechtlichen Werte sind der Sinn des Weiblichen, die im Männlichen geborenen Einzelaspekte (die Bewegung des Schöpferischen) ihre Natur. Und wieder sehen wir: Die einzige Möglichkeit der Beschreibung von männlich und weiblich liegt in der Nutzung von Attributen und der Personifizierung, auch wenn dies unweigerlich zur Bewertung führt und doch: Das Schöpferische ist der „nichtmaterielle Ursprung“ von allem, was die Quantenphysik gut gelöst hat, denn sie spricht von einem Ursprungs-Quant, einer nicht zu trennenden Zweiheit, deren bipolare Kraft, das Quantennetz der zehntausend Dinge entspringt. Das Empfängliche im menschlichen Sinne ist das Aufnehmen und Annehmen dessen, was im rahmengefügten Innenraum zum Werden angenommen werden muss. Was also seinen Raum findet, hängt von der Resonanzstruktur der individuellen Beschaffenheit ab, woraus das Beziehungsspiel entsteht.

4. Genverankerte Aktions- und Reaktionsmuster des Weiblichen

a) Die Aspektkombinationen von Kun, Sun, Li und Dui

Lingua/Hex-Code 43: Primäre Attribute der Weiblichkeit

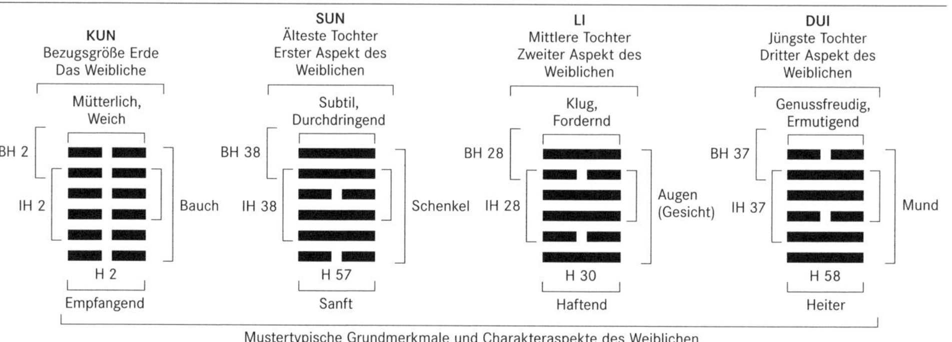

Wie bei der männlichen Seite, so zeigen sich auch durch die weiblichen Doppelzeichen die mustertypischen Grundmerkmale des Weiblichen, die als Matrix das mütterlich-weiche der empfänglichen Erde haben. Schon der erste Unteraspekt der ältesten Tochter zeigt die männliche Überlagerung und damit eben auch das Gegensätzliche und das Subtile ihres Charakters. Das zweite Doppelzeichen der mittleren Tochter betont den Weiblichkeitsaspekt der Klugheit, der Schönheit und der fordernden Ausstrahlung, denn sie ist verbunden mit dem Feuer, das sich an die Materie haftet. Der dritte Aspekt des Heiteren schließlich ist inhaltsbezogen und bringt deshalb das Lustbetonte, Genussfreudige und gleichzeitig Ermutigende als Charaktermerkmal hervor. Bauch, Schenkel, Augen und Mund sind die drei dominanten Körperaspekte der drei plus eins Weiblichkeitswerte von Kun, Sun, Li und Dui.

b) Fundamentale Aspekte weiblicher Ausdrucks- und Bindekraft

Lingua/Hex-Code 44: Die früh- und spähtimmlische Überlagerung von Kun und Sun

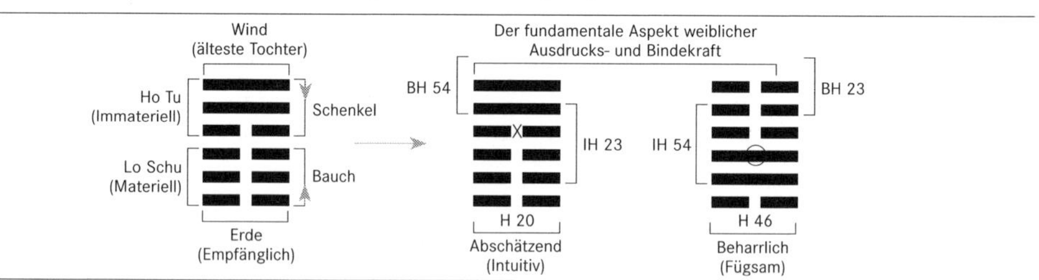

Sahen wir im Himmel-Berg/Muster männlicher Aktions- und Reaktionsmerkmale das Kopf und Hand-Prinzip, also ergreifen und machtvoll kompilieren (übersetzen eines Quellprogramms, Himmel und Berg) als herrschenden Präsentationsmechanismus, ist es beim Primäraspekt des Weiblichen im SW-Fenster, das Intuitive und der Bauch, das sanfte Einwirken durch überlegtes Handeln. Was hier zählt, sind die seelischen Inhalte, die Wahrnehmung von Welt, Leben und Mensch aus einer abschätzenden Warte, die sich des Mittels der durchdringenden Wahrnehmung bedient. Frauen sind auf dieses hochfrequente Bauchkonzept angewiesen, denn sie sind das Raumgebende und die Besetzung dieses Raumes gleicht einer Schwängerung mit Folgen.

Die Sinnbezogenheit des Erde/Wind-Aspektes ist viel mehr von Vertrauen und Gelassenheit und vor allem geistiger Beweglichkeit gekennzeichnet, als dies beim männlichen Ponton erscheint. Hier die Wahrnehmung aus dem Bauch heraus, die Misstrauen allerdings nicht ausschließt, dort das druckvolle und kopfgesteuerte Handeln eines Weltenzähmers der dieser seinen Stempel aufdrücken will und dabei selbst bezähmt wird. Dieses Reflektierte ist es, was den Unterschied macht, der Wille zur Eroberung ist beiden an die Hand gegeben. Während aber das eine durch Lassen siegt (SW Erde-Wind, H 20 und H 46), hält das andere mit allen Mitteln dagegen und wird besiegt (H 26 und H 33).

Was beide verbindet, sind die reaktiven Gefühlsneigungen des H 54, denn diese bilden das Dach und somit den Motor im menschlichen Aktions- und Reaktionshaushalt. Blickt man nämlich auf die Männlichkeitskraft im NW-Fenster der beiden Kreisordnungen, dann wirkt dieses leidenschaftliche Triebpaket auch dort als Zugpferd, allerdings im Zwischenraum von Kopf und Hand, was dem Ganzen einen konfrontativen und vor allem druckvollen Charakter verleiht (bevor das Denken einsetzt, wird bereits gehandelt). Die Dinge mit Druck Zurechtbringen und die Dinge sich zurechtbringen lassen, das scheint doch ein wesentliches Unterscheidungsmerkmal der primären Männlichkeits- und Weiblichkeitsmuster zu sein.

c) Die Dynamik weiblicher Ausdrucks- und Bindekraft in der gleichgeschlechtlichen Begegnung

Lingua/Hex-Code 45: Die Dynamischen Attribute der Wind-Weiblichkeit

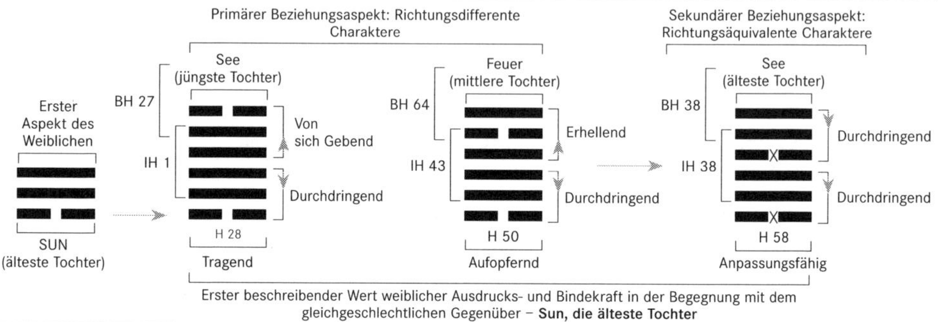

Lingua/Hex-Code 46: Die Dynamischen Attribute der Feuer-Weiblichkeit

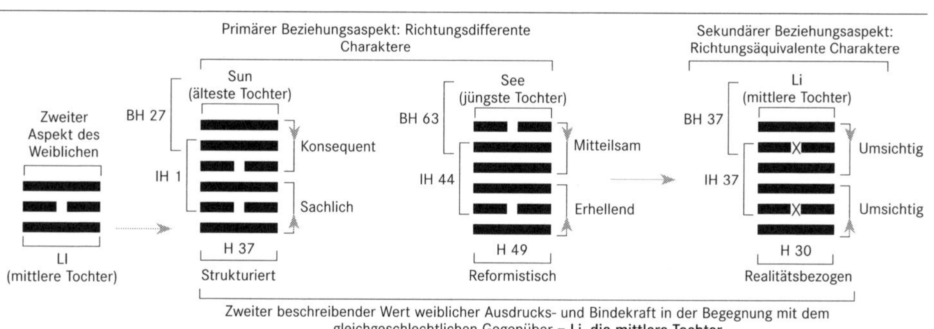

Lingua/Hex-Code 47: Die Dynamischen Attribute der See-Weiblichkeit

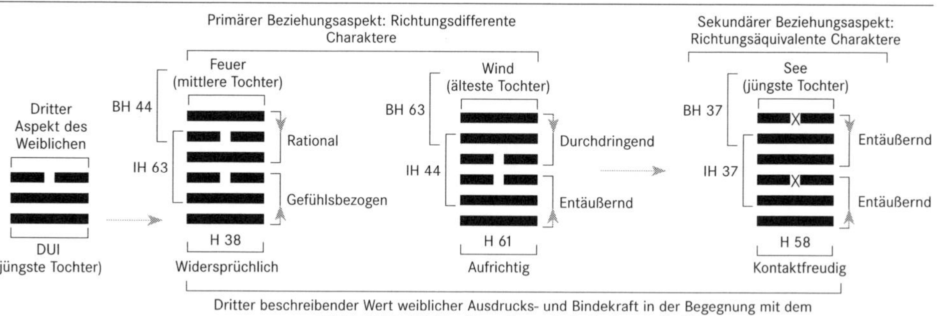

Der Lingua/Hex-Code des ersten Weiblichkeitsaspektes Sun, zeigt uns in den zwei plus eins Kombinationszeichen von *H 28 – Die Überlastung, H 50 – Der Tiegel* und dem Kernzeichen *H 57 – Das Sanfte* dessen sensible und konzentriert durchdringende Merkmale. Tragend, aufopfernd und anpassungsfähig, so die drei Attribute und in der Tat ist dem Weiblichen das Vermögen der Belastbarkeit, auch in der Freundschaft und Beziehung untereinander, des Findens von Lösungen und das Entlastende, als tragendes Prinzip zu eigen. Auch die Qualitäten der nährenden Hingabe und der Anpassungsfähigkeit offenbaren sich als wesentliche Aspektattribute der Weiblichkeit. Schauen wir auf den zweiten Lingua/Hex-Code der mittleren Tochter Li, dann fällt sogleich deren Feuercharakter und die passenden Attribute wie strukturiert, reformistisch und realitätsbezogen ins Auge. Alles Aspekte, die man eher dem Männlichen zugeordnet hätte, die Codierung lehrt uns hier allerdings anderes. Auch Freundschaften unter dem Feueraspekt von Li, der mittleren Tochter, zeigen sich dergestalt, denn wenn das Sachliche des Feuers und das Rückbindende des Windes zusammenkommen, dann entsteht eben das Verpflichtende der Sippe in H 37 und diese ist strukturiert. Während Männer sich in abgründigen Tiefen verlieren, sind Frauen doch eher realistisch und mit dem Boden der Tatsachen verhaftet, denn für sie bedeutet Leben auch Reproduktion des Lebens und dies ist äußerst real.

Der dritte Lingua/Hex-Code von Dui, dem Weiblichkeitsaspekt der jüngsten Tochter, macht das inhaltsvolle und offenbarende ihres Charakters deutlich. Vielfältig, aufrichtig und kontaktfreudig so die beschreibenden Kernmerkmale, die sich auch auf ihre Freundschaften beziehen. Selbstverständlich bedeutet das Vielfältige, als eines der Charakterattribute im Zeichen H 38, auch das Gegensätzliche und Widersprüchliche als ein Teilwert des Weiblichen, denn wenn das Ausgebende von Dui und das Verhaftete von LI zusammenkommt, dann entsteht Gegensatz, der das Ganze sehr lebendig sein lässt. Auch die Kontaktfreude und die Aufrichtigkeit sind punktgenaue Attribute des Weiblichen, was ebenfalls auf die grundangelegte Welteingebundenheit einer Primärmatrix zurückzuführen ist. Während Männer über das Leben und dessen Sinn philosophieren, bilden Frauen und das Leben eine harmonische Einheit. Vielleicht können wir nun erahnen, warum sich auf der Ebene der „großen Philosophengeister" fast ausschließlich das männliche Geschlecht den Kopf zerbricht, sind sie doch lediglich ein Y-Anhängsel an eine X-Vorlage und vielleicht deshalb so besessen den Stoff der Abhängigkeit zu „sezieren".

4.1 Das Resonanzmuster des Weiblichen - Die Anima und der Mutteraspekt

C. G. Jung bezeichnete die Anima als „Archetyp des Lebens" schlechthin, denn tatsächlich ist ja das Empfangende der Nährboden schöpferischer Anregung, das Geburtsfeld individueller Einzelaspekte der anregenden Geistinformation. Diese Einzelaspekte werden dann, da sie Anregungen des Schöpferischen im Empfangenden sind, als männliche Anteile im psychischen Apparat des Weiblichen bezeichnet (Animus). Das Weibliche trägt in sich das Realisationsmuster des Männlichen, das Männliche das Anregungsmuster des Weiblichen. Zeit ist ein Aspekt des Raumes, Raum ist das Ausdehnungsfeld der Zeit; das Empfangende wird durch die Anregung des Schöpferischen zum Empfangenden und umgekehrt. Die Anziehungskraft des Männlichen auf das Weibliche beruht also auf den innerlich wirksamen Anima-Anteilen, die Spiegelungen ihrer eigenen Natur im Gegengeschlechtlichen sind.

Lingua/Hex-Code 48: Animus und Anima oder das gegengeschlechtliche Passstück im anderen

	Der männliche Pol im Weiblichen			Ausdrucksmerkmal
Die Ur-Anima	Das Erschütternde	Das Abgründige	Das Ruhighaltende	Das Sanfte
Das Weibliche (empfänglich)	Der älteste Sohn (erregend)	Der mittlere Sohn (geheimnisvoll)	Der jüngste Sohn (distanziert)	Die älteste Tochter (nachgiebig)

Wie bei der polaren Bezugsseite des Schöpferischen wird auch der Sinn des Empfangenden erst durch Bewegung offenbar. Durch das dreifache Yin des Empfangenden spiegeln sich die männlichen Resonanzkräfte des Erschütternden (das Anregende), des Abgründigen (das Befruchtende) und des Ruhighaltenden (das Formgebende). Die Ur-Anima des Empfangenden ist die „Große Mutter" aller sich entwickelnder Vereinzelungen, denn im Gegensatz zum Ur-Animus des Schöpferischen, der alle Dinge im Geiste erschafft, trägt sie dessen Anregungen aus. Der Sinn des Empfangenden wird durch die drei Wandlungseinheiten männlicher Wirkkräfte offenbar. Die spezifische Natur manifestiert sich durch die Töchter des Sanften, des Haftenden und des Heiteren, die wiederum die Wandlungseinheiten des Schöpferischen sind. Die Natur des Weiblichen ist die Summe ihrer Töchter, die Natur des Männlichen die Summe der Söhne, durch die sich in Wandlung wiederum die Anima- und Animus-Anteile widerspiegeln.

Lingua/Hex-Code 49: Der Sinn und die spezifische Natur des Empfangenden

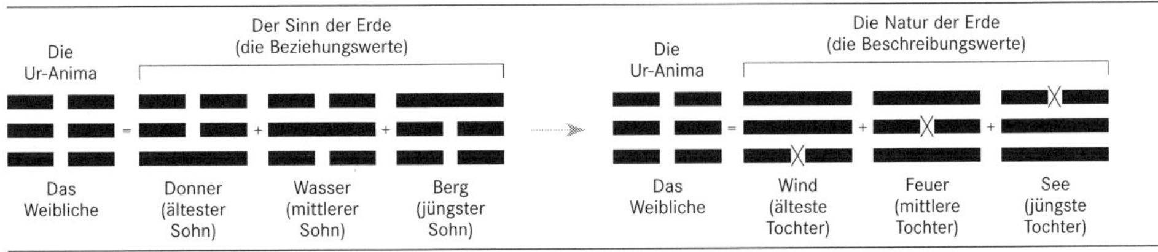

Wie wir bis hierher sehen konnten, spiegelt das Prinzip der Ur-Anima die Summe aller weiblichen Anteile, was bedeutet, dass die Töchter der Erde lediglich Einzelaspekte ihrer Stamm-Matrix aufweisen. Genau genommen sind diese jeweils auf den Brennpunkt des einen Yin von Wind, Feuer und See beschränkt, denn diese kleine Weiblichkeitsperle beschreibt den eigendynamischen Einzelaspekt. Da Leben ein Ausdruck materialisierter Bewegungsenergie ist, sind auch die zwei weiteren Komponenten der weiblichen Einzelaspekte von gegengeschlechtlicher Natur, also energiespezifisch männlich. Genau umgekehrt verhält es sich beim Bild des Ur-Animus. Dessen Abkömmlinge weisen je zwei Yin/Mutter- und einen Yang/Vater-Aspekt auf, sind also auf das „geladene Bruchstück" fixiert, das deren eigendynamischen Wert beschreibt. Der Sinn der Erde realisiert sich durch das Einzel-Yang männlicher Formkraft, der Sinn des Himmels durch das Einzel-Yin weiblicher Anregungsfähigkeit. Bindungsfähigkeit beruht also auf „gedrittelten Ladungseinheiten", denn nur dadurch kann Resonanz, Bewegung und Umwandlung geschehen. Die Zeit setzt einen Impuls im Raum, der Raum dehnt sich aus und „beraubt" die Zeit.

4.2 Das sexualerotische Prinzip des Weiblichen

Lingua/Hex-Code 50: Der anziehende Duft des Andersartigen als Wunschbild der eigenen Erfüllung

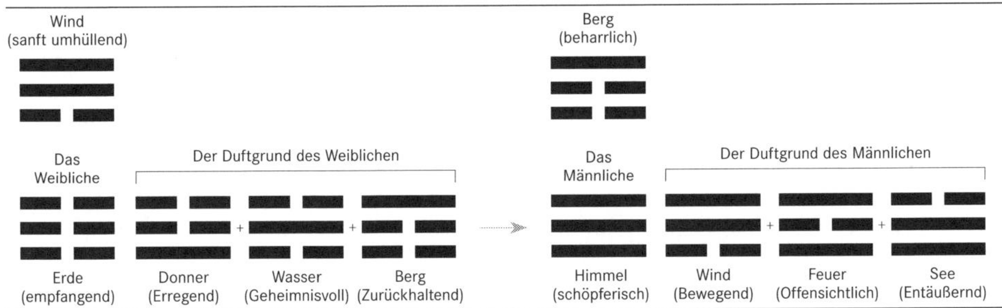

Wie bereits bei der Beschreibung der geschlechtsspezifischen Aspekte des Männlichen erklärt, beruht die sexuelle Anziehungskraft des Gegenübers auf dem eigenen Triebmuster, und dieses ist jeweils gegengeschlechtlich ausgeprägt. Weibliche Sexualität und erotische Ausstrahlung können, wie bei der männlichen Seite auch, nur durch das gegensinnig orientierte Wandlungsmuster einer spezifischen Erklärbarkeit unterworfen werden. Ganz offenbar beruhen sie bei beiden Geschlechtern auf dem Prinzip des Gegensätzlichen, dem anziehenden Duft des Andersartigen, das dem Wunschbild der eigenen Erfüllung entspricht. Dieses Wunschbild ist die erregungsspezifische Spiegelung des Gegenübers in der eigenen Wesensstruktur, genau genommen das angeborene Verlangen nach Ergänzung mit einem resonanten Gegenstück.

„Der Mann wird nur durch die Frau zum Mann, die Frau nur durch den Mann zur Frau.“[9] Gäbe es keinen Mann, dann gäbe es nicht das Bewusstsein, eine Frau zu sein. Gäbe es keine Frau, dann gäbe es nicht das Bewusstsein, ein Mann zu sein. Bestimmung des Einen geschieht durch die Unterscheidung zum Anderen.

Lingua/Hex-Code 51: Die sexuelle Grundschwingung weiblicher und männlicher Sexualität

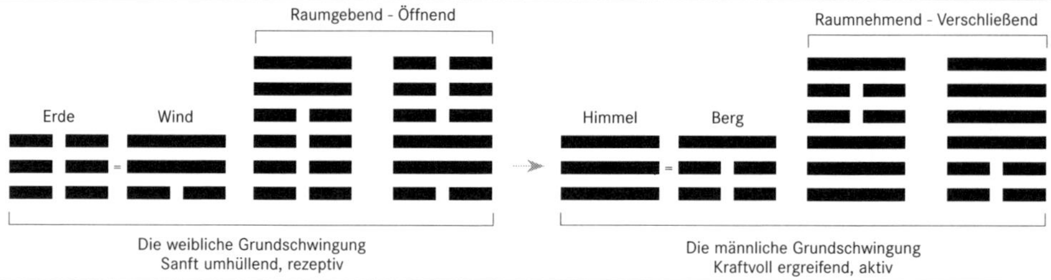

Raumgebend - Öffnend

Erde = Wind

Die weibliche Grundschwingung
Sanft umhüllend, rezeptiv

Raumnehmend - Verschließend

Himmel = Berg

Die männliche Grundschwingung
Kraftvoll ergreifend, aktiv

Der grundsätzliche Unterschied zwischen dem sexualerotischen Prinzip des Weiblichen und des Männlichen wird durch den Liniencharakter selbst bestimmt, der im drei- bzw. sechsfachen Yin der Erde einen durchgängig offenen Empfängniskanal zeigt. In Ergänzung mit dem sanft Umfangenden des homologen Windes erklärt sich das Wirk- und Sinnprinzip weiblicher Sexualität. Das sexualerotische Prinzip des Männlichen ist der erigierte Phallus, der sich im homologen Berg des schöpferischen Himmels findet. Er ist das passende Formstück zur Spalte des Weiblichen, was dann als Ganzes das Paarungsverlangen als orgiastische Rückverschmelzung zur erfüllenden Einheit symbolisiert.

Das Sexualmerkmal des Weiblichen ist das Umfangende und in sich Aufnehmende (dem nachgiebigen Wind entsprechend), während das Sexualmerkmal des Männlichen auf dem Festen und Beharrenden beruht (dem aufragenden und stabilen Berg entsprechend). Überhaupt liegt ja die Unterscheidung zwischen dem Männlichen und dem Weiblichen - im Spiegel der Strichcodierung betrachtet - jeweils immer nur in einem Brennpunkt, der als gedritteltes Element entweder eine Nahtstelle oder ein Bruchstück aufweist. Die sexuellen Merkmale des Weiblichen können also insgesamt durch die drei Spaltnähte des Yin, diejenigen des Männlichen durch die Bruchstücke des Yang bestimmt werden. Auch hier sehen wir: Das sexualspezifische Grundmuster des Weiblichen kann nur durch die Unterscheidung zum Grundmuster des Männlichen beschrieben werden und natürlich umgekehrt. Zwar bezieht es sich auf die drei weichen Yin, die aber nur in der Vereinzelung zweier weiterer Mischkomponenten von männlich und weiblich, als Gesamtpaket benannt werden können. Die drei Yin-Nähte oder Raumsegmente inhärent dem dreifach gewandelten Bezugsgrund des Schöpferischen und die drei Yangstücke oder Zeitsegmente inhärent dem Empfangenden, ergeben die Summe des zu benennenden Weiblichen und Männlichen.

Lingua/Hex-Code 52: Die Spaltnähte des Yin und die Bruchstücke des Yang

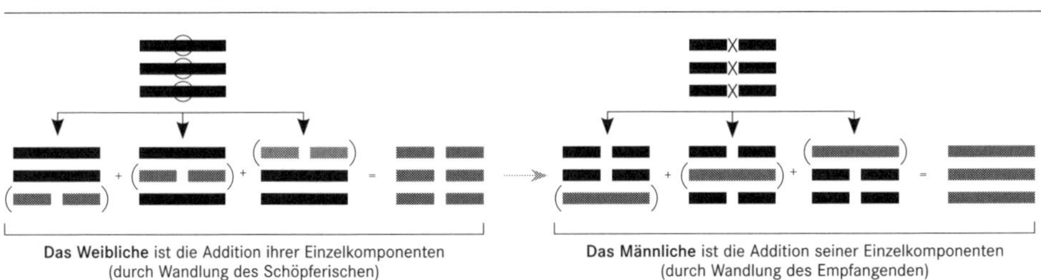

Resonanzen und gleichgeschlechtliche Verbindungen der Wind-Tochter, der Feuer-Tochter und der See-Tochter

„Das Individuelle des Menschen ist seine, ihm zum Zeitpunkt der Zeugung durch den Samen der Elternschaft übertragene Natur, die sich durch Bewegung in Zeit entäußert. Das Keimhafte des Anfangs entwickelt sich, es wird abgewickelt was vom Rad des Ablaufs einst eingewickelt wurde“.

1. Die Resonanzen der Wind-Tochter Sun zum Männlichen

Der Wind ist, wie Feuer und See auch, ein geschlechtsspezifischer Ausdruckswert des Weiblichen, der ganz bestimmte gegenpolige Resonanzmuster enthält; denn nur durch diese kann er als Eigenwert bestimmt werden. Diese gegenpoligen Resonanzmuster müssen von „männlicher Natur" und ihm inhärent sein, einem Spiegel vergleichbar, durch den er sich selbst als andersgeschlechtlich definiert. Sun, der Wind ist das Primärzeichen der Abspaltung vom Ganzheitsaspekt des Schöpferischen und so gesehen, das Sinnbild der Bewegung von schöpferischer Kraft. Bewegung aber bedeutet Entstehung, zunächst auf der Bühne der feinstofflichen Schwingung und genau diesem sinnlichen Luft-Flirren des alles Erzeugenden, entspricht der erste Weiblichkeitsaspekt von Sun, dem Wind.

Lingua/Hex-Code 53: Die Animus-Muster der Wind-Tochter und ihre Themenbilder

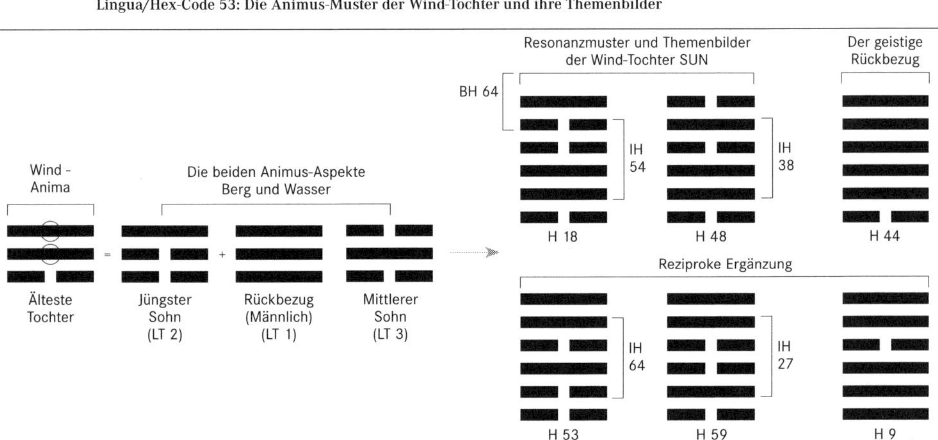

Selbstverständlich bezieht sich diese drei plus drei Unterteilung auch auf die Familienmitglieder im Sinne von die Älteste, die Mittlere oder die Jüngste. Diese jeweils drei Unterscheidungen stehen aber auch für die drei Reifestufen von Kindheit (Jüngste/Jüngster), Pubertät (Mittlere/Mittlerer) und Erwachsenenalter (Älteste/Ältester). Im Wesentlichen werden aber durch sie die Archetypen des Weiblichen und des Männlichen beschrieben, die Ausdrucksmerkmale des Empfangenden und des Schöpferischen sind.

Der Sinn des feinstofflichen Windes ist die Realisation der Schöpfungszeichnung durch die Seinsbühne der Welt. Er ist subtiler Anfang aller Formen, die Energie des schöpferischen Himmels in Bewegung. Dieser Zusammenhang erscheint im ersten Kombinationszeichen *H 18 – Die Arbeit am Verdorbenen* als Anforderung zur immerwährenden Arbeit an der Herausformung der eigenen Wurzeln, was einem erstarrenden Stehen- und Steckenbleiben entgegenwirkt. Wind ist Bewegung (Arbeit), und wo Bewegung ist, da ist auch Ergebnis. Die Windtochter Sun weist also primär einen Resonanzbezug zum beharrlichen und ruhenden Charakter des Bergsohnes Gen auf, an dem sie diese innere Anweisung abarbeiten kann (Wandlung der zweiten Linie). Er ist Spiegel ihrer Natur und gleichzeitig Instrument der Erfüllung, was sich in der umgekehrten Position von *H 53 – Die allmähliche Entwicklung* zeigt. Der bewegte und subtile Charakter der Wind-Tochter Sun, bedingt das Stabile des Berges, denn dieser ist ihr materialisiertes Ebenbild, sozusagen das konkrete Ergebnis ihrer ins scheinbar Gegensätzliche rotierenden Bemühungen.

Der zweite Resonanzbezug des ätherischen Windes findet sich in Kan, dem abgründigen Wasser (Wandlung der dritten Linie), was zu den beiden Zeichen von *H 48 – Der Brunnen* und *H 59 – Die Auflösung* führt. Auch hier wird die Anforderung der Arbeit durch Durchdringung deutlich. Der Wind ist der Sauerstoff, der das Wasser nährt, der das Eis im Frühling taut und so zum Symbol der Wiedervereinigung des Getrennten wird, das Wasser die Sinn gebende Orientierung. Das abgründige Wasser ist die Essenz des Lebens, der sanfte Wind die bewegende Energie.

Bleibt am Ende noch der symbiotische Donner-Sohn als Ergänzungspartner und das kombinatorische Zeichen *H 32 – Die Dauer*, was auf eine längerfristige Verbindung verweist. Ein solches Zusammentreffen mit dem „Idealpartner" könnte sich möglicherweise erst in den späteren Jahren einstellen, worauf der Aspekt der ältesten Tochter und des ältesten Sohnes schließen lässt. Wann immer sie zusammenfinden, es ist kraftvoll und hält bis zum Lebensende, obwohl auch hier einige Hürden zu nehmen sind, selbst wenn Himmel und Erde unmittelbar die Hand im Spiel haben.

Lingua/Hex-Code 54: Die amourösen Abenteuer von SUN und ihr Bezugswert Vater

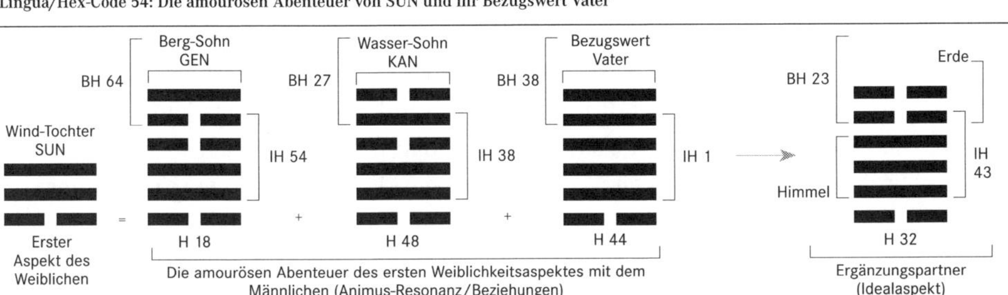

Sowohl Berg als auch Wasser sind mit dem Wind reziprok verbundene „Elemente", was sich in der Wandlung des Wassers am dritten Linienplatz und der Wandlung des Berges am zweiten Linienplatz bewahrheitet. Sun, die Windtochter, wird also unwiderstehlich zu Gen und Kan, den beiden archetypischen Animus-Mustern hingezogen. Beide stellen einen für ihre Natur nährenden Ergänzungswert dar, der auch rückwirkend stimmig ist. Der Rückbezug zu ihrem Vater bringt das Zeichen *H 44 – das Entgegenkommen* zum Vorschein und zeigt damit das Besondere der Verbindung von ältester Tochter und Vater. Das kleine Tochter-Yin an unterer Stelle schafft es gut den Vater zu becircen und ihm den Kopf zu verdrehen.

Lingua/Hex-Code 55: Reziproke Beziehungsmuster der Wind-Tochter und rivalisierende Diskrepanz

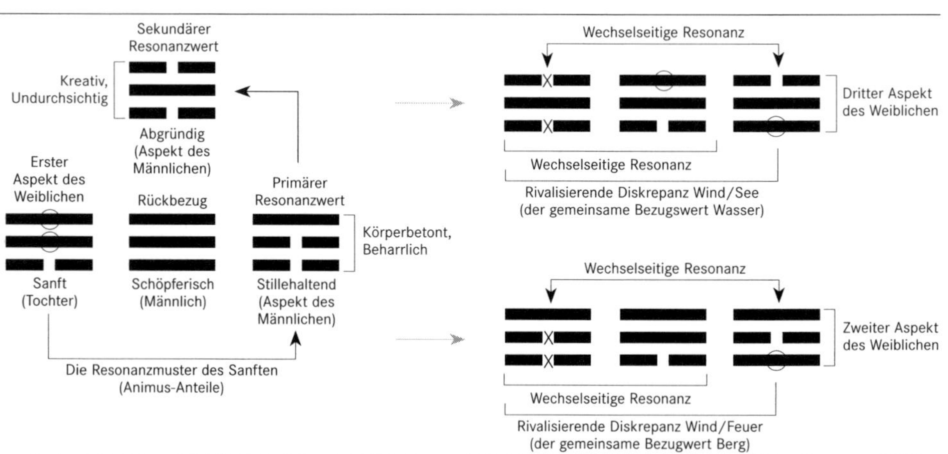

Das Animus-Muster der Windtochter Sun ist also der Bergsohn Gen und der Wassersohn Kan. Das Ruhighaltende und das Abgründige im Sanftbewegten stehen auch für die unberechenbare Seite und die damit auftretende „Ruhe vor dem Sturm". Das Anima-Muster des Bergsohnes Gen verweist auf die Feuertochter Li und die Windtochter Sun. Hier sehen wir zwei Rivalitäten, denn sowohl der Bergsohn als auch der Wassersohn zeigen eine Resonanzverbindung zur Windtochter Sun, wobei deren Primärbezug das Ruhighaltende ist. Sehr deutlich also lässt sich das Resonanzgesetz der Natur daran erkennen, das sowohl reziproke Ergänzungsmuster, als auch „abweichende Möglichkeiten" vorsieht, innerhalb derer wieder reziproke Beziehungsmuster in Erscheinung treten. Vom Standpunkt eines „Betroffenen" aus bedeutet dies Rivalität, vom Standpunkt der Natur der Sache aus: Bewegung und Vielheit der Möglichkeiten. Das „Fremdgehen" scheint also ein programmatisches Bühnenszenario des Lebensstoffes zu sein, denn die Szenen, die sich daraus ergeben, sind doch sehr prozessorientierte Spiegelungen der eigenen Fremdheit in Bezug auf Sicherheit und Veränderung.

Anmerkung zum Rückbezug der drei Weiblichkeitsaspekte:

Alle drei dynamischen Grundaspekte des Weiblichen weisen an einer ihrer „Nahtstellen“ einen unmittelbaren Rückbezug zur Ursprungskraft des Schöpferischen auf. Das Schöpferische im Beziehungsgefüge des Menschlichen ist die männliche Kraft und gleichzeitig das Abbild des Vaters. Diese Kraft ist der existenzielle „Stoff“ oder der treibende Sinn des Weiblichen, wie im umgekehrten Falle die Erde als weibliche Kraft, der treibende Sinn des Männlichen ist. Das Schöpferische und das Empfangende sind „Bezugsspiegel“, durch die sich deren Kinder im jeweils Gegengeschlechtlichen widerspiegeln. Sie sind keine Seelen- oder Geistaspekte, also Anima- oder Animusanteile, sie sind Seele und Geist. Da alle drei Aspekte durch die Bruchnaht des Einzel-Yin ihre Definition erhalten, und diese am unmittelbarsten mit dem „Sinnstoff“ des Schöpferischen in Verbindung stehen, bilden die Kombinationszeichen eine männliche Matrix, durch die das Weibliche einen geistigen Rückhalt erfährt (die Frau als Geistobjekt des Männlichen, der Mann als Seelenobjekt des Weiblichen).

Verdeutlichen wir das vorhandene Resonanz- und Beziehungsmuster, dann finden sich zwei maßgebliche Faktoren von genereller Gültigkeit:

a) Die dem jeweiligen Aspekt inhärenten Wandlungsprinzipien, die zum einen auf das passende Gegenüber verweisen und zum anderen die spezifischen Themenbilder aufzeigen, durch das sich der einzelne Weiblichkeits- oder Männlichkeitsaspekt als individuelle Existenz durch das Gegenüber erfährt.
b) Der Rückbezug als geistiger Halt, der sich, wie bereits erklärt, jeweils durch die Wandlung des einen Yin von Wind, Feuer und See und dem einen Yang von Donner, Wasser und Berg ergibt. Es scheint demnach, als müssten wir die individuelle Natur tatsächlich in den Ichbezogenen Aktionsaspekt und die beständig wirkende Rückbindung unterteilen, die beide programmatisch zusammenwirken, da sie letztendlich eins sind.

2. Die Beziehungen der Wind-Tochter Sun zum eigenen Geschlecht

Die Abenteuer mit dem eigenen Geschlecht zeigen sich in der Verbindung mit dem Archetypus Dui, dem Weiblichkeitsaspekt der jüngsten Tochter (der See), als aufreibend. *H 28 – Die Überlastung* zeigt sehr viel anstrengende Bewegung, Fragen, Diskussionen und grenzwertige Anforderungen. Vielleicht könnte man für diese Beziehung den Zeitrahmen auf die Pubertät setzen, denn die Jüngste ist auch der Hinweis auf eine frühe Begegnung, wobei dieses Muster H 28 immer Thema sein wird, wenn es zur Zusammenkunft mit dem Weiblichkeitsaspekt von Dui kommt. Aus der Perspektive der reziproken, also wechselseitigen Beziehung betrachtet, wäre es für die See-Tochter Dui durchaus eine von Wahrheit getragene Ebene des Zwischenmenschlichen, denn Dui wird zum Bezugsobjekt im Innen und Sun, die Wind-Tochter, wirkt im Außen, was zum Zeichen *H 61 – Die innere Wahrheit* führt.

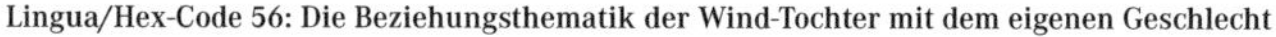

Lingua/Hex-Code 56: Die Beziehungsthematik der Wind-Tochter mit dem eigenen Geschlecht

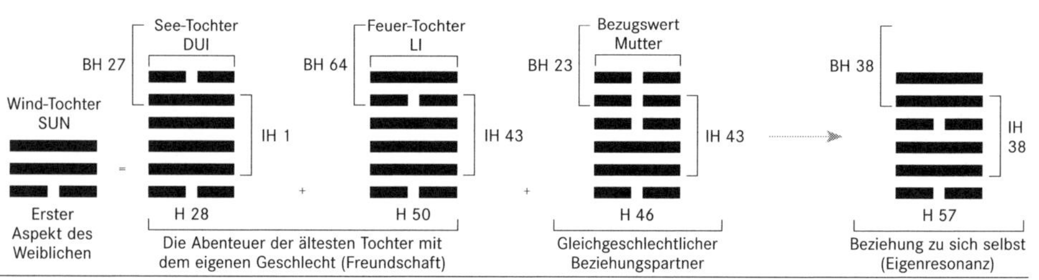

H 50 – Der Tiegel verweist auf sehr erfüllende Freundschaften, die sich aus der Verbindung mit dem weiblichen Feuer ergeben. Man könnte diese in das Erwachsenenalter projizieren. Auch hier zeigt die Änderung der Beziehungsperspektive, LI, die Feuer-Tochter im Innen und Sun, die Wind-Tochter im Außen eine interessante Erweiterung. Es zeigt sich nämlich damit das Bild von *H 37 – Die Sippe* und genau diese Erweiterung im Geiste eines angelegten Horizontes, wird dort thematisiert. Das Feuer denkt, der Wind verbreitet. Es gibt also große Gemeinsamkeiten zwischen dem Tiegel, der mit wertvollen Inhalten gefüllt ist und dem verbindenden Prinzip des familiären Denkens.

Interessanterweise sehen wir durch den Bezugswert mit der eigenen Mutter gespiegelt, die eindeutige Tendenz zur gleichgeschlechtlichen Beziehung, die noch dazu ebenso erfüllend ist, ja ich möchte sagen noch bedeutender, als dies der Idealbezug mit dem männlichen Synchronpartner in der Dauer darstellt. Dieser erscheint doch in seiner Tendenz zum übermütigen Daraufllosschießen eher anstrengender zu sein. Lässt man diesen „Donnerstrich“ der vierten Linie von *H 32 – Die Dauer* einfach beiseite, ergibt sich *H 46 – Das Empordringen*, was die gleichgeschlechtliche Beziehung als relativ unproblematisch fokussiert. Entweder ist diese Art der Beziehung eine offizielle Variante oder aber eine Leidenschaft der sie immer wieder verfällt.

Einige Kernattribute zum Weiblichkeitsaspekt des Sanften

Flüchtig, zart und ätherisch, feingliedrig, zierlich und sensibel, nachhaltig, durchdringend, eindringlich, gegensätzlich und missverständlich. Intuitiv und feinsensibel in der Wahrnehmung, gefühlsabhängig, hysterisch, einfühlsam, umhegend, verführerisch, zielorientiert, auf Wohlstand ausgerichtet. Besitzt eine feine Witterung für Werte und Nutzbringendes. Leicht verletzlich und nervös, konstant in den Bestrebungen.

3. Die Resonanzen der Feuer-Tochter LI zum Männlichen

Das Feuer ist der zweite Ausdrucksaspekt des Weiblichen mit fest bestimmten gegenpoligen Resonanzmustern. Das klare, strahlende und auflodernde Charaktermerkmal der Feuertochter zeigt denn auch spezifisch resonante Verknüpfungsmuster zum Gegengeschlechtlichen, sozusagen eine dem Feuer- inhärente Anziehungskraft, die diesem Weiblichkeitsaspekt den nötigen Brennstoff liefert. In Wandlung gebracht, erscheinen die Männlichkeitswerte des ruhighaltenden Berges und des erschütternden Donners, die beide wiederum geschlechtsverwandte Unteraspekte des schöpferischen Himmels sind.

Lingua/Hex-Code 57: Die Animus-Muster der Feuer-Tochter und ihre Themenbilder

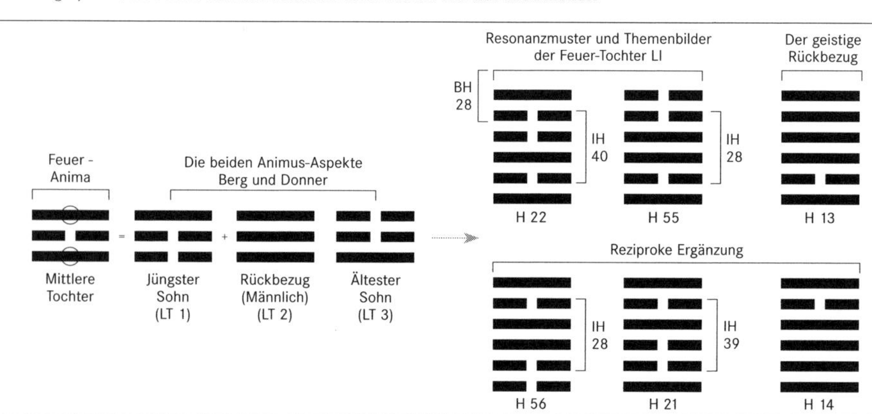

Li, die Feuer-Tochter, trägt also in sich das Resonanzbild des ältesten Sohnes, dem pionierhaften Anreger und energischen Durchsetzungsmenschen. Dschen, der Donner, ist die Erneuerungskraft des Frühlings, das junge, saftige Holz mit Expansionsdrang ins Leben und natürlich der grollende Donner, der dem Blitz zur Seite steht. Das zweite Resonanzbild von Gen, dem Berg, zeigt dagegen das ausgewachsene Resultat, also Masse in Vollendung. Beide Aspekte sind Futterstoff des Feuers, denn dessen aufscheinende Existenz steht in Abhängigkeit von diesen beiden „Schöpfungswerten“. Die Feuertochter zeigt also einen eindeutigen Bezug zum potenten Männlichkeitscharakter, dem körperbetont Starken, der ihrem unruhigen Charakter eine tragende Stabilität entgegensetzt und natürlich zum anregenden und motivierenden Donner-Sohn, der ihr Feuer immer wieder zu schüren weiß. Von intelligenter Natur, liebt sie alles, was Hand und Fuß aufweisen kann. Dies ist das Vermögen der Umsetzung dessen, was ihrem blühenden Verstand entspringt.

Die beiden männlichen Animus-Aspekte von Donner und Berg harmonieren in Perfektion mit dem Hungeranspruch der haftenden Feuer-Anima. Donner ist das junge Holz und Berg die Masse, die den Widerschein bringt. Den existenziellen Leuchtbemühungen der Feuer-Tochter ist also das Resonanzprogramm der Existenzsicherung folgerichtig zur Seite gestellt. Das verzehrende Feuer ist ja als Licht- und Wärmequelle selbst nährend, benötigt dazu allerdings einen geeigneten Brennstoff. Diesen findet es im Animus-Berg und dem Animus-Donner, die in der Vereinigung der beiden Zeichen *H 22 – Die Anmut* und *H 55 – Die Fülle,* den Erfüllungscharakter des Feuers widerspiegeln.

Li, die Feuertochter, ist der leuchtende Schmuck an der Seite des eher nüchternen und wenig auf Äußerlichkeiten bedachten Berg-Sohnes, während er für sie eine Anregung zur fortwährende Suche nach neuem Leuchtstoff ist (H *56 – Der Wanderer).* Der Bergsohn GEN schätzt ihre äußere Schönheit, ist aber auch in der Lage ihre Innenwerte zu reflektieren, was allerdings zu stressigen Verwirrungen führt, denn sie ist sich ihrer Wirkung bewusst, was ihn zum Erfüllungsgehilfen ihrer kapriziösen Allüren werden lässt. Sie wertet ihn auf, er bietet ihr eine Fläche, um selbst zur Geltung zu kommen.

Die Verbindung zum Donner-Sohn im Zeichen *H 55 – Die Fülle* ist von fulminanter und sprühender Qualität, eben wie Blitz und Donner oder ein ausbrechender Vulkan. Beide kommen in ihrer dynamischen Qualität optimal zur Geltung und zudem bildet der Donner eine frühhimmlische Ergänzung zum Feuer. Hier knistert es gewaltig und was die Sexualität angeht, dürfte wohl keinerlei Langeweile aufkommen. Bei aller Dynamik, die sich hier zeigt, das Zeichen *H 28 – Die Überlastung* verweist auch auf stressige Umstände und dazu noch *H 21 – Das Durchbeißen* und das Hitzige und Konfliktreiche wird ebenso deutlich. Wo soviel Licht ist, da ist auch einiges an Schatten.

Das Haftende trägt also bereits in sich die Schwingung eines nährenden Gegenübers. Ist da das Eine, ist da auch das Andere. Das Feuer und sein Brennstoff bilden eine Symbiose der Notwendigkeit, auch wenn es da blitzt und kracht und die Hitze enorme Spitzen erreichen kann.

Lingua/Hex-Code 58: Die amourösen Abenteuer von LI und ihr Bezugswert Vater

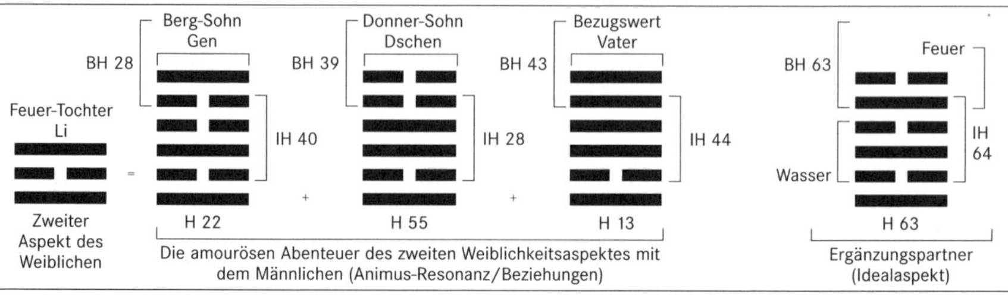

Wie bei der Windtochter Sun, so gibt es auch bei der Feuertochter LI den sogenannten Idealpartner, der im parallelen Zeichen des Wassers zu suchen ist. Eine diffizile Angelegenheit, wie es scheint, denn Feuer könnte das Wasser verdunsten und Wasser das Feuer löschen. Das Zeichen *H 63 – Nach der Vollendung* verweist auch sehr deutlich darauf das man ständig am Ruder bleiben muss, um nicht aus der lichtvollen Situation einer perfekten Harmonie, in das Dunkel verwirrender Umstände abgetrieben zu werden. Die Beziehung des Wassers zum Feuer im bausteingleichen Zeichen H *64 – Vor der Vollendung,* bestätigt dies und auch das innere Hexagramm von H 63 bringt diesen Umstand deutlich in den Vordergrund.

Lingua/Hex-Code 59: Reziproke Beziehungsmuster der Feuer-Tochter und rivalisierende Diskrepanz

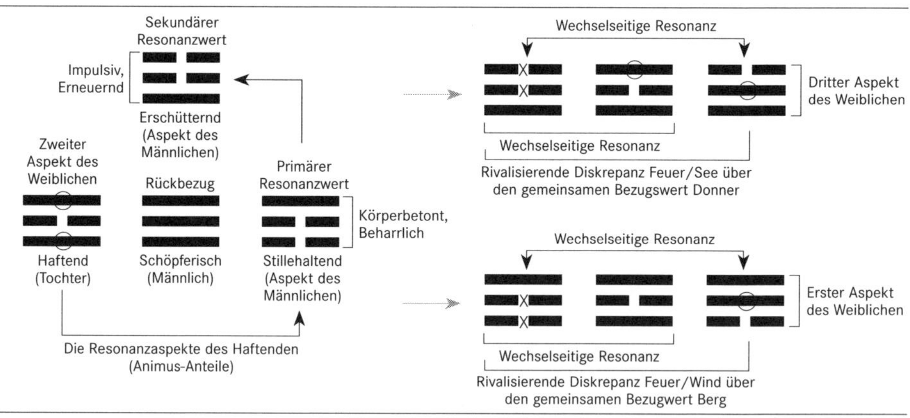

Donner und Berg sind die Schürhaken des weiblichen Feuers, sozusagen das Spannungs- und Entspannungspotential, das seiner Existenzanforderung gerecht werden kann. Dies ist die reziproke Seite des Beziehungsszenarios, dem dann die rivalisierende Diskrepanz der sekundären Resonanzmuster von Berg und Donner entgegenstehen. So zeigt der Donnersohn Dschen selbst einen Primärbezug zur Tochter der Heiterkeit oder Dui, dem See, denn deren leidenschaftlich-heiterer Charakter, ist ihm eine willkommene Bühne für seinen eigenen Expansionsanspruch (See gleich Herbst, ist die Handlungsfrucht des Donners - Frühling), die er im Feuer durch das Strahlende findet, durch das er sich selbst bestätigt (Donner und Blitz, Same und Blüte). Der Bergsohn dagegen, der dem Feuer wegen der Widerspiegelung der eigenen Person zugeneigt ist, fühlt sich aber ebenso zu Sun, der Tochter der Sanftheit hingezogen, denn sie verkörpert das Bewegliche und Feinstoffliche in Ergänzung zu seiner starren Behäbigkeit. Das Feinstoffliche ist das Materialisationsgewebe des Manifesten und so gesehen der Primärstoff aller „Gebirge“ dieser Welt.

4. Die Beziehungen der Feuer-Tochter LI zum eigenen Geschlecht

Lingua/Hex-Code 60: Die Feuer-Tochter und das eigene Geschlecht

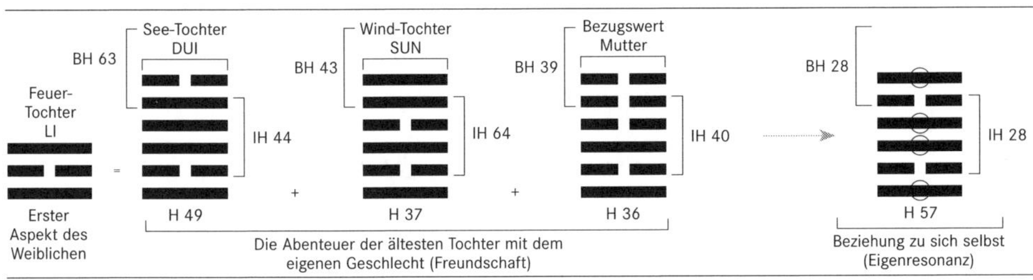

Schauen wir uns die Beziehungsaspekte des zweiten Weiblichkeitswertes Li, das Feuer einmal in Bezug auf die Begegnung mit dem gleichen Geschlecht an, dann sehen wir eine, ihrer leuchtenden Natur entsprechende, Äquivalenz in der Beziehungsthematik, die allerdings im Gleichklang mit der eigenen Mutter, auf eine „finstere Ära“ des Heranwachsens verweist (*H 36 – Die Verfinsterung* des Lichts, unten das Feuer und oben die Erde). Diese ist, so dramatisch es erscheint, eine immer wieder durchscheinende Problematik in der Beziehung zum eigenen Geschlecht, besonders wenn dies all zu mütterliche d. h. ‚gluckenhafte' Tendenzen aufzuweisen hat. Und doch scheint dies von übergeordneter Wichtigkeit für sie zu sein, denn ihrem brennenden Verlangen nach „Gesehenwerden“, wird die Reifeschranke der Bedeckung entgegengehalten, was in keinem Widerspruch zum Widerhall gegenüber dem Gegengeschlechtlichen durch den Vaterbezug steht.

Dieser spiegelt nämlich einen differenzierten Gemeinschaftssinn wider *(H 13 – Die Gemeinschaft mit Menschen)*, der auch in der eigenen Tochter lebendig ist. Sie wählt genauestens aus, durch was ihr eigenes Hellsein eine konkrete Widerspiegelung erfährt.

Schauen wir zurück auf den ersten Aspekt in der Begegnung mit der Seetochter Dui, dann sehen wir eine äußerst motivierende und sich ewig erneuernde Freundschaft im Zeichen *H 49 – Die Mauserung*. Die Auseinandersetzung der beiden beteiligten Personen bringt reife Resultate hervor, auch wenn gelegentliche Dissonanzen auftreten, besonders vonseiten der Seetochter Dui. Sie werden durch Entgegenkommen harmonisiert und aus der Welt geräumt.

Die zweite Beziehungsqualität zum gleichen Geschlecht ist vom familiären Charakter des Zeichens *H 37 – Die Sippe* geprägt, dem Austausch mit „Familienfrauen" und deren Thematik. Die Feuertochter ist ein Familienmensch und außerdem wird ihr klares Denkvermögen durch die Windtocher Sun optimal in Bewegung gesetzt. Das Feuer erzeugt Wind, der seine Wärme verteilt.

Die Grundthematik von Feuer ist die Bindung (es haftet am Brennstoff), was sich in der Eigenbeziehung des *H 57 – Das Sanfte* als existentieller Überlebensfaktor zeigt (IH und BH 28, die existentiellen Anforderungen, die für das Feuer eine Bindung an das Nährende sind).

Kernattribute zum Weiblichkeitsaspekt des Haftenden

Li, die Feuertochter, liebt Materie, ja ist gänzlich von ihr abhängig, liebt die Aktion, ist unternehmungslustig (OBT See) und äußerst kommunikativ. In ihrer zuweilen fordernden Art kann sie zur stressigen Nervensäge werden, die einiges an Gelassenheit abverlangt. Da sie eine, dem nahrungshungrigen Feuer entsprechende, Abhängigkeit vom Brennstoff aufweist, treten auch sehr deutliche Charakterzüge wie Eigensinn und dickköpfiges Verhalten, also stressige Mangelerscheinungen, zutage. Neigung zu arrogantem und eingebildetem Verhalten. Sie ist die Schöne, Strahlende und Kluge und kann auf andere Schöne, Strahlende und Kluge neidisch und eifersüchtig reagieren.

Überhaupt ist Eifersucht ein vordergründiges Thema des Feuers, denn durch seine Programmierung auf Anhaftung liegt der größte Stressfaktor in dem Gefühl, zu kurz zu kommen, zu verlieren oder zu scheitern. Besitzt einen scharfen Blick, dem nichts entgeht; wird sie zornig, dann schießen die Blitze wie spitze Pfeile aus ihren Augen. Dem Aufhellenden ist das wärmende, aber auch hitzige Prinzip des Feuers gleichwertig zur Seite gestellt. Entsprechend diesen Attributen ist die

Ausstrahlung dieses Persönlichkeitstypus eine warme und herzliche.

Grundsätzlich kann gesagt werden, dass Schmuck, Dekoration, Glanz, Schimmer und Gesellschaften, das Klugreden und Intellektualisieren, aber auch die Analyse ganz eindeutig zum Brennvergnügen der Feuertochter Li gehören.

5. Die Resonanzen der See-Tochter Dui zum Männlichen

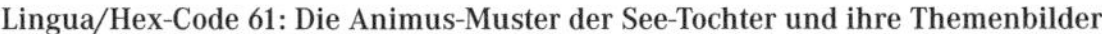

Lingua/Hex-Code 61: Die Animus-Muster der See-Tochter und ihre Themenbilder

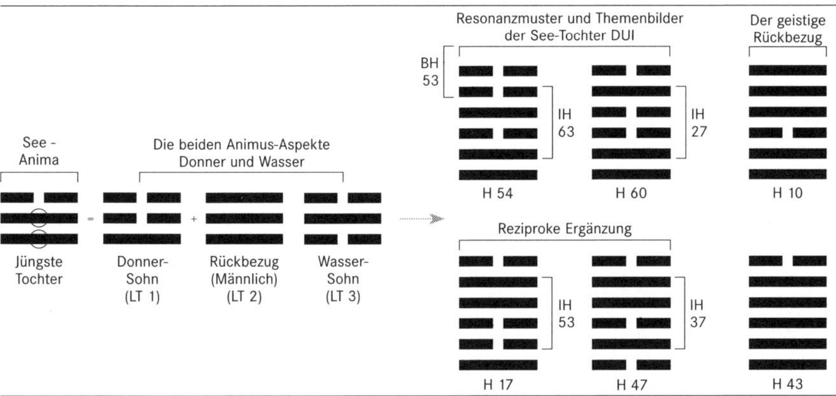

Die Wandlung der drei Tiefenebenen von Dui offenbart das erfüllende Innengefüge der Tochter der Heiterkeit. Es sind dies die beiden Animus-Aspekte von Dschen und Kan, dem Erregenden und dem Abgründigen, und selbstverständlich die übergeordnete Bezugsgröße des schöpferischen Himmels, der den weiblichen Sinnbezug zum Männlichen als solches repräsentiert. Es erscheint nur konsequent, dass der Entäußerungscharakter der heiteren Dui-Tochter auf ein kreatives und aktives Gegenüber abgestimmt ist, denn beide sind inhaltsbezogen, wobei das eine triebhaft initiiert (der erregende Donner) und das andere geheimnisvoll inspiriert (das abgründige Wasser).

Dui, die Tochter der Heiterkeit, zeigt also einen Resonanzbezug zum impulsiven und vitalen, aber auch zum abgründigen und undurchsichtigen Gegenüber, denn genau diese füllen den Tiegel ihrer Gefühlsbezüglichkeit. Der Donner ist der Same des Lebenstiegels, das Wasser der befruchtende Inhalt. Beide bestätigen diese Tatsache in sich, denn führt man eine Wandlung an unterer und mittlerer Linienebene herbei, offenbart sich der Anima-Aspekt von Dui, dem heiteren See.

Dui ist ein Zeichen der Offenbarung von Inhalten und steht im Reigen der Bewusstseinsaspekte für das fühlende Ich, physiologisch für den Mund, dem sich diese Inhalte entringen. Inhalte, die vom Tiefengrund der Persona nach oben steigend sich in Wort und Tat entäußern, werden durch das befüllende des Wassers am Wesensgrunde gezeigt (die geheimnisvolle Lebensquelle). Entsprechend diesem Naturbild der Tiefensystematik eines lebendigen Gewässers, ist die Beziehung von Dui zu Kan. Dschen, der Donner hingegen, harmoniert mit dem sprudelnden und vital-heiteren Charakter, denn auch er ist kein Kind von Traurigkeit, sondern liebt das dynamisch sich Entäußernde. Zusammen sind sie unternehmungslustig, haben viel zu lachen aber auch einiges an „leidenschaftlichen Ausbrüchen" zu überstehen, was wir später noch sehen werden.

Genau dieses Prinzip der Leidenschaften, die Leiden schaffen, finden wir im Trieb- und Gefühlszeichen von H *54 – Das heiratende Mädchen* bestätigt, wo Lust und Laune die Bühne des Miteinanders beherrschen. Vielleicht gibt es eine frühe Hochzeit, bei der man es nicht so genau nimmt und doch ist das der Weg auf dem Entwicklung geschieht. Der lachende Mund der Seetochter und die Triebdominanz des Donnersohnes Dschen könnten auf oberflächliche Lustigkeit hinweisen, der so manche Enttäuschung zur Seite steht. Es wird viel an ihm liegen und stellt er sich zurück, dann wandelt sich das Szenario in ein respektvolles Miteinander.

Auch die Beziehung zum Wassersohn Kan ist nicht ganz einfach, denn die Seetochter ist ein Gefühlswesen und diese Gefühle können, gelangt zu viel an „wässriger Essenz" in diesen inneren Teich, über die Ufer treten. Sie muss ihn beschränken, muss ihre Gefühle kontrollieren, nicht zu viel von seinem kreativen Nektar abverlangen, sonst kann es sehr leicht zum Übermaß kommen und die Tränen fließen. Natürlich gibt es da eine wunderbare Ergänzung, denn was ist ein See ohne Wasser? Und trotzdem ist Vorsicht angesagt, denn maßregelt sie den Wassersohn zu viel, entzieht er sich und was das bedeutet, beschreibt das reziproke Zeichen *H 47 – Die Erschöpfung.* Nicht ganz einfach das rechte Maß zwischen zu viel des Guten und zu wenig zu finden.

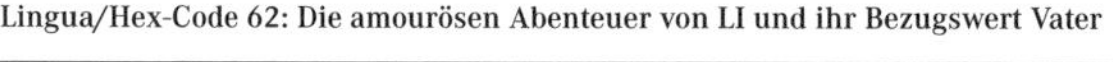

Lingua/Hex-Code 62: Die amourösen Abenteuer von LI und ihr Bezugswert Vater

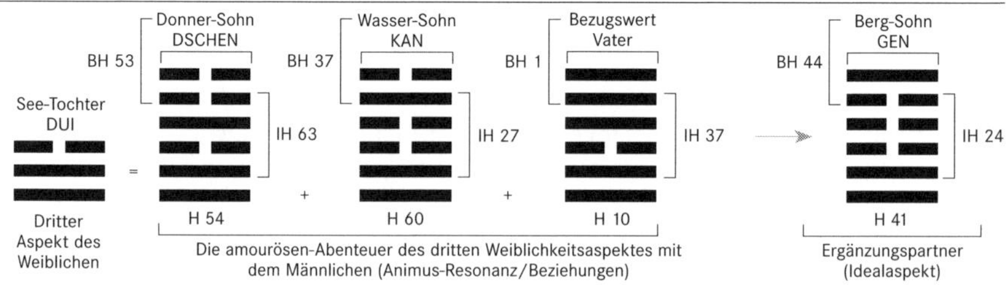

Kommen wir noch auf den sogenannten idealen Ergänzungspartner zu sprechen, so zeigt sich uns dazu das Zeichen *H 41 – Die Minderung*, unten die Seetochter Dui und oben der Bergsohn Gen. Sie harmonisiert seine schwergewichtige Präsenz durch ihr gefühlvolles Innenleben und er reguliert ihre Tendenz zur übermäßigen Raumeinnahme. Ein sehr schönes Bild findet sich im wilhelmschen Originaltext des Yijing. „Der Berg ist das Bild eigensinniger Stärke, die sich zum Zorn verdichten kann; der See ist das Bild der unkontrollierten Lustigkeit, die sich zu leidenschaftlichen Trieben entwickeln kann(...). Da gilt es zu mindern. Ganz bestimmt eine selbst ausgleichende Situation von Gemeinsamkeit, die letztendlich eine wirkliche Bereicherung darstellt. Das innere Hexagramm *H 27 - Die Ernährung* verweist ja auch sehr deutlich darauf.

Lingua/Hex-Code 63: Reziproke Beziehungsmuster der See-Tochter und rivalisierende Diskrepanz

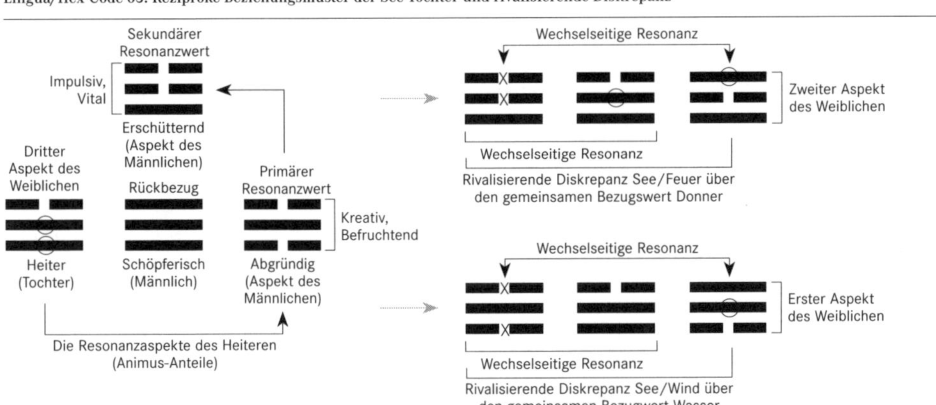

Dass nun das Begegnungsmuster nicht in verschmelzender Harmonie ein Ende findet, dafür sorgt die jeweilige Differenz im Resonanzmuster, die bei Dschen zusätzlich auf den Anima-Aspekt von Li und bei Kan auf den Anima-Aspekt von Sun verweist. Was ist schon sicher – das Leben ist eine fließende Offenbarung, die zwar der Spur der individuellen Vorgabe folgt, aber eben darin auch eine individuelle Unsicherheit aufweist. Der Donnersohn Dschen kann sich als Animus-Aspekt von Dui nicht sicher fühlen, denn da ist auch noch der Wassersohn Kan. Der wiederum weist in sich eine Bezugsresonanz zur Windtochter Sun auf, was die Seetochter Dui in Gefühlswallung versetzt, auch wenn sie ihre „feinsensible Schwester" ist. Das Weibliche ist sich – wie das Männliche auch – der Kernnatur nach zwar verwandt, aber entsprechend seiner gegengeschlechtlichen Resonanzwerte eben auch entfremdet, was das Miteinander mit einer Dauerschwingung der Rivalität versieht.

6. Die Beziehungen der See-Tochter DUI zum eigenen Geschlecht

Lingua/Hex-Code 64: Die See-Tochter und das eigene Geschlecht

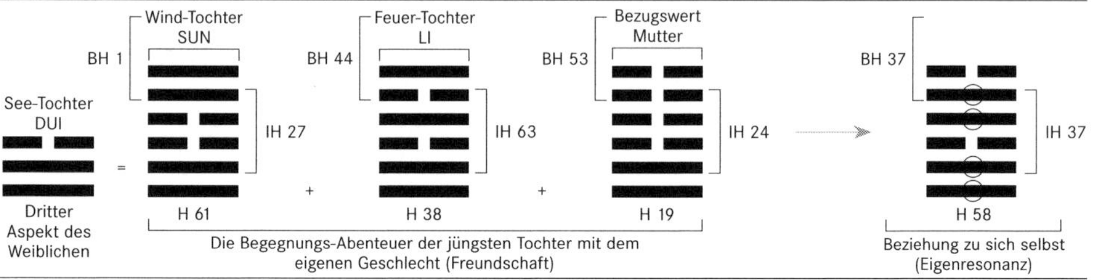

Die Beziehungsaspekte der jüngsten Tochter Dui, zeigen einige bedeutende Zusammenhänge in den Verbindungen zum männlichen Resonanzpart. Auffällig ist die Überlagerung des Vateraspektes in diesen Verbindungen, die sich in der Gemeinsamkeit der eigenen Haltung gegenüber dem Leben und den Mitmenschen und vor allem im Familiensinn zeigen, der ausgeprägt ist (IH 37 von H 10, IH und BH 37 von H 58). Ihr Charaktervorbild ist die absolute Glaubwürdigkeit des Vaters, eine starke Persönlichkeit, die ihren Weg zu gehen weiß. Interessanterweise spiegelt sich dieses Abbild als Schutzdach in der pubertären Beziehung zum Gleichgeschlechtlichen wieder, und dies unter der Thematik von *H 61 – Die innere Wahrheit*, was auf sehr positive Grundberührungen schließen lässt. Auch die Mutter scheint als Bezugsperson an wichtigen Stellen als Wegbereiterin der Partnerschaft in reifen Jahren (IH 24 von H 41) und Entwicklungshelfer im pubertären Stadium (BH 53 von H 54) durch. Überhaupt ist sie die Förderin der Jüngsten auf ihrem „Wellenritt" hinaus in das Leben (*H 19 – Die Annäherung*, OT Erde). Nicht verwunderlich das die Frühbegegnung mit dem Männlichen, eine sehr Wunschbezogene und von Gefühlsleidenschaften getragene Freundschaft ist, die sich durch den Dominanzpart des erregenden Donners zeigt (H 54). Im Idealaspekt des Ergänzungspartners (H 41) wandelt sich dieser dann zum dämpfenden Berg, der dem überzogenen Ichbedürfnis ausgleichend entgegenwirkt. Vergessen wir auch hier nicht: Die thematischen Impulse der Tochter der Heiterkeit heißen: „Learning by Doing" und selbstbestimmte Verwirklichung.

Kernattribute zum Weiblichkeitsaspekt des Haftenden

Ein redseliger Mensch, der seinen Gefühlen durch Sprache, Mimik und Gestik Ausdruck verleihen muss. Ein Schauspieler und Darsteller, Redner und Sänger,

Clown und Kabarettist, hinter dessen Maske sich etwas abgründig Tiefes und Unverstandenes verbirgt. Er ist humorig und freundlich, scherzt und lacht, neigt aber auch zu depressiven Verstimmungen, die nicht selten mit Alkohol oder Drogen kompensiert werden. Seine Redekunst kann beeindruckende, ja sogar egozentrische Ausmaße annehmen. Dui ist ein ichbezogener Mensch, der jedoch gleichzeitig überraschende Tiefen aufweist. Erreicht er diese, dann ist sein ansonsten heiteres Gesicht mit einem Ausdruck von Trauer oder auch Einsamkeit überzogen, da ihm dieses „unbewusste Innere" selbst als erschreckende Diskrepanz zu seiner sonstigen Schaustellerrolle erscheint. Sehr oft wird diese Diskrepanz zwischen den zwei Gesichtern mit oberflächlichem Gerede, Lächerlichkeiten und Alkohol, Rauchen oder Sex kompensiert.

Dui, der Seemensch ist das „Opfer" eines aufsteigenden Reaktionsgemisches: Da sein Erkennungswert die Nahtstelle nach außen ist (das Yin der dritten Linie), er also eine Außenidentifikation mit unbestimmter Innenrückbindung hat (Wasser und Donner), sagt er, was los ist, leidet an dem, was drin ist, und freut sich über das, was dran ist.

Der Maßstab für seine Beurteilungen sind die gegebenen Inhalte, wobei diese natürlich eine subjektive Reflexion seiner eigenen Tiefenwerte sind, was Oberflächlichkeit, tiefstes Mitgefühl und lächelnde Heiterkeit bedeuten kann.

Resonanzen und gleichgeschlechtliche Verbindungen des Donner-Sohnes, des Wasser-Sohnes und des Berg-Sohnes

„Das Hemmnis des Lebens ist die Unbekannte der Bestimmung im Dschungel der Möglichkeiten."

1. Die Resonanzen des Donner-Sohnes Dschen zum Weiblichen

Geschlechtsspezifisch ist der Donner dem ältesten Sohn zugeordnet, ist also ein männliches Zeichen auf eindeutig weiblicher Matrix (Rückbindung zur Erde). Wie bei allen anderen Bausteinen auch, wohnen ihm gewisse gegenpolige Resonanzmuster inne, die als Anima-Aspekte und spezifische Bezugspunkte bezeichnet werden. Schon die Wandlung der unteren Linienebene bringt das Urweibliche der Erde zum Vorschein, definiert also das Männliche als Spiegelung des Yang durch das Yin. Der Donnersohn Dschen ist ein Mutterkind, ebenso wie die Windtochter Sun ein Vaterkind ist, was diesem ältesten Sohn kein einfaches Bezugsfeld zum Weiblichen bietet. Trotz seines ansonsten vitalen Charakters sucht er Schutz und Getragensein im weiblichen Gegenüber. Insgesamt verweist sowohl die Resonanz des Erregenden als auch diejenige des Abgründigen und des Ruhighaltenden zunächst auf die Matrix des Empfänglichen, denn diese ist der tragende Sinn aller drei Männlichkeitsaspekte.

Lingua/Hex-Code 65: Die Animus-Muster des Donner-Sohnes und seine Themenbilder

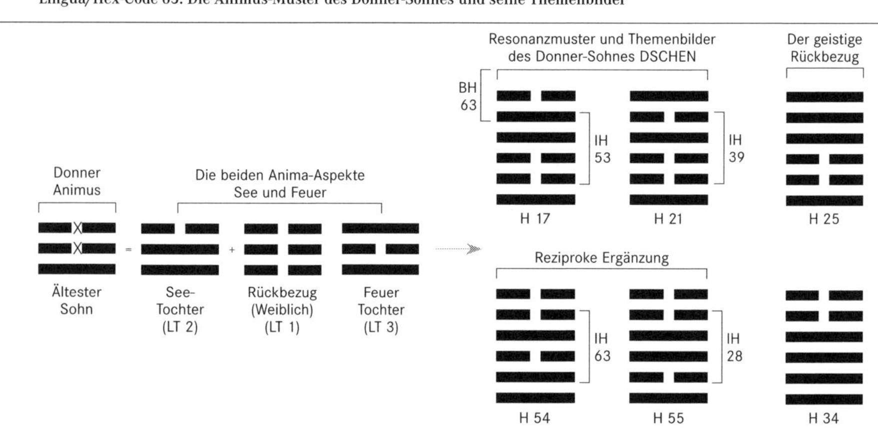

Der Sinn des Donners ist die Mehrung der Erde, also Anregung zur Manifestation der Vielfalt des Möglichen und Transformation. Dies wird in den beiden Kombinationszeichen von *H 17 – Die Nachfolge* und *H 21 – Das Durchbeißen* verdeutlicht. Beide Zeichen sind die Anima-Aspekte des Erschütternden und verweisen sehr deutlich auf den thematischen Resonanzbezug des Donnersohnes zum gegengeschlechtlichen Weiblichen. Die Wandlung der zweiten Linienebene bringt zunächst die Seetochter Dui zum Vorschein und zeigt damit die Tendenz des Donnersohnes zum Gefühlvoll-Heiteren im Weiblichen. Gleichzeitig ist dies auch ein Hinweis auf seine Lust an der Leidenschaft (die ihm immer wieder Leiden verschafft). Nicht selten fängt er sich damit ein redseliges Gegenüber ein, das seinem energischen Charakter eine Art von Widerstand bietet, der ihn sinnvoll bremst, ihm aber auch über die Hutschnur gehen kann. Selbst viel zu streng mit sich und seiner Umgebung, schätzt er jedoch die Heiterkeit und den gefühlvollen Inhalt der Seetochter Dui, denn Inhalte zu generieren ist sein ureigenes Thema. Dass nun die Seetochter Dui ein ideal zu nennender Bezugspartner ist, lässt sich auch von deren Seite aus erkennen, denn die Wandlung der zweiten Linie von Dui, dem See, führt zurück zu Dschen, dem Donner.

Der Donner des Frühlings findet seine Erfüllung in der Ernte des Herbstes und dazwischen in der Blüte des Sommers (Feuer). Das führt uns zur dritten Wandlungseinheit des Feuers und damit der Schönheit, der unser Donnersohn sehr zugetan ist. Gefühlvoller Inhalt gepaart mit Intelligenz und Schönheit ist das weibliche Ideal des Donnersohnes Dschen, was ihm aber als Preis auch einiges an Aufregung in seine selbst nicht gerade gelassene Innenwelt bringt. Spannung bedingt Hitze, und entsprechend ist die Feuertochter Li der blitzende Ergänzungsfaktor an der Seite des vitalen Donnersohnes.

Sprechen wir von Spannung und Hitze, dann sprechen wir vom Themenzeichen *H 21 – das Durchbeißen* und natürlich vom bausteingleichen der reziproken Ergänzung, *H 55 – Die Fülle.* Ersteres zeigt eine sehr emotionsgeladene und konfliktreiche Situation die für beide Beteiligten anstrengend ist. Er versucht sich zu ihrem Herzen durchzukämpfen, in dem ein Brandherd von Frustrationen schwelt und sie wacht über seine unbeherrschten Aktionen mit scharfem Auge. Auch das Zeichen H 55 zeigt etwas Brodelndes das wie ein Vulkan jederzeit ausbrechen kann. Zwar ist da eine Fülle an reifen Werten, aber wo viel Licht ist, da ist auch viel Schatten. Es köchelt, hat Druck und Spannung und etwas Hemmendes aber auch etwas Befreiendes, was das Bild des Sitzens auf einem Vulkan in den Vordergrund bringt. Das es funktioniert liegt auch an der Tatsache das Donner und Feuer in den beiden Himmelsordnungen an der gleichen Position liegen (im Osten des Lo und des Ho Tu). Sie sind sich also innerlich verwandt.

In der Verbindung des Donnersohnes Dschen zur Seetochter Dui dagegen begegnet uns etwas Rücksichtsvolles und Nachgiebiges, denn der vitale Donnersohn stellt sich hinter die gefühlvolle Seetochter und passt sich ihrer Kraftqualität an. „Nur durch Dienen kommt man zu Herrschen“, so lehrt das Yijing und so beruht die Nachfolge auf freundlicher Anleitung und nicht auf impulsiver Kraftmeierei und leidenschaftlichem Drängen. Trotz alledem: Die dem Menschen angeborenen Neigungen sind spezifische Charaktermerkmale und so wird auch das „heiratende

Mädchen" der Leidenschaften sich immer wieder Bahn brechen, das reziproke Zeichen H 54 zeigt es uns. Alles hat seine zwei Seiten und die Ebenen der Selbsterfahrung durch ein Gegenüber sind vielschichtig vorhanden.

Die Beziehung zwischen Feuertochter und Donnersohn ist eine knisternde, in der ab und an die Funken sprühen und die Fetzen fliegen. Da jedoch das Ruhende des Berges dem Feuer und in der Umkehrung auch dem Donner inhärent ist, kehrt immer wieder gelassene Stille ein, die für beide Aspekte die stabilisierende Grundlage ist (Donner manifestiert Berg, Feuer haftet am Manifestierten). In beiden Beziehungsmustern wird die Sexualität eine tragende Rolle spielen, wobei die Seetochter Dui eher das Gefühlvolle im Sexualspiel vorzieht, die Feuertochter Li dagegen die etwas hitzigere und knisternde Spielform liebt.

Anmerkung zum Rückbezug der drei Männlichkeitsaspekte:

Alle drei dynamischen Grundaspekte des Männlichen weisen an ihrer jeweiligen „Programmzeile des einen Yang" einen unmittelbaren Rückbezug zur Matrix des Empfangenden auf. Das Empfangende im Beziehungsgefüge des Menschlichen, ist die weibliche Kraft und gleichzeitig das Abbild der Mutter. Diese Kraft ist der existenzielle „Stoff" oder der treibende Sinn des Männlichen, wie im umgekehrten Falle der Himmel als männliche Kraft, der treibende Sinn des Weiblichen ist.

Das Schöpferische und das Empfangende sind „Bezugsspiegel" durch die sich deren Kinder im jeweils Gegengeschlechtlichen widerspiegeln. Sie sind keine Seelen- oder Geistaspekte, also Anima- oder Animusanteile, sie sind Seele und Geist. Da alle drei Aspekte durch das Bruchstück des Einzel-Yang ihre Definition erhalten, und diese am unmittelbarsten mit dem „Sinnstoff" des Empfangenden in Verbindung stehen, bilden diese Kombinationszeichen eine weibliche Matrix, durch die das Männliche einen existenziellen oder seelischen Halt erfährt (die Frau als Geistobjekt des Männlichen, der Mann als Seelenobjekt des Weiblichen).

Lingua/Hex-Code 66: Die amourösen Abenteuer von DSCHEN und sein Bezugswert Mutter

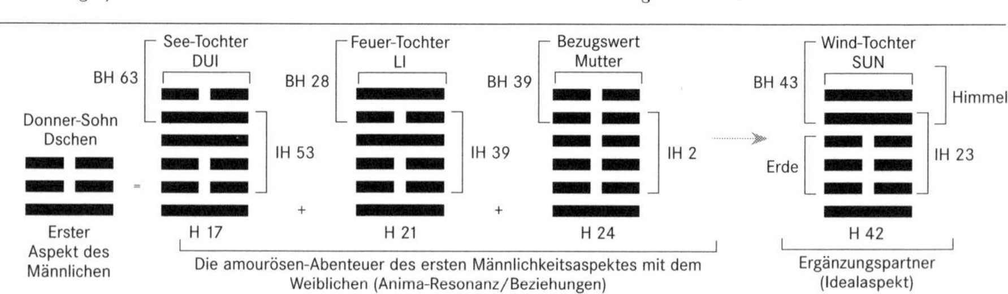

Der ideale Ergänzungspartner des Donnersohnes Dschen ist die Windtochter Sun und diese Verbindung führt zum Zeichen *H 42 – Die Mehrung*. Schon allein der Begriff lässt deutlich werden das man es hier mit einer bereichernden Situation zu tun hat die unter dem Füllhorn der Glücksgöttin Fortuna steht. Armut im Materiellen aber auch im geistigen Sinne ist kein Thema und doch gibt es auch hier die andere Seite die darin zu finden ist, dass man in der Fülle des Optimalen die Tür zum offenen Herzen verschließt. Insgesamt allerdings ist hier so viel an dynamischer Kraft und Wandlungsfähigkeit in den Schoß gelegt, das man die Verbindung als von oben bezuschusst bezeichnen kann. Interessant ist hier auch der Bezug zur eigenen Mutter, der sich thematisch im Zeichen *H 24 – Die Wiederkehr* zeigt. Sie ist absolut offen für ihn, öffnet ihm Türen und Tore in die Welt und stützt ihn von unten (OBT Berg, die hilfreiche Hand). Der älteste Sohn und die Mutter und die älteste Tochter und der Vater sind in der Tat von primärer Wichtigkeit in der großen Ordnung.

Lingua/Hex-Code 67: Reziproke Beziehungsmuster des Donner-Sohnes und rivalisierende Diskrepanz

Sekundärer Resonanzwert
Klar, Realistisch
Haftend (Aspekt des Weiblichen)
Erster Aspekt des Männlichen
Rückbezug
Primärer Resonanzwert
Ausgebend, Gefühlsbetont
Erschütternd (ältester Sohn)
Empfangend (Weiblich)
Heiter (Aspekt des Weiblichen)
Die Resonanzmuster des Erschütternden (Anima-Anteile)
Wechselseitige Resonanz
Dritter Aspekt des Männlichen
Wechselseitige Resonanz
Rivalisierende Diskrepanz Donner/Berg über den gemeinsamen Bezugswert Feuer
Wechselseitige Resonanz
Zweiter Aspekt des Männlichen
Wechselseitige Resonanz
Rivalisierende Diskrepanz Donner/Wasser über den gemeinsamen Bezugwert See

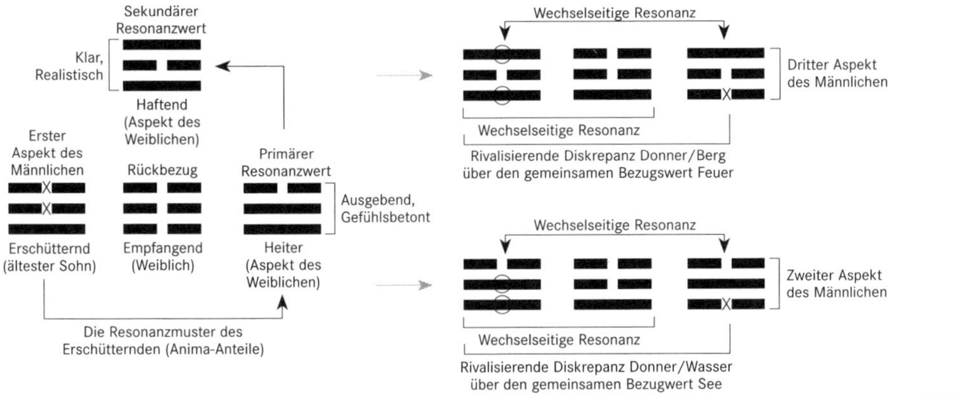

Wie bei den drei Aspekten des Weiblichen, so finden sich auch auf der männlichen Seite reziproke Ergänzungsmuster und abweichende Möglichkeiten, die dann Rivalität zwischen den Beteiligten hervorrufen. So sehen wir im Falle des Resonanzmusters des Donner-Sohnes Dschen eine wechselseitige Resonanz zwischen den Weiblichkeitsaspekten von Dui und Li, deren Resonanzmuster allerdings verweist gleichzeitig auf den Wasser-Sohn Kan und den Berg-Sohn Gen, so dass es immer einen „Rivalen" im Resonanzfeld des Donnersohnes gibt. Der so bezeichnete Primäraspekt ergibt sich aus der Hierarchie der zu wandelnden Linienebenen der Bezugskraft, im Falle von Dschen ist dies Dui, der See, denn die Leserichtung ist ja immer vertikal, also von unten nach oben orientiert. Dieser Zusammenhang ist interessant, denn auf der homologen Ebene sind es Donner und Feuer die eine unverbrüchliche Einheit bilden und so gesehen ist dann das Feuer eine Art von „Zwillingspartner“ der zwar verbindend aber auch extrem fordernd und damit nur bedingt auszuhalten ist. Das Dui-Mädchen See dagegen symbolisiert das analoge Inhaltsergebnis (Herbst und Ernte) zum keimtreibenden Donnersohn (Frühling und Austrieb) und ist so vielleicht der weitaus attraktivere Resonanzaspekt.

2. Die Beziehungen des Donner-Sohnes DSCHEN zum eigenen Geschlecht

Lingua/Hex-Code 68: Der Donner-Sohn und das eigene Geschlecht

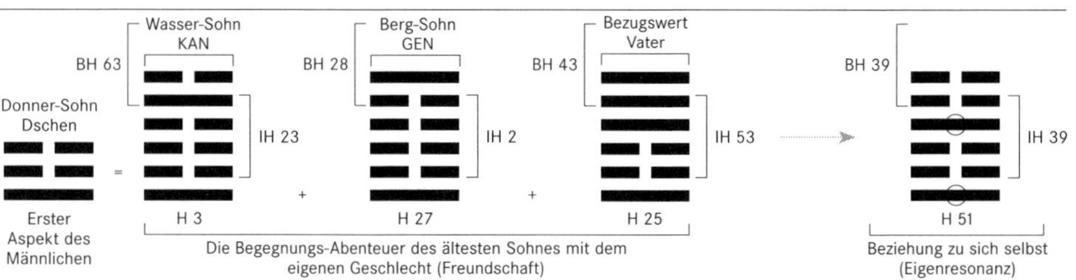

Die Beziehung des Donnersohnes Dschen zum Wassersohn Kan wird im Zeichen *H 3 – Die Anfangsschwierigkeit* deutlich. Der eine will voran, der andere blockt mit seiner Vorsicht ab, was den aktiven Donnersohn nicht richtig in die Gänge kommen lässt. Geplante Unternehmungen beinhalten immer gewisse undurchsichtige Schwierigkeiten deren Bewältigung nicht einfach ist. Sie basteln gerne an Dingen herum, arbeiten verschiedenes aus, treffen aber wie gesagt, immer auf erschwerte Umstände. Übernimmt dagegen der Wassersohn die Führung, gelingt es, sich aus den Schwierigkeiten zu befreien und alles kommt voran. Er ist der Retter der den Ausweg kennt, während der Donnersohn die treibende Kraft der Verbindung ist.

Die Begegnung mit dem Bergsohn Gen dagegen, ist insgesamt von förderlicher Natur, wie es *H 27 – Die Ernährung* zeigt. Hier könnte das Thema die Auseinandersetzung mit niederen und höheren Werten des Lebens und das Weltgeschehen sein. Jedenfalls gibt es in dieser Begegnung den Raum zur Entfaltung und jeder kann seinen Beitrag leisten. Der Donnersohn mit seinem vitalen Zugzwang nach vorne und seiner urwüchsigen Natur, der Bergsohn mit seiner Festigkeit und der bedachten Handhabung. Eindeutig lässt sich sagen das es Hand und Fuß hat was diese beiden ins Leben rufen.

Die Codierung des Verhältnisses von ältestem Sohn zum Vater, heißt *H 25 – Die Unschuld* oder die Natürlichkeit. Man könnte es die Formel zur Beschreibung von Unvorhersehbarem, Unerwartetem und Außergewöhnlichem nennen, von überraschenden Wendungen die etwas nehmen kann. Die Fußstapfen des Vaters in der er als ältester Sohn zu treten hat, sind nicht unbedingt immer passend und außerdem thront der Vater sehr übermächtig über ihm. Bringt er seine männlichen Attribute all zu motiviert ins Spiel, attackiert er ihn also, kommt es zur Stockung und zu unerwarteten Auseinandersetzungen.

Im natürlichsten Sinne ist der älteste Sohn der Nachfolger des Vaters, der dazu bestimmt ist, sich selbst zur Vaterfigur auszuwachsen und den leiblichen Vater damit von der Bildfläche zu verdrängen. Das Brückenhexagramm heißt *H 43 – Der Durchbruch*, die Entschlossenheit, was nicht nur die Geburt von etwas Neuem symbolisiert, sondern auch ein Zeichen männlicher Durchsetzungs- und Verwirklichungskraft in Bezug auf die schöpferische Erweiterung ist und diese darf und kann vom Vater nicht verhindert werden. Trotz allem Druck, der in dieser Verbindung besteht, lautet seine Devise: Geradeaus und unverzagt seinem Weg zu folgen auch wenn dies einiges an couragiertem Auftreten erfordert.

3. Die Resonanzen des Wasser-Sohnes KAN zum Weiblichen

Lingua/Hex-Code 69: Die Anima-Muster des Wasser-Sohnes und seine Themenbilder

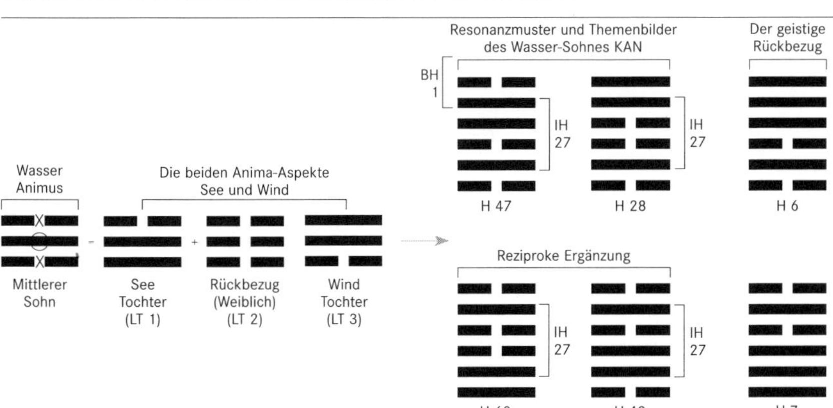

Das Resonanzmuster des Wasser-Sohnes verweist in der Wandlung auf die beiden Anima-Aspekte von Dui und Sun. Dui, der See, ist der Tiegel, in dem das Wasser gebunden ist, Sun, der Wind, sein ihn belebender Sauerstoff. So wird seine Begegnung mit dem Weiblichen eindeutig auf diese ihn nährenden Aspekte ausgerichtet sein. Der Wasser-Sohn Kan, der selbst nicht besonders beredsam ist, zeigt einen Hang zum Heiteren, zum sich Offenbarenden und Inhaltsvollen der See-Tochter Dui. Darin spiegelt sich eine bedeutsame und tiefe Beziehung, denn Kan, der Wässrige, ist umgekehrt auch der Animus-Aspekt von Dui, der Heiteren, also inhaltsgenerierender Kreativaspekt, was die Tochter der Heiterkeit erfüllt.

Dem eher etwas stofflichen Ergänzungsmuster von Dui, der Tochter der Heiterkeit, steht die Beziehung zur Windtochter Sun, der Empfindsamen, zur Seite. Bietet der See dem Wasser einen Raum zum Ausleben seiner Kreativität, so ist die Windtochter sein nährendes Elixier. Sie vermag es, ihn zu durchdringen, sein Verborgenstes nach außen zu bringen, seine oftmals toxischen Stimmungen aufzulösen und ihn zum erfrischenden und fruchtbaren Lebensquell werden zu lassen. Sie tut dies gern, denn auch sie zeigt in ihrer Wandlung einen Animus-Aspekt von Kan, dem Wasser.

Betrachten wir das Ganze durch die damit in Verbindung stehenden Hexagramme, dann zeigt sich uns zunächst das Zeichen *H 47 – Die Bedrängnis*. Dieser Beziehungsaspekt zum Weiblichen erweist sich als sehr erschöpfend, denn seine „nährenden Versuche" enden in versickernder Liebesmüh. Anstatt aus sich selbst zu schöpfen (doch wer ist er selbst?) erschöpft er sich darin, seine eigenen Abgründe im Gegenüber zu kompensieren, was natürlich gänzlich unbewusst geschieht. Seine Rückbindung ist eine Schicksalhafte, eine von programmatischen Mustern familiärer Prägungen getragene „Seelen-Not", die ihn in eine Art von Grundtrauer versinken lässt, die das heitere Beziehungsmädchen Dui, die Seetochter, zu spüren bekommt. Sie fordert viel, da sie es liebt genährt zu werden und nach Außen zu glänzen, seine Natur ist das fließende Befüllen, doch nach ihren Spielregeln, was ihm das Gefühl der Reduzierung und der gleichzeitigen Ausbeutung gibt. Wechselt man nämlich die Position der beiden Bausteine, dann kommt man zum Zeichen *H 60 – Die Beschränkung*, das von Selbstdisziplinierung und Grenzen setzen spricht. Ein gutes Beispiel von Spiegelung des einen durch den anderen auch wenn der damit verbundene Prozess alles andere als einfach ist. Der See erhält seinen Wert durch das Wasser, das Wasser einen tragenden Tiegel, der ihm einen Halt gewährt und über allem schwebt der Himmel, denn dieser spiegelt sich darin.

Auch im nächsten Zeichen *H 59 – Die Auflösung* sieht man ihn in der Rolle des nährenden Versöhners, immer bemüht keine verstimmenden Gegensätze aufkommen zu lassen, was man vielleicht als eine Art von Harmoniesucht (OT Wind) bezeichnen könnte, aber in Wirklichkeit ein Schutzverlangen seiner instabilen Eigennatur ist. Oberflächlich sind seine Beziehungen wahrlich nicht, denn selbst von abgründigen Frequenzen durchdrungen, ist auch sein weibliches Gegenüber ein Widerhall davon, wie wir im eindringenden Wind des Zeichens H 59 sehen. Nehmen wir das Attribut der Auflösung wörtlich, und das sollten wir, dann wird das Drama deutlich: Seine Beziehungen tragen einen selbstauflösenden Charakter, denn sie entbehren gänzlich einer bindenden Struktur. Dies muss nicht zwangsläufig eine Trennung bedeuten, denn die Wind-Tochter Sun versteht es gut seine toxischen Abgründe immer wieder mit frischer Luft ins Leichtere zu heben. Dieses Gespann ist prädestiniert für spirituelle Arbeit und alternative Heilmethoden, denn eine solche Aufgabe lässt ihre innere Natur sehr gut und erfolgreich zur Geltung kommen. Wechselt man auch hier die Position der beiden Bausteine, dann kommt man zum Zeichen *H 48 – Der Brunnen* und daran lässt sich dann auch das Besondere dieser Beziehung erkennen. Sie ist nicht nur selbstentgiftend, sondern auch selbstnährend, was durch diese Beziehung zum Ausdruck kommt, denn diese zwei Zeichen stehen auch für das Feng (Wind) und das Shui (Wasser), das Feng Shui der Raumharmonie.

Lingua/Hex-Code 70: Die amourösen Abenteuer von KAN und sein Bezugswert Mutter

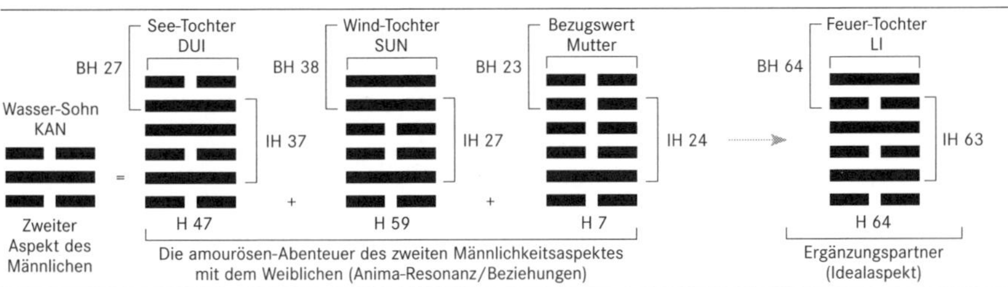

Werfen wir jetzt noch einen Blick auf den sogenannten idealen Ergänzungspartner, dann kommen wir zum Zeichen *H 64 – Vor der Vollendung.* Im Falle des Wassersohnes ist dies die Feuer-Tochter und auch hier tritt das Chaotische als überwiegende Kraft in den Vordergrund. Es ist ein Dauerrudern das auf der einen Seite vom Bestreben das warme Herzufer zu erreichen angetrieben wird, von der anderen Seite durch die Bemühung, eine Teilhabe am Tiefengrund des Gegenüber zu haben, allerdings ohne darin unterzugehen. Ein „nebulöses Provisorium an Herausforderungen“ das, wie im stockenden Begegnungsbild von Wasser unten und Feuer oben gezeigt, ein ständiges Austarieren erfordert, jedoch immer wieder von Erfolgen begleitet wird, die das Ganze zusammenhalten. Die Umkehrung der Bausteine und auch das innere Muster zeigen nämlich das ideale Gleichgewicht im Zeichen *H 63 – Nach der Vollendung.*

Die Verbindung zur Mutter kommt durch das Zeichen *H 7 – das Heer* zum Vorschein und lässt einen Zusammenhang erkennen, der das Nährende seines eigenen Wasser-Charakters betont. Er findet in ihr die volle Unterstützung, ein williges Wesen das seinen taktischen Feldzügen den benötigten Raum zur Entfaltung gibt. Das Verhältnis der beiden Elternpaare was den Wassersohn betrifft, ist deshalb ein sehr Gespaltenes, zumal sich Mutter und Sohn im Zweifelsfalle zu einem schlagkräftigen Heer gegen den Vater verbünden. Da das Verhältnis, wie im Zeichen der Vaterverbindung *H 6 – Der Streit* zu sehen, sowieso ein Konfliktbeladenes ist, ist diese geteilte Meinung vorprogrammiert.

Lingua/Hex-Code 71: Reziproke Beziehungsmuster des Wasser-Sohnes und rivalisierende Diskrepanz

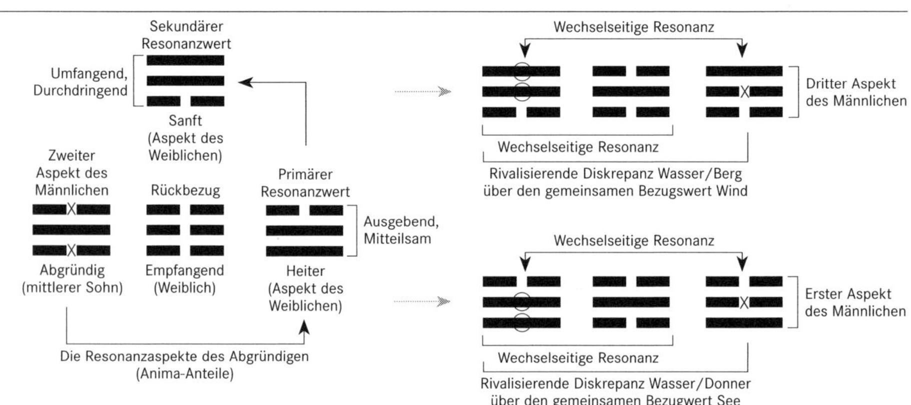

Sun, der Wind, weist wie Dui, der See und alle sechs Unteraspekte von Himmel und Erde auch, noch einen zweiten Resonanzaspekt auf, wodurch das Beziehungsgefüge lebendig, also beweglich bleibt (im Falle von Sun ist dies Gen, der Berg). Alles findet sein ihm gemäßes Gegenüber, denn dieses Gegenüber ist bereits Teil von ihm. So basiert das Furchtsame und gleichzeitig Kreative des Wassers auf seinen ihm inhärenten Frequenzen des bewegenden Windes (die „ungewisse" Feinzeichnung) und des potenziellen Inhaltes von Dui, dem See (die Chemie der Prägung). Das Szenario der Beziehungen ist ein Ausdruck der Bewegung des Lebensstroms und, sieht man es nicht persönlich, ein göttliches Spiel.

4. Die Beziehungen des Wasser-Sohnes KAN zum eigenen Geschlecht

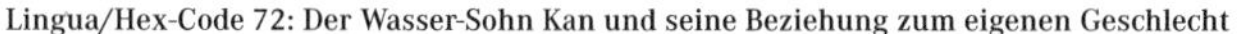

Lingua/Hex-Code 72: Der Wasser-Sohn Kan und seine Beziehung zum eigenen Geschlecht

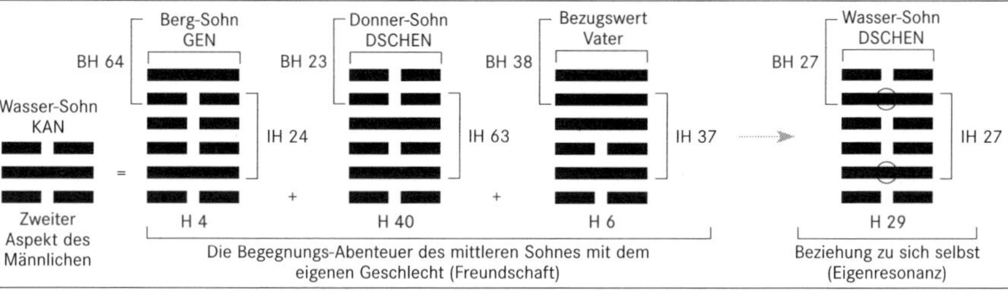

Die Verbindung des Wasser-Sohnes Kan mit dem Bergsohn Gen, bringt viel Unfug aber auch forschendes Ausprobieren hervor, denn sie steht unter dem Zeichen von *H 4 – Die Jugendtorheit.* Der Wasser-Sohn sprudelt mit seinen Ideen hervor, der Berg-Sohn steht mit seiner Behäbigkeit bremsend im Weg. Das Fließende und das Haltende prallen aufeinander und die Verwirrung ist perfekt. Sie lernen optimal aneinander denn auch der Positionswechsel der Bausteine zu *H 39 – Das Hemmnis* zeigt, das es dabei ganz wesentlich darum geht herauszufinden wie die Dinge zusammenwirken und wo sie ihren Platz haben. Übergeordnet hat dies alles mit Identitätsfindung zu tun und genau das ist das Thema in H 39. Das Wasser am Fuße des Berges ist eine aus der Erde sprudelnde Quelle, die, mit Druck nach oben gebracht, jetzt ihre Richtung finden muss und dazu ist ihr der Stein auf ihrem Weg ein guter Wegweiser.

Kommen wir zur Verbindung von Wasser-Sohn und Donner-Sohn und damit zum Zeichen *H 40 – Die Befreiung.* Wahrscheinlich lautet das prägnante Stichwort dieser Beziehung „blühende Entfaltung“. Das in Mustern gebundene Wasser wird vom Donner geöffnet, aus den Abgründen des ängstlichen Festhaltens herausgeführt und zum weichen Fließen gebracht. Zwei die einen besonderen Einklang miteinander fühlen, denn sie sind sich verwandt wie der Regen der dem Donnerschlag folgt. Fruchtbare Ergebnisse sind zu erwarten und auch wenn es oft mit Anfangschwierigkeiten einhergeht, die Lösungen sind immer parat. Eine optimale Ergänzung die bestens für Geschäftspartnerschaften geeignet ist.

In Bezug auf seinen Vater sind es die, von vielen Widerstreiten getragenen Kräfte, die ihn in seiner Eigenbewertung bestätigen *(H 6 – Der Streit).* Wahrlich basiert seine Verbindung zu ihm auf einer von Gegensätzen getragenen „Streitenergie“ die sich an differenten Denk- und Wahrnehmungsstrukturen entzündet (das familiäre Mischkonzept verschiedener Bindungen, IH 37).

Sein Selbstbezug wird bestimmt durch das Doppelzeichen *H 29 – Das Abgründige* und schon allein dieser Begriff verweist auf sein tiefes, sein kreatives aber auch auf seine Ängste, was insgesamt ein seelischer Sprengstoff ist, der ihn mehr als geheimnisvoll und zwanghaft erscheinen lässt. Er ist ein unabhängiger Geist der Ruhe sucht und geliebt werden will. Die Linienstruktur symbolisiert die inneren Abgründe und die Schluchten des Lebens, die es zu durchfließen gilt. Sorgen können ihn ersticken und wenn zu eng wird entladen sie sich in gewaltsamem Zorn (das reißende Gewässer in den engen Windungen der Felsenschlucht) oder aber sie stürzten ihn in Untiefen der Traurigkeit.

5. Die nährende Resonanzbrücke zwischen dem Männlichen und dem Weiblichen

Ernährung und Genährtwerden sind äquivalente Faktoren eines organisierten Speichermechanismus, sozusagen die Schicksalsanweisung zur Existenzbewältigung, was ja den innerthematischen Rahmen des haftenden Feuers bildet. Der verzehrenden und erhellenden Aktivität des Feuers, steht das befruchtende Prinzip des Wassers und sein Kreativvermögen seelischer Bezüglichkeit gegenüber. Das Feuer als das Anziehungsmoment des Weiblichen und das Wasser als das Anziehungsmoment des Männlichen stehen in sich wechselseitig ergänzender Verbindung. Beide zusammen bilden die zentralen Kräfteprinzipien zwischenmenschlicher Auseinandersetzung, was im nachfolgenden Kapitel noch eine ausführlichere Beachtung findet.

Lingua/Hex-Code 73: Die Kausalität des Verzehrenden und des Nährenden

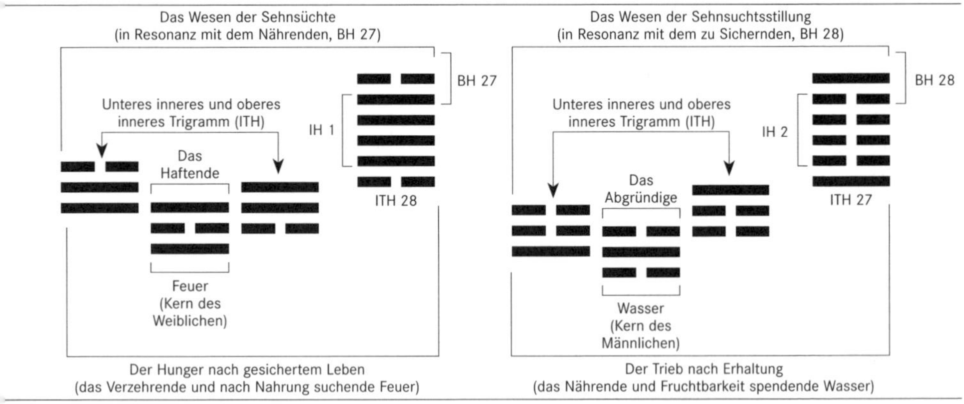

Das Männliche erfüllt durch das Weibliche das ihm selbst programmatisch inhärente „Yin-Prinzip des Ernährenden“ (die Resonanzkraft zum Gegengeschlechtlichen, IH 2 und BH 28 von ITH 27), das Weibliche durch das Männliche das ihm selbst inhärente Prinzip des Fordernden und Anregenden (IH 1 und BH 27 von ITH 28). Eine yin-dynamische Grundbedingung – Feuer – äußert sich durch den yang-spezifischen Aspekt existentieller Anforderungen (*H 28 – Die Überlastung* und IH 1); eine yang-dynamische Grundbedingung – Wasser – äußert sich durch einen yin-spezifischen Aspekt existentieller Sicherungsmöglichkeiten (*H 27 – Die Ernährung* und IH 2). Wer nun also das starke und wer das schwache Geschlecht vertritt, sei dahingestellt. Das Männliche sorgt für die Erfüllung des weiblichen Bauches, das Weibliche für die Erfüllung der männlichen „Herrschaftszentrale“ des Kopfes (und der Stress ist vorprogrammiert).

Vertiefend betrachtet:

Lingua/Hex-Code 74: Die kausale Verbindung des Verzehrenden zum Nährenden

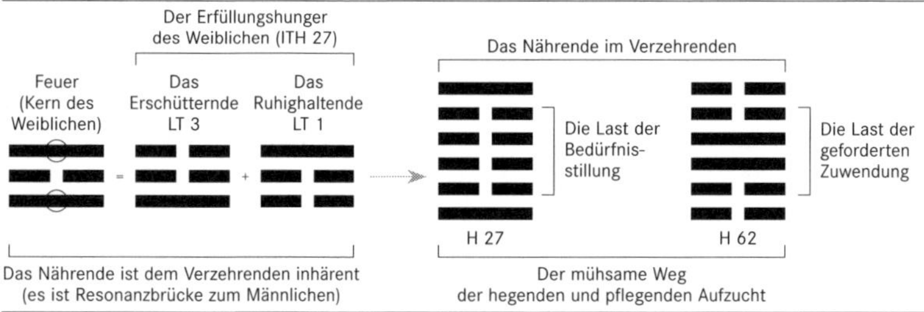

Das nach erfüllender Sicherheit suchende Weibliche (der zentrale Weiblichkeitswert der Feuertochter Li) trägt das erfüllend Nährende des Männlichen in sich selbst (LT 1 und LT 3, der Donner und der Berg gleich *H 27 – Die Ernährung*). Hexagrammspezifisch aufgeschlüsselt sind dies der weibliche Mutterleib, die Gebärmutter und die Mutterbrust, sozusagen die Grundbedingungen jeglicher Existenz, das Stillen des hungrigen Nachwuchses und die Befriedigung sich einstellender Ansprüche (das Flügge werden, wie im Zeichen *H 62 – Des Kleinen Übergewicht* ausgedrückt). Der weibliche Überlebenstrieb basiert also auf der reflexiven Übertragung des Mütterlich-Nährenden auf das Männlich-Nährende. Es nährt von innen und begehrt im Außen.

Lingua/Hex-Code 75: Die kausale Verbindung des Nährenden zum Verzehrenden

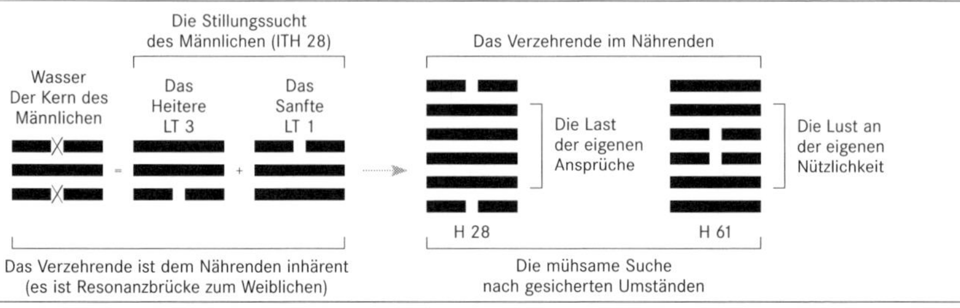

Das nährende Männliche wiederum trägt die Sicherungsbedürfnisse des Weiblichen als programmatischen Erfüllungskern in sich selbst (LT 3 und LT 1, der Wind und der See gleich *H 28 – Die Überlastung*). In den beiden möglichen Hexagrammzeichen von Wind und See spiegelt sich dies als bedingende Last der Existenz sichernden Anforderungen und der Lust an der eigenen Nützlichkeit wider. Der männliche Überlebenstrieb basiert deshalb auf der reflexiven Übertragung der eigenen Sicherheitsansprüche auf das Stützvermögen des Weiblichen. Es nährt also von außen und begehrt von Innen.

Ganz allgemein gesagt, ist Leben in seinem ganzen Bewegungsablauf – und damit auch das Prinzip von Stress – die Folge der gebrochenen Einheit und damit ein Yin-Aspekt von Fragen, Antworten und Möglichkeiten eines Existierenden. Leben ist andauerndes „Schwangergehen" mit Faktoren des Unbekannten, denen ans Licht der Sicherheit verholfen werden soll, was des nährenden Aufhellers bedarf. Feuer und Wasser sind die irdischen Äquivalente potenzieller Raum/Zeit-Bedingungen von Wärme und Kälte, Vollendung und Trugschluss, Harmonie und Provisorium, die sich im nährenden Magnetismus der zweigeschlechtlichen Geschöpfe in vollkommener Ergänzung widerspiegeln.

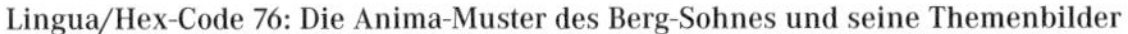

6. Die Resonanzen des Berg-Sohnes GEN zum Weiblichen

Lingua/Hex-Code 76: Die Anima-Muster des Berg-Sohnes und seine Themenbilder

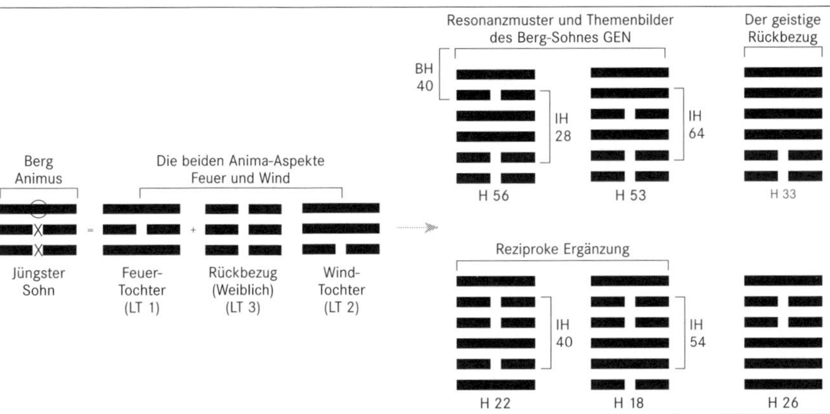

Das Resonanzmuster des männlichen Berges offenbart sich in der Wandlung durch die zwei weiblichen Anima-Aspekte der strahlenden Feuertochter und der sanften Windtochter. Das Manifeste des Ruhighaltenden und das Verzehrende des Haftenden bilden ein perfektes Zusammenspiel, denn was das Feuer braucht, ist ein Brennstoff, an dem es seine züngelnde und flammende Natur entfalten kann. Das Feuer rückt den schweigenden Berg ins Licht des Gesehenwerdens; es beleuchtet ihn in seiner gesamten Statur, was sein einsam schlagendes Herz mit warmen Empfindungen belegt.

Der zweite Resonanzaspekt des Bergsohnes Gen zeigt sein Verlangen nach dem sanft Durchdringenden der Windtochter Sun, das ihn bewegt und aus seiner starren Lethargie erwachen lässt. Das nach außen so Stabile und Feste resoniert im Inneren den Anima-Wert eines feinstofflichen Gegenübers, was auf sein berührbares Herz schließen lässt. Genau dies ist auch das Anspruchstor des sanften Windes. Wird nämlich dessen zweite Linie gewandelt, so wird aus der subtilen Wandlungskraft die manifeste Form des Berges. Das Feinstoffliche und das Grobstoffliche sind „aus einem Holz geschnitzt". Das Feuer kann auch mit dem thermischen Faktor erwärmter Luft identifiziert werden, umgekehrt entfacht der Wind erst das Feuer, und dann sind beide noch jeweils dem anderen inhärent. Daran wird deutlich, dass es sich bei den Resonanzmustern einerseits um das Bindungsmaterial, andererseits aber auch um die Transformationswerte des jeweiligen Archetypus handelt.

Der körperbetonte Berg-Sohn verweist also in seiner inneren Struktur auf zwei Anima-Aspekte, die ihn als handfeste Ausformung einer weiblichen Grundschwingung offenbaren. Sein dritter Wandlungswert ist schließlich die empfangende Erde, die das Ursymbol des Weiblichen in Vollendung darstellt. Kein Wunder, dass gerade die Feuer- und Windtemperamente das körperbetonte Männliche so sehr lieben, obwohl es da auch Resonanzmuster zu impulsiven und abgründigen Charakteren gibt.

Schauen wir auf die beteiligten Themenbilder des Berg-Sohnes, dann sehen wir zunächst die Resonanzbindung zur haftungsfreudigen Feuertochter Li. Diese Bindung ist bewegt, was an der scheinbaren Ambivalenz der beiden Charaktere selber liegt und durch das Zeichen H *56 – Der Wanderer* sehr gut darstellbar wird. Sie ist ein quirliges Feuertemperament von rascher und greller Gangart, er der Fels, der von ihrem Lichtwesen magisch angezogen wird und mehr zur langsameren Ansprache neigt. Die hier gezeigten Erfahrungen mit dem Weiblichen sind von loser Natur, also nicht dauerhaft und alles andere als „vergnüglich", denn Feuer braucht Nahrung und bietet ihm der Berg-Sohn nicht genügend davon, was für einen Fels, der zwar innere Werte besitzt aber wenig brennbares Außenmaterial aufweisen kann, sehr schwierig ist, dann zieht sie weiter. Wechselt man die Position der Trigramm-Bausteine, dann wird seine Stärke deutlich. Das damit aufscheinende Zeichen heißt nämlich *H 22 – Die Anmut* und man sieht diesen Berg-Sohn als widerspiegelnde Fläche der Schönheit und Leuchtkraft von LI, der Feuer-Tochter, was ihr sehr gefällt. Er ist das Fahrzeug, sie das schmückende Element. Gemeinsam durchzubrennen, das Weite zu suchen, Reisen und Neues zu erleben, das ist ein Reiz dieser Verbindung, was dabei allerdings erlebt wird, ist anstrengend für einen nicht unbedingt bewegungsfreudigen „Fels".

Sein zweiter Resonanzpartner ist im Weiblichkeitsaspekt von Sun, der Windtochter zu finden. Diese Verbindung hat einiges an Potenzial, wie uns das Zeichen *H 53 – Die allmähliche Entwicklung* zeigt. Das berührbare Herz des Bergsohnes Gen, verlangt geradezu nach der einfühlsamen Sanftmut der Windtochter Sun, die ihn bis in seine tiefsten Tiefen erreicht. Sie ist wie die Atemluft für die Lunge, das anregende Element der Innenbewegung. Während er mehr die körperlich-weltlichen Aspekte vertritt, weist sie den Weg zu spirituellen Höhen, was ihn gelegentlich ängstigt und verunsichert, aber da sie aus dem gleichen Holz geschnitzt sind, wie bereits eingangs gesagt, gehen sie den Weg gemeinsam. Man könnte die Beziehung vergleichen mit dem Stamm eines Baumes nach unten und seinen feinen Verzweigungen und Blättern nach oben. Es verbindet sie also etwas aus der Tiefe und der Höhe, aber dieses Etwas ist durchaus nicht immer nur geradlinig sich entfaltend. Ändert man nämlich die Position der Bausteine von Wind zu Berg, dann erhält man das Zeichen *H 18 – Die Arbeit am Verdorbenen*, das vom Aufarbeiten blind übernommener Elternmuster spricht.

Gen, der Berg-Sohn ist ein Mann, der das Weibliche zu ehren weiß, wie die eigene Mutter, der er gerne helfend zur Hand geht und das bestätigt uns nicht nur das Bild von *H 15 – Die Bescheidenheit*. Sie ist sein prägendes Vorbild im Umgang und der Betrachtung des anderen Geschlechts, trägt er doch selbst in sich sehr feine Züge trotz seiner manifesten Struktur. Unterwürfigkeit wäre durchaus auch ein Thema und dies nicht zuletzt wegen der herrschenden Tendenz zur Homosexualität, die im Bild von *H 33 – Der Rückzug* deutlich wird. Der Versuch mit dem Weiblichen endet nicht selten auf der polgleichen, also gleichgeschlechtlichen Seite, denn analysiert man seine Begegnung mit dem Männlichen auf freundschaftlicher Ebene, lassen sich eindeutige Tendenzen zum Schwierigen ausmachen.

Lingua/Hex-Code 77: Die amourösen Abenteuer von GEN und sein Bezugswert Mutter

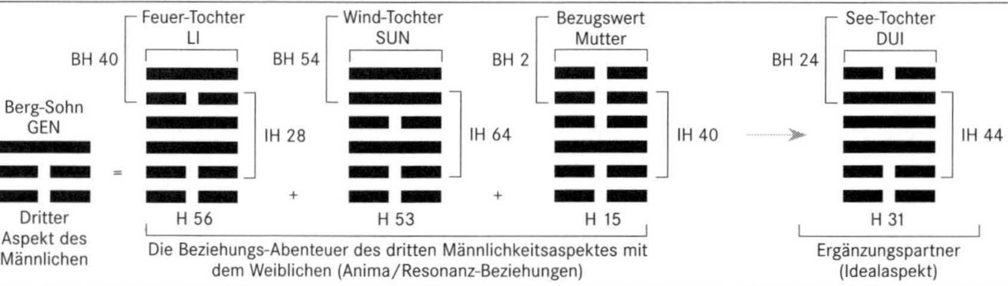

Der ideale Resonanzpartner, der sich in der Polarität, also dem ausgleichenden Gegensatz findet, ist die Seetochter Dui. Das Themenbild dazu findet sich im Zeichen *H 31 – Die Einwirkung*. Es zeigt nach außen oder oben einen gefühlvoll redenden Mund und nach innen oder unten eine manifeste und tragende Form. Diese Beziehung gleicht einer Dauerwerbung, in der der eine schweigt und der andere spricht, der eine für das Innen und der Andere für das Außen zuständig ist, wie uns das Zeichen H 31 und im Ausgleich dazu, das Zeichen *H 41 – Die Minderung* zeigt. Er trägt sie auf Händen und lässt sie nach außen reden und Kontakte aufbauen, sie bringt ihm sanfte Gefühle entgegen und motiviert ihn Neues zu schaffen und mit seiner Hände Arbeit zu manifestieren.

Lingua/Hex-Code 78: Reziproke Beziehungsmuster des Berg-Sohnes und rivalisierende Diskrepanz

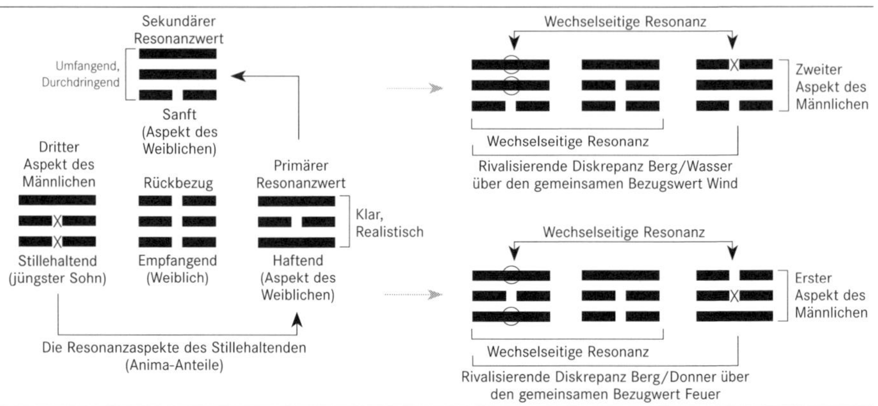

Auch hier, wie bei allen bisherigen Zeichen, begegnet uns eine Resonanz der Gegenseitigkeit, die jeweils durch einen weiteren Resonanzfaktor ein rivalisierendes Spannungsfeld erhält: Wird das flammende Feuer, als ein Animaaspekt des jüngsten Sohnes, auf der unteren Ebene berührt, erscheint darin zwar der manifeste Brennstoff von Gen, dem männlichen Berg, in der Wandlung der dritten Linie jedoch, offenbart sich noch der rivalisierende Animuswert von Dschen, dem ältesten Donnersohn. Gleiches sehen wir durch den Berg-Resonanz/Partner von Sun, der ältesten Tochter, die das rivalisierende Animusmuster des Wassersohnes Kan reflektiert. Der Magnetismus der Anziehung folgt dem programmatischen Interaktionswert der Anima und Animus-Pole, durch die sich Ich-Person und Selbstwert reflektorisch widerspiegeln. Ich und der Andere oder Ich und meine Umgebung bilden ein symptomatisches Abbild der Verbundenheit zusammengehöriger Notwendigkeiten in Zeit.

7. Die Beziehungen des Berg-Sohnes GEN zum eigenen Geschlecht

Verbindungen des Bergsohnes Gen mit dem gleichen Geschlecht, kommen alle etwas mühsam daher, was höchstwahrscheinlich an dessen Charakter liegt, der schwerfällig oder sehr zurückhaltend und in sich gekehrt ist. Er werkelt so vor sich hin und werfen wir einen Blick auf das erste kombinatorische Themenbild von *H 62 – Des Kleinen Übergewicht*, dann sehen wir eine sehr konträre Situation. Der Donnersohn Dschen in Kontakt mit dem Bergsohn Gen ist vergleichbar mit dem Bild eines Vögelchens das nicht fliegen kann. Es ist einiges da, erweist sich aber als mühsam zu manifestieren. Als Zerreißprobe könnte es bezeichnet werden und doch wirken hier zwei Aspekte zusammen, die das Innen und das Außen, das Halten und das Agieren im optimalen Verhältnis zeigen. Räume ausfüllen, Gärtnern, Dekorieren und Dinge zusammenbringen, das sind die gemeinsamen Interessen. Da die beiden Aspekte eine homologe, also früh- und späthimmlische Übereinstimmung im Nordosten der Kreisordnungen der acht Trigramme bilden, weist diese Verbindung eindeutig homosexuelle Tendenzen auf. Wechselt man die Position der beiden Bausteine, dann lässt sich das verbindende im Zeichen *H 27 – Die Ernährung* erkennen.

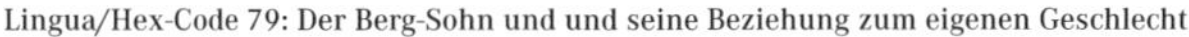
Lingua/Hex-Code 79: Der Berg-Sohn und und seine Beziehung zum eigenen Geschlecht

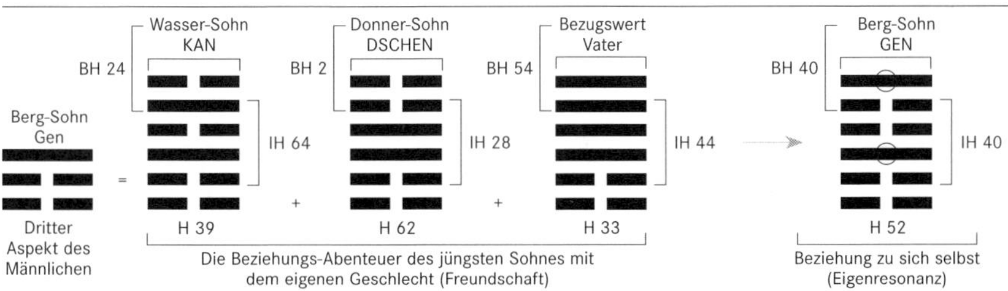

Der Kontakt des Bergsohnes GEN mit dem Wassersohn Kan bringt uns zum Zeichen *H 39 – Das Hemmnis* und wie dieser Begriff schon sagt, eine Verbindung voller Unzulänglichkeiten und Frustration. Schaut man sich jedoch das Brückenhexagramm *H 24 – Die Wiederkehr* an, dann liegt eben auch darin einiges an Potenzial zur Selbstbestimmung. Sie lernen gewaltig aneinander, denn wenn auch hier die Position der Bausteine gewechselt wird, erscheint das Zeichen *H 4 –Die Jugendtorheit* und macht das Lernpensum deutlich, das sie zu absolvieren haben. Das Stillehaltende und das Abgründe in Summe ergibt also nicht augenblicklich das Lichtvolle sondern eher etwas Verschwiegenes, Unausgesprochenes und Undurchsichtiges, worauf auch das innere Hexagramm von *H 64 – Die Trugschlüsse* verweist. Sie werden wohl des Öfteren auseinanderlaufen und wieder zusammenkommen, schon alleine deshalb, weil der Wassersohn das Formgebende des Bergsohnes zur eigenen Ausrichtung und der Bergsohn das Fließende und Erfrischende des Wassersohnes braucht.

Im Bezugsbild zum Vater sehen wir, dass zu diesem eine Art von Zwillingsverbindung besteht. Das Bild einer Schicksalsgemeinschaft die eine Art Dualunion siamesischer Zwillinge bilden, die schwer voneinander lassen können, der Natur der Sache nach aber voneinander lassen müssen. Der Sohn hängt an seinem Vater, der reicht ihm auch die Hand, entzieht sie ihm aber immer wieder, was bildhaft so aussieht wie „Erziehung“. Der Himmel zieht am Berg bis dieser zu seiner eigenen Größe gefunden hat, sein eigenes Format gewonnen hat, also zur Verkörperung einer Kraft geworden ist, die selbst neue Formen zeugen kann. Der Berg ist ein Auswuchs von schöpferischer Kraft, der Himmel ist die schöpferische Kraft. Der Volksmund nennt dies“ lernen seinen Mann zu stehen“.

Am besten kommt er mit sich alleine zurecht wie das Doppelzeichen *H 52 – Das Stillehalten* bestätigt, denn nur dann erfährt er ein echtes Getragensein, wie er es anders herum in der Fähigkeit der Stützfunktion der eigenen Mutter beweist (*H 15 – Die Bescheidenheit*, der Berg verleiht der Erde eine Form).

Die Horizontal/Vertikal-Aspekte der gemischt männlichen und weiblichen Beziehungen

„Das Strenge ist das Fahrzeug des Erfüllenden und immer sind es zwei Seiten, die den Prozess der Lebensbewegungen steuern. Wir sind nicht die Herren dieser Bewegung, wohl aber können wir eins werden mit ihr, aber dies heißt, wegzukommen von Vorstellungen, wie etwas zu sein hat."

1. Die zwei plus zwei Horizontalwerte von Donnersohn und Feuertochter, Seetochter und Wassersohn

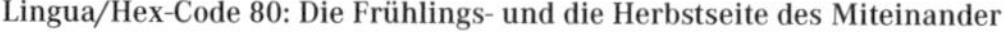
Lingua/Hex-Code 80: Die Frühlings- und die Herbstseite des Miteinander

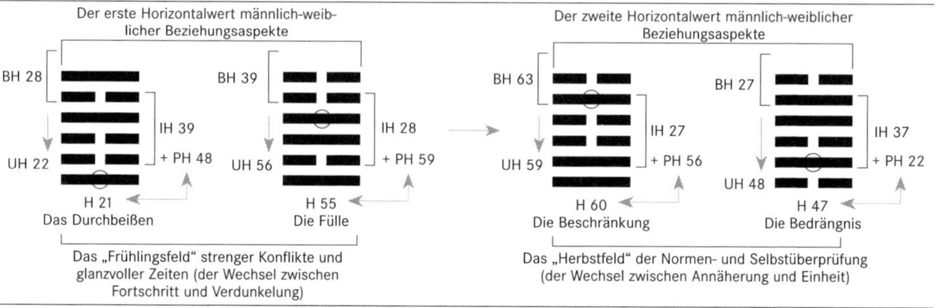

Die Horizontal/Vertikal-Aspekte der männlich-weiblichen Beziehungen verweisen auf die grundsätzliche Thematik ihrer Auseinandersetzungen, das „Lebenskreuz" das sie miteinander zu tragen haben. Sie finden sich als codierte Tatsachen in der Überlagerung der frühen und der späten Himmelsordnung, im Osten und Westen und im Süden und Norden. Acht Bezugswerte lassen sich finden: Feuer und Wasser (Ost/West im frühen Himmel), deren Äquivalente Donner und See (Ost/West im späten Himmel) auf der horizontalen und Himmel/Feuer und Erde/Wasser auf der vertikalen Achse.

Beginnen wir mit den „zwei plus zwei" Horizontalwerten der Zeichen *H 21 – Das Durchbeißen* und *H 55 – Die Fülle* auf der „Frühlingsseite" der Beziehung (Osten des späten und frühen Himmels), und den Zeichen *H 60 – Die Beschränkung* und *H 47 – Die Erschöpfung* auf der „Herbstseite" (Westen des späten und frühen Himmels).

Besonders hervorzuheben sind die beiden Linienwandlungen - wobei noch andere Wandlungsschritte interessante Dinge zum Vorschein bringen - der jeweiligen Programmzeilen von Donner und Wasser die im ersten Wert H 35 – *Der Fortschritt* und im zweiten H 36 – *Die Verfinsterung des Lichtes*, als Linienhexagramme zeigen. Gleichzeitig findet sich in der umgekehrten Leserichtung der beiden Bezugszeichen H 21 und H 55, die ergänzende Kehrseite der Grundthematik als konträrer Widerpart in den Zeichen *H 48 – Der Brunnen* und *H 59 – Die Auflösung*. So erweisen sich dann die strengen Herzenskonflikte als ein Durchbeißen zum seelischen Tiefengrund der Gemeinsamkeit, die glanzvollen Zeiten harmonischer Erfüllung, als Lichtspiegel mit Sogwirkung (UKT Wind) der das Überzogene und Unrunde verstärkt (IH 28 und BH 39). Das Strenge ist das Fahrzeug des Erfüllenden und immer sind es zwei Seiten die den Prozess der Lebensbewegungen steuern. Wir sind nicht Herren dieser Bewegung, wohl aber können wir eins werden damit, aber dies heißt wegzukommen von Vorstellungen wie etwas zu sein hat, denn wie es wirklich ist, dass liegt außerhalb unseres „Alltagsbewusstseins", wie uns die Beziehungsformeln immer wieder beweisen. Der harmonische Ausgleich ist stets gegeben, um aber Tiefenbrunnen zu sein und in der Fülle zu leben, sind das Durchbeißen und die entgiftende Auflösung gleichwertige Themen.

Soviel zur „Frühlingsseite" der Begegnung der Geschlechter, der nun die „Herbstseite" auf dem gegenüberliegenden Pol der Horizontalachse im Westen folgt. Auch hier sind sehr interessante Wechselbeziehungen in der Kodierung auszumachen, die das stetig Ausgleichende betonen. Normen- und Selbstüberprüfung, diese Thematik spricht aus den beiden Bezugszeichen von *H 60 – Die Beschränkung* und *H 47 – Die Bedrängnis*, was eindeutig auf die regelmäßige Überprüfung der Spielregeln verweist, denn der „Seelenverlust" des Miteinander, steht unmittelbar im Raum. Schauen wir auf die Polaritäten der Zeichen *H 56 – Der Wanderer* und *H 22 – Die Anmut* dann sehen wir Sinn und Programm dieser Situation bestätigt.

Es gibt keinen Stillstand oder ein bloßes Verharren in Umständen. Alle symptomatischen Umstände sind Wendepunkte, denn sie setzen den Impuls zur Weiterbewegung, tragen ihn also bereits in sich. Normen- und Selbstüberprüfung, das setzt Begrenzung voraus. Was nämlich damit in Bewegung gesetzt wird oder in den Vordergrund kommt, das ist die Thematik des suchenden Aufbruchs (H 56) und die Frage nach der Echtheit der eigenen Person (H 22). Um nun diesen reflexiven Zusammenhängen noch eine Verstärkung zu verleihen, finden sich in der Umkehrung der beiden Zeichen H 60 und H 47, die polaren Ergänzungen der beiden Frühlingssituationen von H 21 und H 55 wieder. Sollte man darüber verwundert sein? Bestimmt nicht, denn der Herbst ist die analoge Widerspiegelung des Frühlings. Er ist Inhaltswert des wertgebenden Samens in geronnener Form.

2. Die zwei plus zwei Vertikalwerte von Himmelssohn und Feuertochter und Erdenmutter und Wassersohn

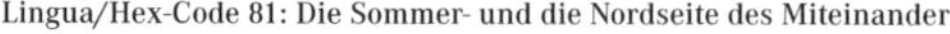

Lingua/Hex-Code 81: Die Sommer- und die Nordseite des Miteinander

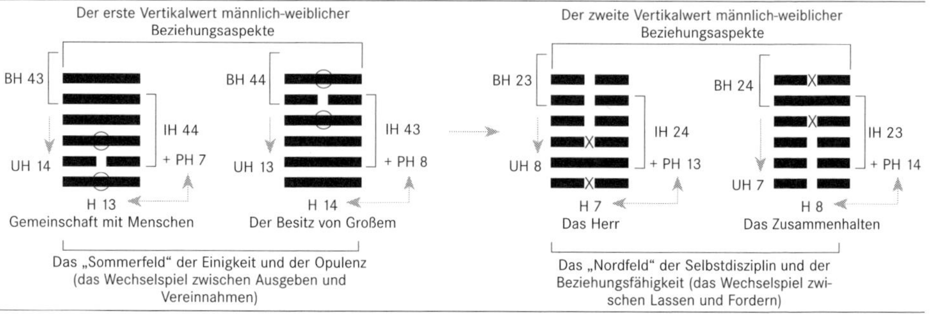

Wie deutlich sich die Vertikalwerte und deren Zeichen von denjenigen der Horizontalachse unterscheiden, das ist gravierend. Es muss ihnen also in Bezug auf die zwischengeschlechtliche Beziehung eine übergeordnete Bedeutung zugrunde liegen, denn Feuer und Wasser sind die irdischen Äquivalente von Himmel und Erde und so gesehen, die zentralen Aspekte der männlichen und weiblichen Lebensfiguren. Vertikalaspekte sind immer Fingerzeige der Eingebundenheit zwischen Himmel und Erde und schauen wir uns die Zeichen einmal etwas genauer an, dann bestätigt sich sehr schnell das Grundsätzliche in Bezug auf die geistige Rückbindung der Geschlechterbeziehung.

Opulenz der Kräfte und kollektive Verbundenheit, so könnte man die beiden Kernattribute der Feuer-Himmel/Beziehung im ersten Vertikalwert nennen. Sie beschreiben die herausragende Fähigkeit des Verstehens eines intelligenzbegabten Wesens (H 14 – *Der Besitz von Großem*) und die kollektive Verbundenheit der Menschen (H 13 – *Die Gemeinschaft mit Menschen*), was sich in den inneren Hexagrammen und den Brückenhexagrammen als Wechselspiel von Ausgeben und Vereinnahmen zeigt.

Ähnliches finden wir auf dem Nordfeld der Wasser/Erde-Beziehung in dem sich die Thematik der Selbstdisziplin und des Respekts sowie der Überprüfung der zusammenhaltenden Motive in den beiden Zeichen H 7 – *Das Heer* und H 8 – *Das Zusammenhalten* widerspiegelt. Lassen und Fordern so das Wechselspiel, das sich hinter dieser Grundthematik durch die Zeichen H 23 – *Die Zersplitterung* und H 24 – *Die Wiederkehr* verbirgt.

Partnerschaft ist ein dauernder Wechsel zwischen vollen und abgeernteten Feldern, zwischen Ausgeben und Einnehmen, zwischen disziplinarischen Maßnahmen und lockerem Zusammenhalt.

Alle Beziehungen sind auf ein großes Ziel hin orientiert denn sie sind Symbol der Sinnerblühung von Himmel und Erde, von Anfang bis Ende, vom Entgegenkommen bis zum sich offenbarenden Resultat, wie immer dies auch aussehen mag. Die Palette der Möglichkeiten ist groß, wie man im Gesamtmuster sehen kann. Das Achsenkreuz der vier plus vier Mischwerte ist der Grundklang, auf dem sich die Symphonie der Geschlechterbeziehungen entfaltet.

Systemische Analyse familiärer Beziehungsmuster

„Der Rahmen, in den wir hineingeboren werden, ist der bestmögliche Rahmen, denn er ist das Feld der Bestimmung auf dem der Prozess einer kausalen Lebensbewegung optimale Bedingungen erhält."

1. Die Beziehung von Vater und Mutter zu den Söhnen und Töchtern

Lingua/Hex-Code 82: Die Beziehungsformel des Vaters zu seinen Söhnen

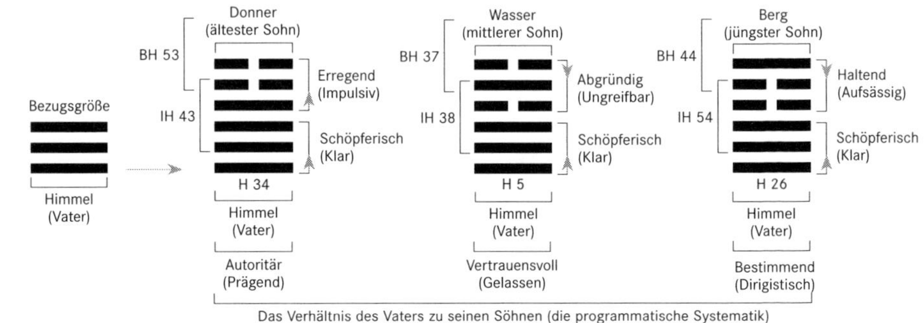

Lingua/Hex-Code 83: Die Beziehungsformel des Vaters zu seinen Töchtern

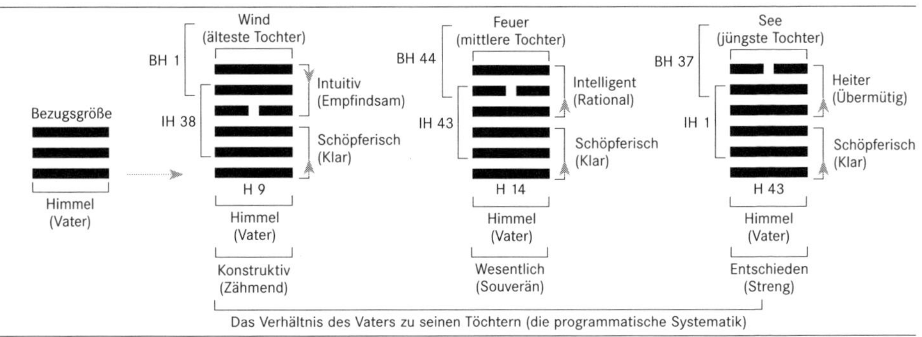

Lingua/Hex-Code 84: Die Beziehungsformel der Mutter zu ihren Söhnen

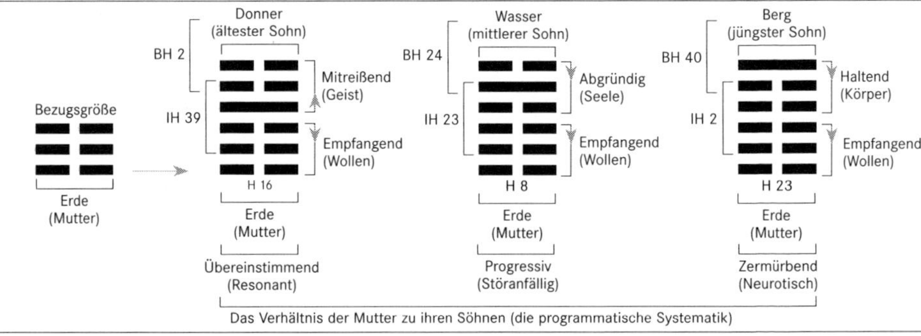

Lingua/Hex-Code 85: Die Beziehungsformel der Mutter zu ihren Töchtern

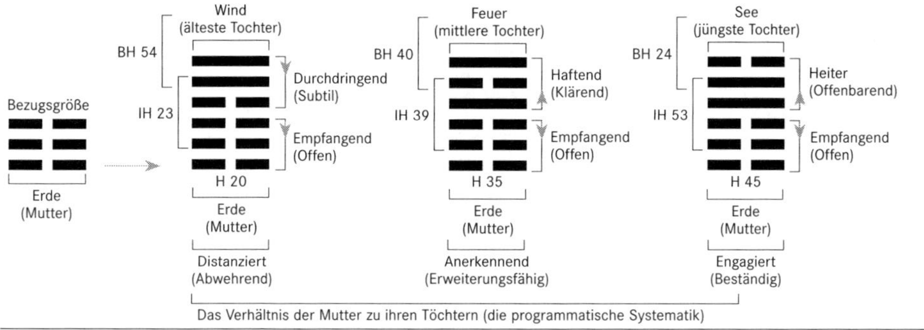

2. Die Beziehung der Söhne und Töchter zu Vater und Mutter

Lingua/Hex-Code 86: Die Beziehungsformel der Söhne zu ihrem Vater

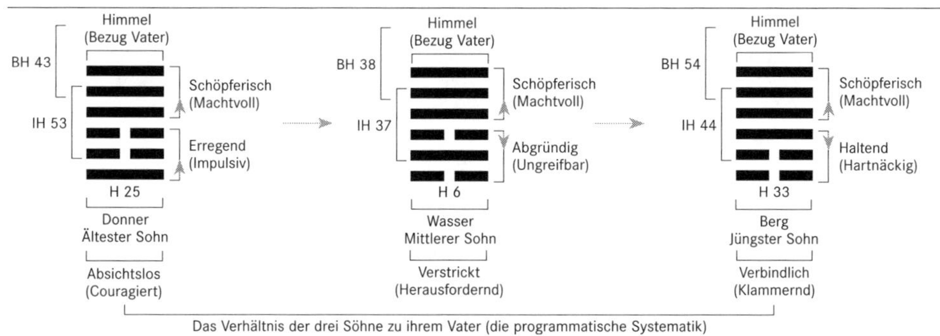

Lingua/Hex-Code 87: Die Beziehungsformel der Töchter zu ihrem Vater

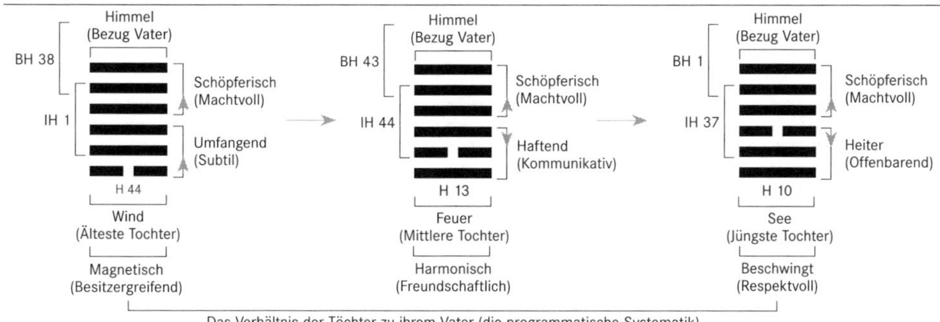

Lingua/Hex-Code 88: Die Beziehungsformel der Söhne zu ihrer Mutter

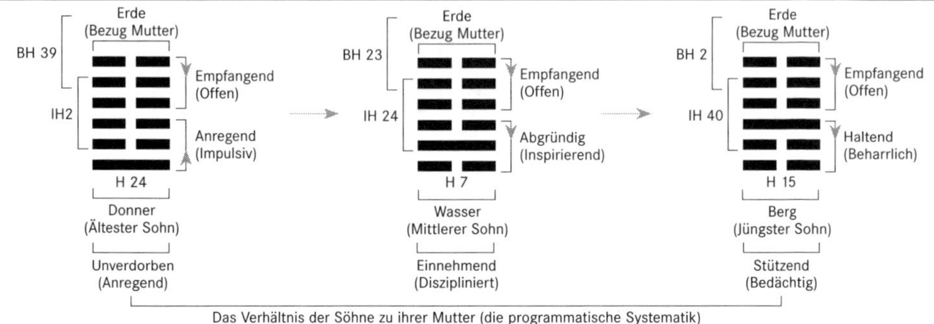

Lingua/Hex-Code 89: Die Beziehungsformel der Töchter zu ihrer Mutter

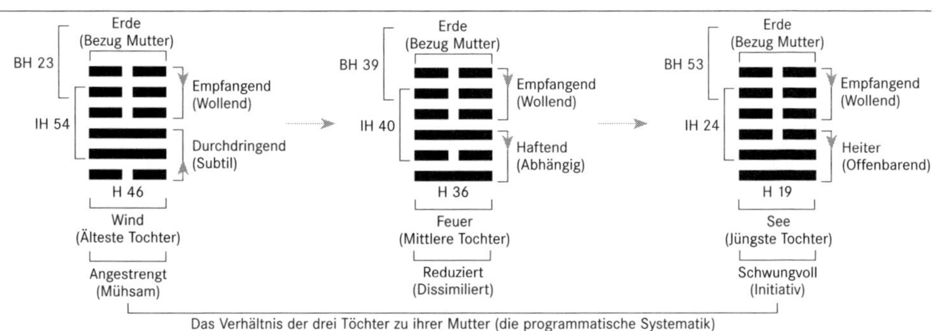

3. Die Geschwisterbeziehung der Söhne und Töchter untereinander

Lingua/Hex-Code 90: Die Beziehungsformel des ältesten Sohnes zu seinen Schwestern

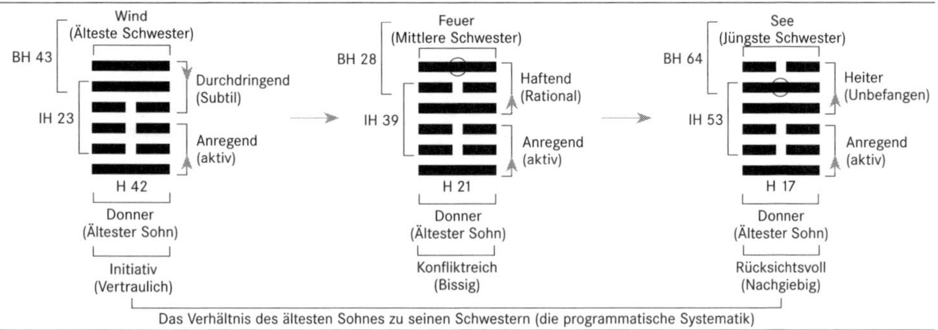

Lingua/Hex-Code 91: Die Beziehungsformel des mittleren Sohnes zu seinen Schwestern

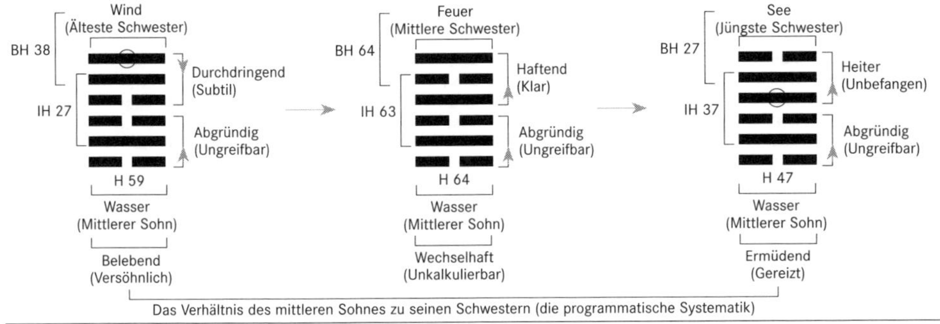

Lingua/Hex-Code 92: Die Beziehungsformel des jüngsten Sohnes zu seinen Schwestern

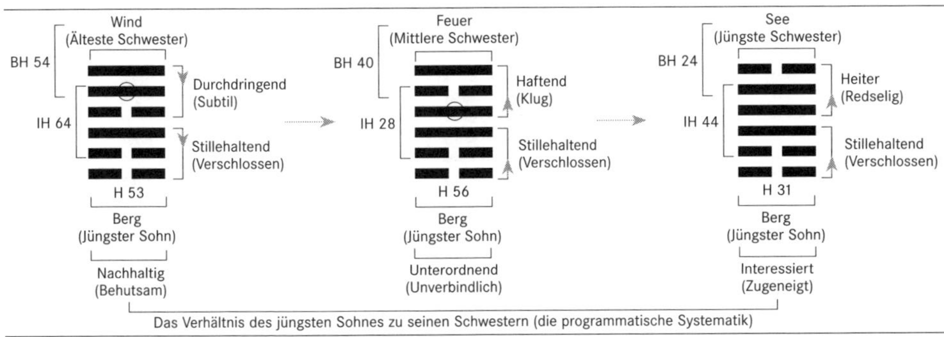

Lingua/Hex-Code 93: Die Beziehungsformel der ältesten Schwester zu ihren Brüdern

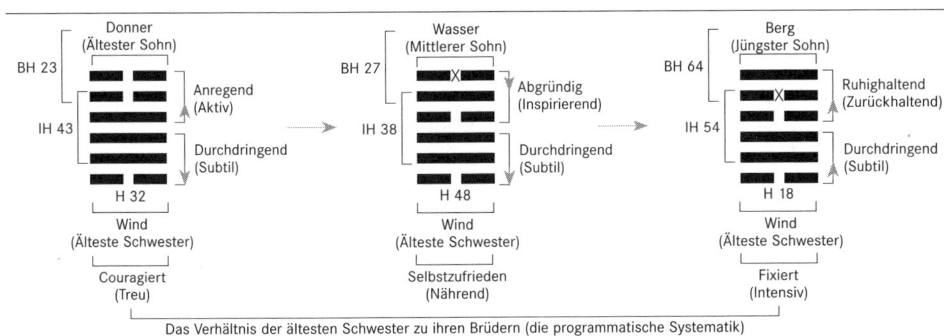

Lingua/Hex-Code 94: Die Beziehungsformel der mittleren Schwester zu ihren Brüdern

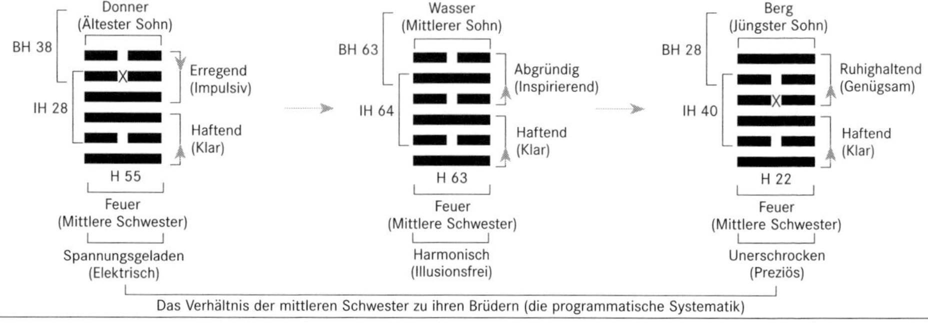

Lingua/Hex-Code 95: Die Beziehungsformel der jüngsten Schwester zu ihren Brüdern

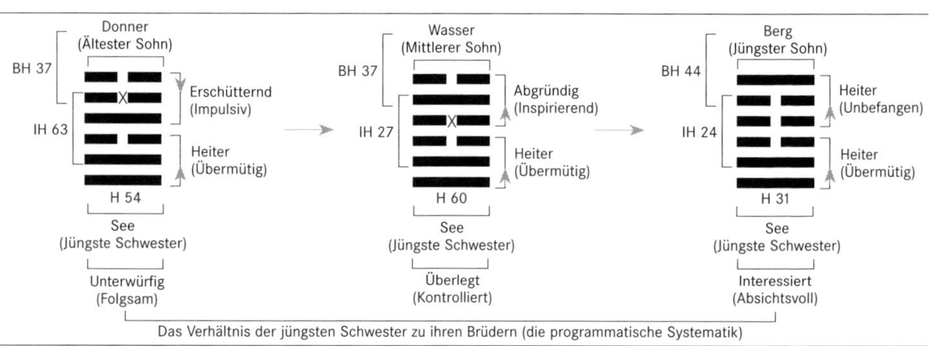

Die im letzten Kapitel aufgeführten Hexagramm-Formeln stellen ein komplettes dynamisches Abbild der familiären Beziehungen untereinander dar. Selbstverständlich ließen sich diese ausführlich beschreiben, was hier aber auf die Ebene der stichpunktartigen Benennung reduziert wird. Familiäre, systemische Muster, werde ich in einem nachfolgenden Werk gesondert aufschlüsseln und beschreiben. Es sei an dieser Stelle nochmals darauf hingewiesen, dass sich die Bezeichnungen von Älteste(r), Mittlere(r) und Jüngste(r) nicht nur auf die Anzahl der Geschwister beziehen, sondern auch auf die einzelnen Reifestufen von Erwachsenenalter (Älteste(r), Pubertät (Mittlere(r) und Kindheit (Jüngste(r).

Wird also zum Beispiel von der Beziehung der Mutter zu ihrem ältesten Sohn gesprochen, so verweist dies auch auf ihre Verbindung zu ihm im Erwachsenenalter oder umgekehrt von ihm zu seiner Mutter in diesem Reifestadium. Die von mir verwendeten Attribute zur Beschreibung der Beziehungsdynamik sind den einzelnen Trigrammen entnommen und lassen sich selbstverständlich noch erweitern oder auch durch andere, der jeweiligen Dynamik entsprechende Begriffe ersetzten. Das Yijing ist ein unendlich tiefes und alles umfassendes Werkzeug, das unglaubliche Einblicke in das Gewebe des Lebendigen gewährt. Es im Ganzen und in allen Bereichen des Weltgeschehens zu verstehen, ist eine Lebensaufgabe die wahrlich ein aufgeben der Person und ihrer Ansprüche und Vorstellungen erfordert. Immer wieder verneige ich mich voller Respekt vor seinen Offenbarungen, die in jedem Augenblick da sind, aber von unserem getrennten Bewusstsein nur in Zeit ganz allmählich wahrgenommen werden können.

1. Wuji – Die Mutter aller Wesen und Dinge (das Ungeteilte)

Dao (Tao) bedeutet ursprünglich „Weg“, im klassischen Sprachverständnis aber bereits „Methode“, „Prinzip“ und „der rechte Weg“. Es ist die höchste Wirklichkeit und das höchste Mysterium, die uranfängliche Einheit, das kosmische Gesetz und Absolute. Das Wirken des Dao bringt die Schöpfung hervor, indem es die Zweiheit, das Yin und das Yang, Licht und Schatten gebiert, aus deren Wandlungen, Bewegungen und Wechselspielen dann die Welt der Erscheinungen hervorgeht.

Der Begriff Dao (Tao), der mit dem „namenlosen Tor“ des Wuji (Wu Chi) gleichgesetzt werden kann, entspricht also im Ganzen der Null, aus der die Eins, die Zwei, die Drei und eben die „zehntausend Dinge“ der Welt entstehen, symbolisch durch den Strichcode von Yin und Yang, den acht Trigrammen und den vierundsechzig Hexagrammen ausgedrückt.

2. Taiji – Die Geburt der Zweiheit aus der Einheit (die Teilung)

Das in zwei Bedingungen unterteilte Taiji-Symbol stellt den Urakt der „Schöpfung“ dar. Aus der Unendlichkeit des Nichtseienden kristallisiert sich in spiralförmiger Bewegung der Geisthauch der Gegensatz-Materie; die Ganzheit des Anfangs gebiert ihr zweigeschlechtliches Ebenbild. Taiji ist die Noch-Einheit (von ruhender Energie und bewegter Energie), die aber Zweiheit (Teilung in Energie und Materie) bereits in sich trägt, symbolisiert durch das Helle im dunklen Feld und das Dunkle im hellen Feld. Das Eine erzeugt das Andere, die Zeit manifestiert sich durch den leeren Raum, das mögliche Andere des Einen wird offenbar. Die Nichtexistenz (die Energie) erzeugt die Existenz (die Materie), das Yang und das Yin bereiten die Bühne der Welt.

3. Die zwei Pole als Strichcode

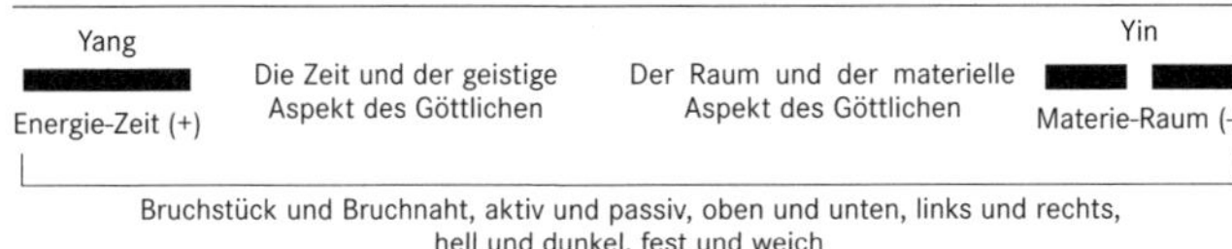

Die aus dem „Urgrund" des Ungeteilten geborene und als helles und dunkles Feld dargestellte „Zweiheit" im Symbol des Taiji wird im Yijing durch den Basiscode eines starken, durchgezogenen Yang-Striches und der durchbrochenen, weichen Yin-Linie ersetzt. Yin und Yang gelten als die Ursymbole der sich ergänzenden, also polaren Zweiheit von Energie und Materie, männlich und weiblich, hell und dunkel. Die durchbrochene Linie Yin steht für die Bruchstelle und damit das weiche Prinzip dessen, was werden kann (der passive oder ungeladene Minuspol). Das stabile Yang steht für das Bruchstück, also den Samen, der sich der Lücke der Möglichkeiten bemächtigt und sie schließen kann (der aktive oder geladene Pluspol).

4. Die vier binären Urbilder oder Grundkräfte der Lebenscodierung

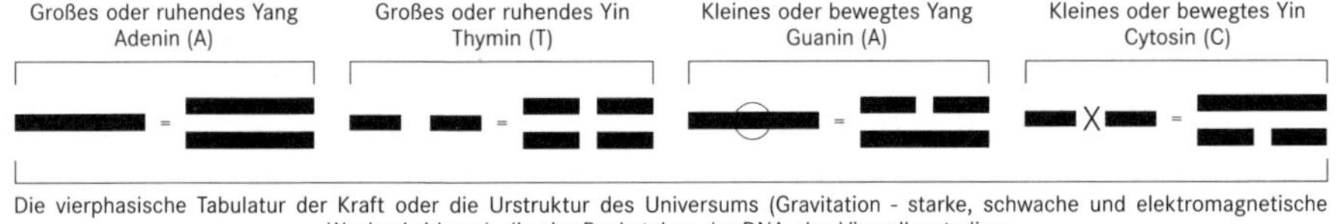

Yang und Yin werden nun im nächsten Schritt als ruhende und bewegte Kräfte beschrieben, was zur Verdoppelung der Linienstruktur führt. Yang in Bewegung führt zum Wandel in das Yin, Yin in Bewegung zum Wandel in das Yang. Anders erklärt: Der Tag schreitet voran und wird zur Nacht, die Nacht schreitet voran und wird zum Tag. Diese „vierphasische Tabulatur der Kraft", wie Gräfe sie treffenderweise bezeichnet, ist tatsächlich die symbolische Grundstruktur der Welt, das pulsierende und verteilende Herz der Schöpfung. Sie verändert, wandelt sich selbst aber nicht. „Zum Wesen der Kraft, als eines Wirkenden, Ändernden, gehört die Zweipoligkeit – denn ein einzelnes wäre zur Unwirksamkeit verurteilt – und der Wechsel von Bewegung und Ruhe, damit Bewirktes bestehen kann bis zur nächsten Veränderung" (E. H. Gräfe). Physikalisch stehen mit den vier Urbildern das fundamentale Prinzip der Zusammenhänge zwischen Bewegung und Ausbreitung (Kinematik und Geometrie, die fundamentalen Wechselwirkungen) und die sich daraus ergebenden Raum/Zeit-Komponenten (Urstruktur des Universums und allgemeingültige Gesetzmäßigkeiten) in Verbindung. Diese sind uns bekannt als Gravitation, starke, schwache und elektromagnetische Wechselwirkung. Es sind die vier Grundkräfte, durch die sich das Weltendach der Lebensformen aufspannt.

5. Die acht Trigramme als Archetypen der Lebensdynamik

Qian Der Himmel	Kun Die Erde	Sun Der Wind	Li Das Feuer	Dui Der See	Dschen Der Donner	Kan Das Wasser	Gen Der Berg
☰	☷	☴	☲	☱	☳	☵	☶
Das Schöpferische	Das Empfangende	Das Sanfte	Das Haftende	Das Heitere	Das Erschütternde	Das Abgründige	Das Stillehaltende
Potenzielles Yang und Yin (Zeit und Raum, Vater/Mutter)		Die drei Nahtstellen der Raum/Zeit-Begegnung (Aspekte von Energie, die Töchter)			Die drei Bruchstücke der Raum/Zeit-Begegnung (Aspekte von Materie, die Söhne)		
Das Wesentliche - der Bezugsgrund, Fülle und Leere		Die sechs symmetrischen Aspekte des Wesentlichen - Dynamische Unterprovinzen Das Achtzellenstadium (Fundament des lebendigen Systems), die Kinder von Himmel und Erde					

Unserem bestehenden Wissen nach als logisch erscheint die Tatsache, dass dieses vierphasische, bipolare Kraftgefüge einen dritten Faktor benötigt, denn dessen Äußerung kann nur durch die Dreidimensionalität der manifesten Form geschehen (einen ineinandergreifenden Mechanismus), wozu es des einfachen Vorganges der Hinzufügung je eines Yin/Yang-Aspektes zu den vier vorhandenen Bildern bedarf. Was dabei herauskommt, sind die dreidimensionalen Kraftkomplexe der acht Trigramme, die den dynamischen Ausdruck der Lebensformen beschreiben, oder anders gesagt: Aus den vier grundlegenden Kräfteprinzipien kristallisieren sich die acht Urbilder aller Erscheinungen.

Die acht Trigramme sind zugleich feinstofflicher und manifester Ausdruck bewegter Energie, was uns später zu den zwei Ordnungssystemen des frühen und des späten Himmels bringt. Als Bausteine oder „Zutaten zum Lebenskuchen" stehen sie auf der feinstofflichen Ebene für die Subelementarteilchen der Atome, aus deren Verbindung sich dann ganze Molekularstrukturen und damit Leben bildet; auf der psychologischen Ebene für die acht Archetypen der Wahrnehmung und der Seinsoffenbarung; auf der manifesten Ebene schließlich für die dynamischen Ausdrucksformen der Naturelemente, deren Namen sie auch tragen, und daraus folgend, der Dynamik alles Strukturhaften.

6. Das lebendige System der sechsstufigen Hexagramme

Die Kombination jeweils zweier der acht Grundbausteine führt nun zum lebendigen Gesamtbild der vierundsechzig Hexagramme. Ausgehend vom Bild der vier Grundkräfte, offenbaren sich die bewegten Sequenzen des Lebensfilmes über sechs mögliche Ebenen. Diese sechs Schichten sind natürlich die Konsequenz der übereinandergestellten Trigrammbilder, reflektieren aber auch die sechs bewegten Muster der Begegnung von Himmel und Erde.

Verbinden sich also zwei Trigramme miteinander, entsteht eine chemische Verbindung, deren Reaktionsmuster über sechs Zeitebenen zur Vollendung gelangen, bevor sie sich dann in ein, der Dynamik der Bausteininformation entsprechendes, anderes thematisches Schichtengebäude verwandeln. So wird sich z. B. die Kombination Donner (Expansion) und Feuer (Wärme) als ein explosives und hitziges Gemisch offenbaren, entspricht doch die Bewegung dem Zeitverlauf von Frühling zu Sommer. Diesem Donnerwetter an Regen, Sonne, noch winterlicher Starre und dennoch dem unwiderruflichen Hinwirken auf die Füllezeit des Lichtes folgen die einzelnen Linienkommentare.

7. Die innere Struktur der vierundsechzig Hexagramme

Die Kombination der acht mal acht Trigramme bringt die vierundsechzig Hexagramme hervor. Sie sind das codierte Abbild von Leben in Wandlung, dargestellt durch die sechs Linienebenen, die ein Gemisch aus den zwei Polen von Yin und Yang sind. Durch das Zusammentreffen von jeweils zwei dynamischen Aspekten, dem Unteren und dem Oberen Trigramm (UT und OT), entsteht aber auch eine mehrschichtige Struktur aus weiteren Trigrammen und Hexagrammen. Sie bilden einen tieferen Hintergrund, entsprechend verschiedener Blickwinkel aus unterschiedlichen Perspektiven und zeigen uns die höheren Zusammenhänge des vordergründigen Themas.

Das vordergründige Thema wird durch das sogenannte Mutterhexagramm (MH) erklärt, das jedes der vierundsechzig Hexagramme sein kann. Man erhält es durch einfaches Aufschlagen und lesen eines Yijing-Buches oder durch Befragung mittels eines Orakel-Mediums. Damit also dieses in seiner ganzen Bandbreite verstanden werden kann, bedarf es der weiteren Bausteine, die in diesem Buch immer wieder erwähnt und in den Hexagramm-Codierungen, den sogenannten Lingua/Hex-Codes verarbeitet, sind. Ich möchte nun dazu nachfolgend eine kurze Einführung geben und nutze dafür eines der vierundsechzig Hexagramme, was da heißt: *H 45 – Die Sammlung*. Das damit aufgezeigte Beispiel der Entschlüsselung innerer

Strukturen und Verbindungen gilt für alle Hexagramme, selbstverständlich werden sich jeweils andere Zusammenhänge, also Hexagramme und Trigramme ergeben.

8. Aufschlüsselung der grundlegenden inneren Struktur eines Hexagramms

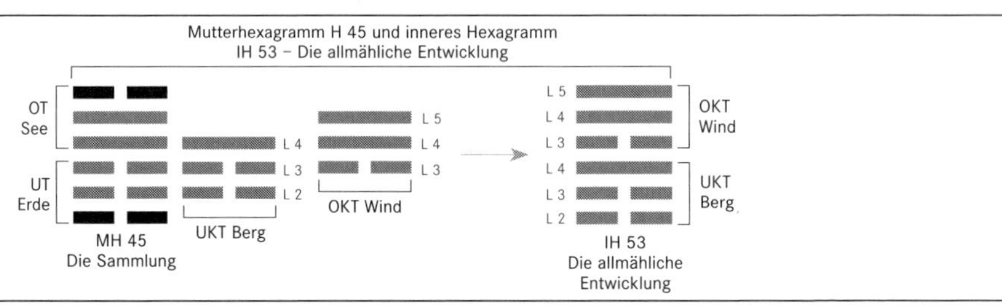

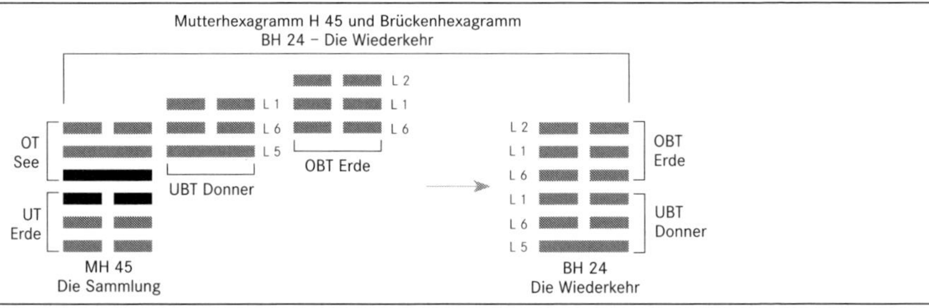

UT = UNTERES TRIGRAMM: hier die ERDE: die Masse, das Dunkle, Spreu und Hülsen, das Unbewegliche, die Gemeinen, das Passive, das Leere, der Bauch

OT = OBERES TRIGRAMM: hier der SEE: das Heitere, das Inhaltvolle, das sich Offenbarende und Gefühlvolle, das Freudige und Ausdrucksstarke, der Mund und das Sprechen

UKT = UNTERES KERNTRIGRAMM: hier der BERG. Das Stabile und Feste, das Bewahrende und Bedächtige, das Standhafte und Sparsame, das Sture und Dogmatische, die Hand, der Körper. Linien 2, 3 und 4

OKT = OBERES KERNTRIGRAMM: hier der WIND: das Einfluss nehmende, das sanft Durchdringende und Bewegende, das Rückbindende, die Zeitschwingung, das Empfinden, Linien 3, 4, und 5

IH = INNERES HEXAGRAMM 53 – Die allmähliche Entwicklung: Ergibt sich aus der Kombination des unteren und des oberen Kerntrigramms, erklärt den tieferliegenden Hintergrund der Geschichte in H 45. Es setzt sich zusammen aus den Linien 2, 3, 4 gleich UKT und 3, 4, 5 gleich OKT.

UBT = UNTERES BRÜCKENHEXAGRAMM: hier der DONNER: das Expansive, das Erfrischende und Erneuernde. Der Fuß und das Gehen

OBT = OBERES BRÜCKENHEXAGRAMM: hier die ERDE: das Weiche und Empfängliche, das Offene, der leere Raum, das unbearbeitete Feld, der Bauch

BH = BRÜCKENHEXAGRAMM 24 – Die Wiederkehr: thematischer Überbau; verbindet die Blüte oben mit der Wurzel unten. Es setzt sich zusammen aus den Linien 5, 6, 1 gleich UBT und 6, 1, 2 gleich OBT

9. Umgekehrtes, polares, frühhimmlisches und Linienhexagramm

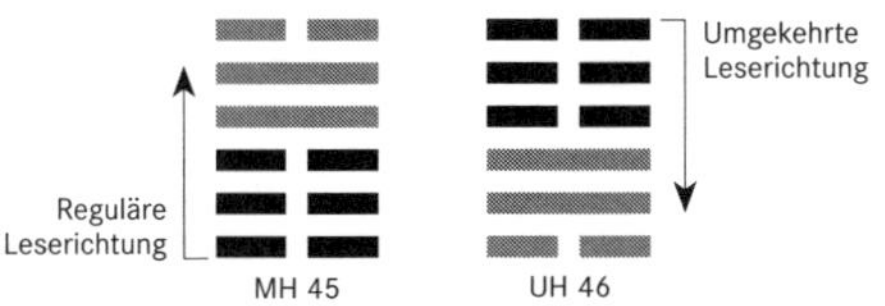

UH = Umgekehrtes Hexagramm: hier H 11 – Der Friede: die inhärente Kehrseite oder Rückseite des Mutterhexagramms. Es entsteht, indem das Mutterhexagramm (MH) von oben nach unten gelesen wird.

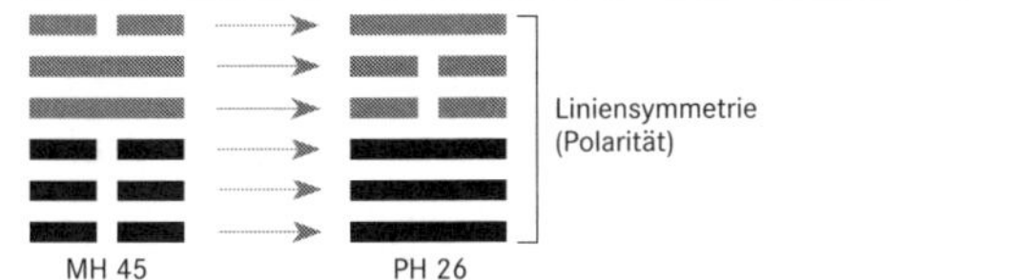

PH = Polares Hexagramm: hier H 26 – Des Großen Zähmungskraft: dem Ausgangs- oder Mutterhexagramm H 45 entgegensetzt, die polare Ergänzung. Alle Linien sind in ihr Gegenteil verkehrt. Yin wird zu Yang und Yang wird zu Yin.

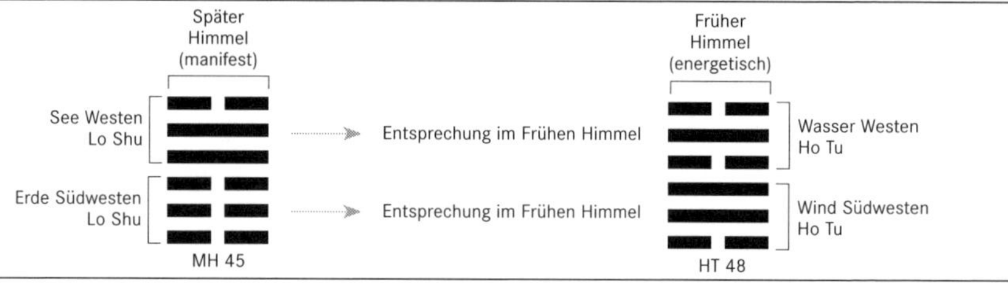

HT = Homologes Hexagramm: hier H 48 – Der Brunnen: der Entsprechungswert auf der Ebene des Frühen Himmels HO TU. Kann als geistiger Überbau des Mutterhexagramms gesehen werden. Man findet es, indem man die Positionen der beteiligten Trigramme des Mutterhexagramms im späten Himmel sucht und schaut welche Trigramme sich dort im frühen Himmel befinden.

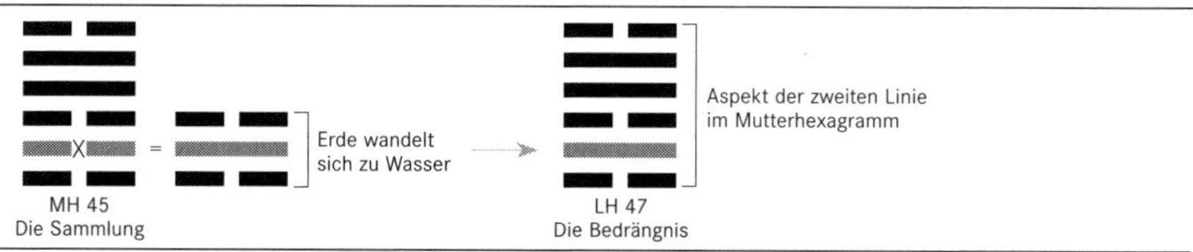

LH = Linienhexagramme: hier H 47 – Die Bedrängnis: Ergeben sich durch die Wandlung der einzelnen Linien innerhalb eines Hexagramms. Eine Yinlinie wird zu Yang oder eine Yanglinie zu Yin. Jeder der sechs Linien ist ein eigenes Hexagramm zugeordnet. Sie bilden ein tragendes Fundament bei der Interpretation und erweitern das Thema des Mutterhexagramms aus der entsprechenden Ebene heraus.

10. Die frühe und die späte Himmelsordnung Ho Tu und Lo Schu

Wie wir bis hierher gesehen haben, sind die acht Urbilder der Trigramme eine dreidimensionale Widerspiegelung der Kräftepole von Yang und Yin in Ruhe und Bewegung. Da das Gesamtereignis Leben ein Vorgang der Spaltung und damit der rotierenden Entfremdung vom Ursprung ist, sind das materialisierte Fahrzeug (die Form) und der organisierende Inhalt (die energetische Information) in zwei scheinbar differente Konsistenten geteilt, was zu einer Unschärfe und Verzerrung führt.

Im Yijing finden wir diesen Umstand der „zwei Formen der Wirklichkeit" in den beiden Kreisanordnungen der acht Trigramme bestätigt, die dort als frühhimmlische Ordnung Ho Tu und späthimmlische Ordnung Lo Schu aufgezeigt sind. Die erste der beiden Kreisordnungen der Trigramme wird als die frühhimmlische oder nicht-manifeste Ordnung des HO TU bezeichnet. Es erklärt, bedingt durch die Symmetrie in der Darstellung der acht Trigramme, zunächst die „virtuellen Grundbedingungen" des lebendigen Systems, das sich gegenseitig ergänzende Wirkprinzip der acht Archetypen nach den Gesetzen der „energetischen oder geistigen Welt" (Bewegungsabläufe im Raum/Zeit-Gefüge). Die frühhimmlische Ordnung der acht Trigramme steht also für den Hintergrund, durch den die materielle Welt der Erscheinungen erst transformiert werden kann (die Information der Form). Alle Trigramme oder Phänomene der Einen Urkraft stehen in einem polaren, sich diametral ausgleichenden Beziehungsverhältnis zueinander.

Die frühe Himmelsordnung Ho Tu und deren Entsprechung zum Lauf der Sonne (die Organisation der Energie)

Die Anordnung der acht Trigrammbilder im späthimmlischen Kreissystem des LO SCHU dagegen symbolisiert die Manifestation der Bewegungsabläufe von Raum-Zeit, was im Konkreten als Gesetzmäßigkeiten der materiellen Welt der Erscheinungen bezeichnen werden kann. Lo Schu ist die kristallisierte Konsequenz der zunächst feinstofflich organisierten geometrischen Informationsformen, sozusagen das Resultat der „Schöpfungsidee“. Im Gegensatz zum symmetrischen Wirkprinzip in der frühhimmlischen Anordnung befinden sich die Trigrammbilder in einer asymmetrischen, also nichtpolaren Anordnung, was auf eine rechtsläufige Kreiswirkung von Werden und Vergehen hindeutet.

In der Natur zeigen sich diese rechtsläufigen, aber immerzu von der polar organisierten Ebene des Frühen Himmels gesteuerten Bewegungsabläufe in den Jahreszeiten, dem Tagesverlauf und in allen wiederkehrenden Erscheinungen.

Die späte Himmelsordnung Lo Schu und deren Entsprechung zum Lauf der Jahreszeiten (die Organisation der Struktur)

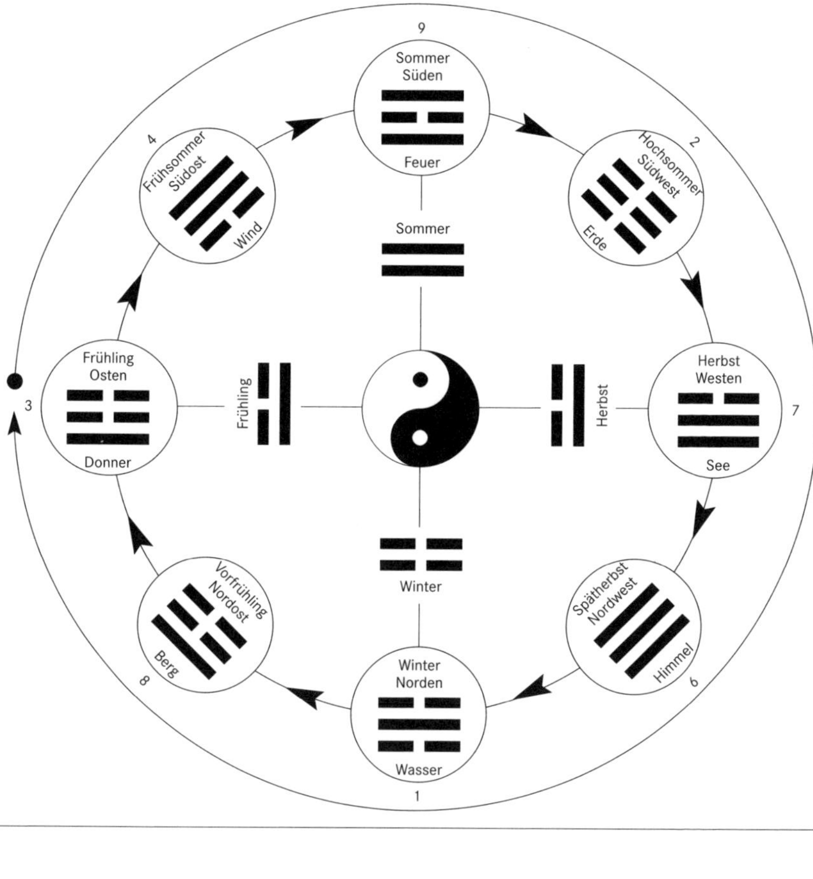

Endnoten

1. Wilhelm, Richard: I Ging, Diedrichs, Köln 1987, S. 316.
2. Husserl, Edmund: XXXV, 373.
3. Rolf Kühn: Natur und Leben: Entwurf einer aisthetischen Proto-Kosmologie, Alber, Freiburg: München, 2010, S. 237.
4. Vgl. Van Osten, René.: Die Offenbarung des Absoluten in der Phänomenalität des Lebendigen. Ordnung, Struktur, Ausdruck und Bewegungsdynamik von Leben im Strichcode des Yijing, ZhanDao Edition 2007, S. 193 und 196.
5. Dies bedeutet jedoch nicht, dass sich das Beziehungsprinzip notwendigerweise in der Form einer klassischen Oppositionsdynamik Mann-Frau herauskristallisiert.
6. Hua XV, 593.
7. Van Osten, René: „Die psychische Doppelgeschlechtlichkeit“, S. 13
8. Van Osten, R.: „Die psychische Doppelgeschlechtlichkeit“, S. 14
9. Husserl, Edmund: XIII, 107.
10. Van Osten, R.: „Die psychische Doppelgeschlechtlichkeit“, S. 14
11. Van Osten, R.: „Die psychische Doppelgeschlechtlichkeit“, S. 14
12. Vgl. Fiedeler, F.: Yin und Yang. Das kosmische Grundmuster Chinas, Diederichs Gelbe Reihe, Kreuzlingen/München 2003, S. 154f.
13. „Der Schatten kann nur durch die Beziehung zu einem Gegenüber realisiert werden, und Anima und Animus nur durch die Beziehung zum Gegengeschlecht, weil ihre Projektionen nur dort wirksam sind.“ C. G. Jung: Aion, Beiträge zur Symbolik des Selbst, Walter Verlag, Freiburg1976, S. 31.
14. Vgl. Wolfgang Roth: Einführung in die Psychologie C. G. Jungs, Patmos und Walter Verlag, Düsseldorf und Zürich 2003, S. 125. Jungs Animus und Anima Modell geht aus seinen persönlichen Erfahrungen – seiner „Nachtmeerfahrt – hervor.
15. Vgl. Wolfgang Roth: Einführung in die Psychologie C. G. Jungs, S. 123. Als Material für die Projektionsweisen von Anima und Animus in einem Gegenüber fungieren nach Jung die Vater- und Mutterbilder, die einerseits aus dem individuellen Erfahrungsbereich mit den eigenen Eltern herrühren, andererseits aber aus dem archetypisch überlieferten Erbe stammen und entsprechend kompensatorische Wirkung haben.
16. Vgl. Jung, C. G., von Franz, M. L., Henderson, J., Jacobi, J., Jaffé, A.: Der Mensch und seine Symbole, hrsg. v. Marie-Louise von Franz, Zürich 2003, S. 185f.
17. Aristoteles: Werke in Deutscher Übersetzung, Nikomachische Ethik, übers. v. Franz Dirlmeier, Darmstadt 1969, VIII 1 1155a 3-24 – 1155a 24 – b12.

18. Vgl: Duden (1999), Lemma „Ehe".
19. Vgl. Kahl, Joachim: Homosexualität, Ehe, Familie, Philosophisch-ethische Überlegungen zu einem aktuellen Normenkonflikt.
20. Ebd.
21. Vgl. Kallmann, F. J.: Twin an sibship study of overt male homosexuality, in: Amer J. Human Genet 4 und Diamond, Milton: Bisexualität aus biologischer Sicht, in: Bisexualitäten - Ideologie und Praxis des Sexualkontaktes mit beiden Geschlechtern, hrsg. v. E. J. Haeberle u. R. Gindorf, Stuttgart 1994, S. 41-68. Vgl. auch: Greenberg, David: Construction of Homosexuality, Part II, The Construction of Modern Homosexuality, Chicago: University of Chicago Press 1988.
22. Bailey, N., Zuk, M: Same-sex Sexual Behavior and Evolution. Trends in Ecology and Evolution, Band 24, 2009, S. 439–446 und Alte Mythen, neue Rollen: Homosexualität: War „Flipper" schwul?, in: Geo Wissen Nr. 09/00 – Mann & Frau. Geo, abgerufen am 8. März 2011.
23. Vgl. Partnerschaft: Die Biologie der Liebe, Focus Magazin Nr. 53, 2009, abgerufen am 8. März 2011; Janov A.: Die Biologie der Liebe, New York 2000; Froböse, G. und R.: Lust und Liebe – alles nur Chemie? Wiley-VCH, Juni 2004; Tennov, D: Imerenz: über Liebe und Verliebtsein, München 1981; Uvnäs-Moberg K., Arn I., Magnusson D.: The psychobiology of emotion: the role of the oxytocinergic system, Int J Behav Med 2005, 12, S. 59-65 und Kast, B.: Die Liebe und wie sich Leidenschaft erklärt, Frankfurt 2006.
24. In die Kunst des Liebens schreibt Fromm, dass die Liebe letztlich in der Fähigkeit sich selbst zu lieben d. h. in der reinen, nicht egoistisch geprägten Selbstliebe gründet: „Die Liebe zu anderen und die Liebe zu uns selbst ist keine Alternative. Ganz im Gegenteil: die Liebe zu uns selbst findet sich bei allen, die fähig sind, andere zu lieben. Die Liebe ist im Prinzip unteilbar, soweit es sich um die Beziehung zu Objekten und zu uns selbst handelt. Wirkliche Liebe ist ein Ausdruck innerer Produktivität und umfasst Fürsorge, Respekt, Verantwortlichkeit und Wissen. Sie ist kein Affekt in dem Sinne des passiven Getriebenwerdens, sondern ein aktives Streben nach der Entfaltung und dem Glück der geliebten Person, das in der Fähigkeit zur Liebe (und Selbstliebe) wurzelt." Vgl. Fromm, E.: Die Kunst des Liebens. (1956) 60. Auflage, Frankfurt am Main 2003.
25. Art. Liebe, in Walch, J. G.: Philosophisches Lexikon, hrsg. v. J. Ch. Memming, 2Bde, Leipzig 1775.
26. Art. Liebe, in: Brockhaus: Allgemeine deutsche Realenzyklopädie für die gebildeten Stände Bd. 5, Leipzig 1820, 753.
27. Art. Begehrungsvermögen, in Brockhaus, a.a.O.

28. Art. Ehe, in Meyer: Das große Conversations-Lexikon für die gebildeten Stände Bd. 5, 1890, 335.
29. Art. Liebe, in Jablonski, a.a.O., 603.
30. Art. Liebe, in: Brockhaus, a.a.O.
31. Krijnen, Ch.: Das philosophische Problem ethischer Grundlagen und das Grundproblem der evolutionären Ethik, in: Zeitschrift für philosophische Forschung, Bd. 53, S. 77-100.
32. Platon, Rep. I, 352d5f.
33. vgl. Stemmer, P.: Der Grundriss der platonischen Ethik, in: Zeitschrift für philosophische Forschung, Bd. 42 (1988), S. 529-569.
34. Platon, Gorg. 500c1–4.
35. Kant: Werke in sechs Bänden, Bd 5, Religion in den Grenzen der bloßen Vernunft, hrsg. v. R. Toman, Köln 1995, S. 64ff.

Literaturverzeichnis

- Wilhelm, Richard: I Ging, Diedrichs, Köln 1987.
- Husserl, Edmund: Hua XXXV, Einleitung in die Philosophie. Vorlesungen 1922/23. Hrsg. von Berndt Goossens, 2002.
- Husserl, Edmund: Hua XV, Zur Phänomenologie der Intersubjektivität. Texte aus dem Nachlass. Dritter Teil: 1929-1935. Hrsg. Iso Kern, 1973.
- Husserl, Edmund: Hua XIII, Zur Phänomenologie der Intersubjektivität. Texte aus dem Nachlass. Erster Teil: 1905-1920. Hrsg. von Iso Kern, 1973.
- Rolf Kühn: Natur und Leben: Entwurf einer ästhetischen Proto-Kosmologie, Alber, Freiburg: München, 2010.
- Van Osten, René.: Die Offenbarung des Absoluten in der Phänomenalität des Lebendigen. Ordnung, Struktur, Ausdruck und Bewegungsdynamik von Leben im Strichcode des Yijing, ZhanDao Edition 2007.
- Fiedeler, F.: Yin und Yang. Das kosmische Grundmuster Chinas, Diederichs Gelbe Reihe, Kreuzlingen/München 2003.
- C. G. Jung: Aion, Beiträge zur Symbolik des Selbst, Walter Verlag, Freiburg1976
- Wolfgang Roth: Einführung in die Psychologie C. G. Jungs, Patmos und Walter Verlag, Düsseldorf und Zürich 2003
- Jung, C. G., von Franz, M. L., Henderson, J., Jacobi, J., Jaffé, A.: Der Mensch und seine Symbole, hrsg. v. Marie-Louise von Franz, Zürich 2003
- Aristoteles: Werke in Deutscher Übersetzung, Nikomachische Ethik, übers. v. Franz Dirlmeier, Darmstadt 1969

- Kahl, Joachim: Homosexualität, Ehe, Familie, Philosophisch-ethische Überlegungen zu einem aktuellen Normenkonflikt.
- Kallmann, F. J.: Twin an sibship study of overt male homosexuality, in: Amer J. Human Genet 4.
- Diamond, Milton: Bisexualität aus biologischer Sicht, in: Bisexualitäten - Ideologie und Praxis des Sexualkontaktes mit beiden Geschlechtern, hrsg. v. E. J. Haeberle u. R. Gindorf, Stuttgart 1994.
- Greenberg, David: Construction of Homosexuality, Part II, The Construction of Modern Homosexuality, Chicago: University of Chicago Press 1988.
- Partnerschaft: Die Biologie der Liebe, Focus Magazin Nr. 53, 2009, abgerufen am 8. März 2011
- Janov A.: Die Biologie der Liebe, New York 2000; Froböse, G. und R.: Lust und Liebe – alles nur Chemie? Wiley-VCH, Juni 2004.
- Tennov, D: Imerenz: über Liebe und Verliebtsein, München 1981.
- Uvnäs-Moberg K., Arn I., Magnusson D.: The psychobiology of emotion: the role of the oxytocinergic system, Int J Behav Med 2005.
- Kast, B.: Die Liebe und wie sich Leidenschaft erklärt, Frankfurt 2006.
- Fromm, E.: Die Kunst des Liebens. (1956) 60. Auflage, Frankfurt am Main 2003.
- Walch, J. G.: Philosophisches Lexikon, hrsg. v. J. Ch. Memming, 2 Bde, Leipzig 1775.
- Brockhaus: Allgemeine deutsche Realenzyklopädie für die gebildeten Stände Bd. 5, Leipzig 1820.
- Meyer: Das große Conversations-Lexikon für die gebildeten Stände Bd. 5, 1890.
- Krijnen, Ch.: Das philosophische Problem ethischer Grundlagen und das Grundproblem der evolutionären Ethik, in: Zeitschrift für philosophische Forschung, Bd. 53.
- Platon, Rep. I.
- Platon, Gorg.
- Stemmer, P.: Der Grundriss der platonischen Ethik, in: Zeitschrift für philosophische Forschung, Bd. 42 (1988).
- Kant: Werke in sechs Bänden, Bd 5, Religion in den Grenzen der bloßen Vernunft, hrsg. v. R. Toman, Köln 1995.

Schlussbemerkung: Lo Schu und Ho Tu in Pinyin = Luo Shu und He Tu

I Ging, das Buch vom Leben

Wegweiser zu einem Leben im Einklang mit der sichtbaren und der unsichtbaren Welt

Osten, René van

Windpferd, 2000. 540 S. m. Abb. 21,5 cm,
Gebunden
ISBN: 978-3-89385-336-6
Euro 19,90

In diesem Buch werden die grundlegenden Aspekte, die Voraussetzung zum Verständnis des I Ging mit seiner Hexagrammstruktur sind, innere Zusammenhänge und übergreifende Strukturen kurz und klar beschrieben - und die Türen zum Verständnis der 64 kontemplativen Texte und Materialien geöffnet. Der von Rene van Osten gewählte Stil folgt der Tradition der tiefen Weisheit und baut zugleich sprachliche Brücken zum 20sten Jahrhundert, die jedoch gleichermaßen die alten Weisen Chinas wie die hervorragenden Leistungen Richard Wilhelms angemessen anerkennen.

Die Offenbarung des Absoluten in der Phänomenalität des Lebendigen

Ordnung, Struktur, Ausdruck und Bewegungsdynamik von Leben im Strichcode des Yijing

Osten, René van

ZhanDao, 2007, 525 S., Gebunden
ISBN: 978-3-9811863-0-7
Euro 97,00

René van Osten kristallisiert in diesem Grundlagenwerk eine völlig andere, dem Yijing jedoch inhärente Ebene des Verstehens heraus. Er erweitert damit die sinologische Herangehensweise sehr wesentlich. Nicht das übliche Textmaterial in Neuinterpretation steht im Vordergrund, sondern die Strichcodierung der Trigramme und Hexagramme an sich und damit das darin verborgene Fließmuster der Lebensbewegungen in den unterschiedlichsten Bereichen.

I GING
Antworten aus den Tiefen des Unbewussten

Das richtige Tun zur richtigen Zeit
Mit dem dreistufigen I Ging Karten-Set

Osten, René van

ZhanDao, 2011, Buch mit 25 Karten und Lege-Anleitung in Schmuckkarton
ISBN: 978-3-939272-35-9
Euro24,90

Mit dem vorliegenden I Ging Karten-Set ist eine neue und zu drei Ebenen eine Antwort gebende Methode der Befragung entstanden. Sie entspricht in der Art und Weise des Auslegens, dem Ergebnis der drei Hexagramme von Vergangenheit, Gegenwart und Zukunft und der Auswertung ganz dem heiligen Ritual der Befragung des „Oraculum“, dem zu findenden Götterspruch der Wahrheit aus transzendenter Tiefe. Mit dem dazugehörigen Büchlein, in dem sich die vierundsechzig Hexagrammtexte und die Wandlungslinien in einer kurzen und verständlichen, zeitgemäßen Sprache wiederfinden, können die gefundenen Zeichen nachgelesen und interpretiert werden.

Ich bin (...) in Bezug auf die sogenannten Zufallstreffer des I Ging zur Skepsis geneigt. Es scheint mir sogar, dass die Anzahl der deutlichen Treffer eine Prozentzahl erreicht, die weit über aller Wahrscheinlichkeit liegt. Ich glaube, dass es sich überhaupt nicht um Zufall, sondern um Regelmäßigkeit handelt.

Carl Gustav Jung

Die Pflaumenblüten oder I Ging Numerologie
Die hohe Kunst der Voraussage

Osten, René van

Windpferd, o.J., 342 S., HC
ISBN: 978-3-89385-236-9
Euro 19,90

Das I Ging ist nicht ohne Grund eines der bedeutendsten Bücher der Weltgeschichte. Das Buch, das Sie nun in der Hand halten, weiht Sie in eine sensationelle Wiederentdeckung ein: bislang streng geheim gehaltene Formeln zur Voraussage. Jede Situation im Leben kann damit so umfassend und präzise wie nie zuvor entschlüsselt werden. Sie enthalten einmalig konkrete Hinweise auf Ereignisse in der Zukunft. Die Ursprünge der Pflaumenblüten-Numerologie gehen auf Shao Yung, den Philosophen und Mathematiker aus der Sung Dynastie zurück. In einer geheimnisvollen Abschrift des I Ging fand er Hinweise auf die Formeln, die er später unter einem blühenden Pflaumenbaum richtig interpretieren lernen sollte. Die alten Überlieferungen der I-Ging-Numerologie waren wegen ihrer präzisen Aussagekraft nur wenigen Eingeweihten zugänglich.

Diese lange geheim gehaltene Methode der I-Ging-Befragung ermöglicht es, jede Situation spontan und präzise zu entschlüsseln.

Weitere Bücher und Studien zum Yijing (I Ging) finden Sie auf der Webseite des Syntropia Verlages unter: www.syntropia. de

René van Osten, geboren im Juli 1952 in Deutschland, Studium der modernen Musik, Musiktherapeut, Rhythmiklehrer, Philosoph, Pädagoge, Dozent und Buchautor.

Seit 1976 Studium des Yijing, des Tao te king, der Lehre der Fünf Wandlungsphasen, der daoistischen Meditationspraktiken und der Verbindung von Yjing und Traditioneller Chinesischer Medizin.

Ich danke meinem Lehrer I Lung.

1996 Gründung von ZhanDao – Der Schule des Yijing
2003 Gründung der ZhanDao Akademie

Seit zwanzig Jahren als Kursleiter und Dozent im In- und Ausland tätig. In den letzten Jahren auch aktive Forschung an der tonalen und rhythmischen Umsetzung der Trigramme und Hexagramme zu musiktherapeutischen Zwecken.

„Mein ganzes Streben gilt der verständlichen und auf die Alltagsthematik des Menschseins ausgelegten Vermittlung der tiefen Weisheit des Yijing. Dazu gehe ich neue Wege der Interpretation die sich an den Hexagrammstrukturen selbst orientieren“.

Kontaktadresse des Autoren und der Schule

Schule des Yijing
Mariannenweg 48
61348 Bad Homburg

Tel.: 0049(0)6172-8984246
Mail: akademie@zhandao.de
Web: www.zhandao.de